U0946218

No.1, 2012

58

COMPARATIVE STUDIES

吴敬琏 主编

中信出版社
CHINA CITIC PRESS

比较
COMPARATIVE STUDIES

主管 中信集团
主办 中信出版股份有限公司
出版 中信出版股份有限公司

主编 吴敬琏
副主编 肖梦 吴素萍
编辑部主任 孟凡玲
编辑 包敏丹
封面设计 李晓军／**美编** 杨爱华

经营部
总经理 吴传晖
执行总经理 齐晓红
总经理助理 李大巍
华北客户总监 胡蓉
整合营销总监 周轶
品牌外播执行总监 马玲

法律顾问 萧瀚

独家代理：财新传媒有限公司
电话：（8610）85905000 **传真：**（8610）85905288
广告热线：（8610）85905088 85905099 **传真：**（8610）85905101
电邮：ad@ caixinmedia. com
订阅及客服热线：400-696-0110（8610）58103380 **传真：**（8610）85905190
香港地区订阅热线：（00852）21726522
订阅电邮：circ@ caixinmedia. com **客服电邮：**service@ caixinmedia. com
地址：北京市朝阳区西大望路 1 号温特莱中心 A 座 16 层（**邮编：**100026）

目 录

Contents

第五十八辑

1 建设整合高效的全国统一市场：“十二五”时期经济转型的关键

蔡洪滨

Building an Efficient and Unified Domestic Market is a Key to Economic Transition during the 12th Five Year Plan

by Hongbin Cai

15 备战危机 黄海洲

Readying Ourselves for the Continuing Global Financial Crisis Markets

by Haizhou Huang

比较之窗 Comparative Studies

32 大国兴衰录 巴里·埃肯格林

Global Shifts *by Barry Eichengreen*

前 沿 Guide

52 我们是否消费太多？ 肯尼斯·阿罗等

Are We Consuming Too Much? *by Kenneth Arrow et al*

CIDEG专栏 CIDEG Column

76 水俣纪行 汪永晨
Notes on the Trip to Minamata *by Yongchen Wang*

海外特稿 Special Feature

142 重大不确定性下的协调：对福岛核电站灾难的分析
青木昌彦 杰弗里·罗思韦尔
Coordinations under Large Uncertainty: An Analysis of the Fukushima Catastrophe *by Masahiko Aoki and Geoffrey Rothwell*

金融论坛 Financial Forum

156 21世纪需要怎样的金融体系？ 安德鲁·克罗克特
What Financial System for the 21st Century? *by Andrew Crockett*

法和经济学 Law and Economics

176 药品安全与法律责任制度的完善：对《药品管理法》修改的政策建议
周汉华
Drug Safety and Legal Sanctions:Policy Suggestions for the Amendment of the Drug Management Act *by Hanhua Zhou*

医疗改革专题 On Health-Care Reform

200 医疗卫生领域的市场失灵和政府干预：中美医疗体制改革的经济学分析
李波 郑志丹
Market Failure and Government Intervention in Health Care Industry: A China and U.S. Comparison *by Bo Li and Zhidan Zheng*
209 财政养医的弊端：激励机制的视角 朱恒鹏
The Diseases of Physicians as Civil Servants: An Incentive Perspective
by Hengpeng Zhu

卷首语

送走风云变幻历经多重磨难的2011年，世界迈入2012年。悲观和不确定的预期缠绕在人们心头，使之深感国际国内依然困难重重，险象环生：欧洲债务危机愈演愈烈，原本已不景气的欧元区经济可能步入衰退；美国经济一波三折，复苏前景仍不明朗；世界经济复苏乏力、各国应对危机的政策缺乏协调，可能会诱发新一轮贸易、投资和金融保护主义；发达国家过度宽松的货币政策，使得流动性泛滥和高通胀预期的隐患加大；中东北非等热点地区的政治动荡和军事冲突，可能会导致大宗商品和能源价格的大幅调整。危机之前，得益于和平稳定的国际环境，主动融入世界经济的中国经济，通过国内体制改革，加入WTO，充分利用全球市场，成功实现了出口导向型的高速增长。然而，这也给中国国内经济结构带来另一面：资源配置效率低下，压抑了非出口部门的发展。随着外部环境的变化，依赖全球市场和外部消费需求的增长路径已被封堵，中国经济"转型"需要的是认准市场经济方向的改革，创造一个高效配置资源、充满活力的国内市场，才能提振国内消费需求，调整结构。

开篇蔡洪滨的文章《建设整合高效的全国统一市场》是要说明为什么中国国内的消费需求不足，有哪些针对性的措施可以作为短期内有效提振国内需求的抓手。作者根据新新贸易理论，通过比较分析，指出中国企业的出口强度远远高于日本、德国、美国等主要贸易国家的企业，与国际贸易理论的预测相悖。中国企业为什么更倾向于满足国外需求，而非国内需求？中国的内需不足并非简单的总量不足问题，而是消费需求与供给不能匹配的结构性问题。背后的原因就是中国国内商业环境不理想、地方保护主义严重、物流成本过高等因素，导致中国国内市场低效分割，一体化程度远低于国际市场，交易成本居高不下，这大大挫伤了企业开拓国内市场的积极性。因此，推动经济转型和提振内需的关键在于：推进市场化改革，建设整合有效的国内统一市场。

黄海洲《备战危机》的文章详细深入地剖析和预测美国和欧洲复杂多变的经济形势，欧美极度宽松的货币政策对新兴市场的影响。他认为，2012年、2013年全球经济都将面临较大风险。2012年主要问题在欧洲，2013年主要问题在美国。欧洲2012年经济增长可能为负，美国2012年经济增长疲软，2013年可能降至零甚至负增长。即使全球不会出现二次衰退，中国明后两年的环境也是富有挑战的，我们需要开始备战危机。

《大国兴衰录》一文是广泛涉猎国际经济学的历史和现实问题，在宏观经济史、国际金融货币体系、金融危机理论、亚洲金融市场、外汇制度等领域做出了开创性学术贡献的埃肯格林教授的最新著述。他考察了自15世纪中国逐渐衰落，工业革命前后葡萄牙、西班牙、荷兰、英国等欧洲国家的崛起，二战后美国崛起的历史案例，探讨政治和经济力量的全球性转变背后的根源，描述了这些全球性转变所引发的紧张局势及国际社会对此的应对。历史经验表明，国际社会并不总是能够很好地应对全球性转变。尽管当前全球转变——从美国主导世界转向一个更多极的世界——未必会像以往的全球转变那样，激起经济冲突，加剧外交关系的紧张局势，乃至引发军事冲突，但它仍有可能是经济和政治风险的一个根源。为了更好地应对，国际社会不仅需要对面临的问题达成共识，还需要对全球治理和主要国际机构的治理进行改革。

“前沿”栏目刊载了以诺贝尔经济学奖得主肯尼斯•阿罗为首的11位生态学家和经济学家对如下问题的讨论：人类对地球资源的利用是否危及了我们后代的经济发展，并希望通过这种生态学和经济学的双重视角来发现从单一视角无法发现的问题。他们提出了两种标准来评价各国的消费水平：一个是效用流的现值（最大化现值标准），另一个是跨期社会福利的维持及改善（可持续性标准），然后利用这两个标准对相关国家的真实投资和真实财富变化进行了评估。这些评估在一定程度上表明，消费占产出的比重很可能高于最大化现值标准所规定的水平，部分贫困国家和一些石油出口地区不符合可持续性标准。作者们指出，虽然评估结果远非确凿无疑，应当谨慎对待，但可以确定的是，通过监管、税收或建立更清晰、更有保障的产权，公共政策有助于将自然和环境资源的定价接近于其社会成本，从而有助于防止资源过度消耗，并促进更高的真实投资。

日本“3•11”地震海啸造成的福岛核危机引发了人们对核能安全、日本核电体系、公司治理和政府治理的大讨论。青木昌彦和罗思韦尔的文章，以青木昌彦对产业组织的协调模式、公司治理以及模块化理论的研究为基础，分析了日本产业组织内嵌的水平协调机制如何使地震海啸导致的福岛核泄漏事故不断恶化，最终演变成一场无可挽救的大灾难。他们认为，日本当前的区域垄断一体化电力企业应该按功能进行分拆，然后改造成模块化组成的电力行业。经过模块化改造后的电力行业不仅是环境友好的，而且可以形成发电企业之间的竞争，从而实现电力行业的自我创新。

随着中国高速发展的车轮越来越快，环境冲突越来越严重。我们是否会牺牲社会公平；我们能否自觉地保护环境；一旦污染发生，又该用什么办法治理环境？这些都是眼下最重要的课题。于是就有了丰田公司资助的清华大学产业发展与环境治理研究中心课题组考察日本水俣病之行。在这篇《水俣纪行》的考察随笔中，我们可以看到战败后百废待兴的日本，人民饥寒交迫，高速发展经济成为不二法门，集中性的公害因此而生。公害发生后，污染企业为了自身利益隐瞒污染真相，拒绝赔偿；国家为了经济发展目标，在处置污染公害方面不作为，纵容企业的污染行为；媒体、医学界、法律界、文艺界、经济学界的正义人士们奋战在环保第一线，和污染企业、政府斗智斗勇，为污染的受害者争取应有的权利。这其中的经验教训既可以给我们敲响警钟，也可以给我们开启环境治理的智慧之窗。

国际清算银行前总裁克罗克特的文章《21世纪需要怎样的金融体系？》是对全球金融体系的反思。他探讨了稳定有效的金融体系应发挥什么基本作用；如何为实体经济增加价值；如何通过加强金融体系对最优资源配置的贡献来解决该体系明显不稳定的倾向性；如何恰当平衡市场纪律、监管和公共部门干预之间的关系。文章最后指出："我们在设计一套全新的、更强健的金融体系时，同样应该时刻这样提醒自己，它应该是全球的、强健的、并且能够有效地服务于实体市场经济。安全只是一个起点，但还远远不够。"

"法和经济学"栏目是社科院法学所周汉华从《药品管理法》角度对当前层出不穷的药品安全问题所作的分析。他认为，现阶段我国的药品安全问题，既有宏观方面的原因，需要推进系统改革；同时，也有法律责任制度本身以及执行方面的原因，需要通过《药品管理法》的修改加以完善，实现制度创新。因此，改革与法治两者不能相互替代，更不能一条腿长、一条腿短，简单寄希望于严刑峻法。在此基础上，本文较为系统地提出了药品管理法律责任制度完善的具体政策建议。

在"医改专题"栏目中，中国人民银行的李波和郑志丹从理论和实证研究的角度，对市场失灵和政府干预进行了分析，在此基础上，比较中美两国医疗服务市场、医疗保险市场及医药市场的差异，探讨政府在不同市场行使职责的最优干预方式，试图从中找到医疗改革的最优路径。社科院经济研究所朱恒鹏的《财政养医的弊端》一文用激励理论阐明，由财政支付医务人员工资的薪酬制度必然是弱激励制度，基于医疗行业的自身特征，必须采取强激励机制。可行的强激励机制是通过医保付费机制安排，让医生拥有其医疗活动的剩余索取权和剩余控制权，与此同时，通过另外两个配套机制来规范医生的行为：一个是由患者自由择医权带来的医疗机构及医生之间的竞争机制；另一个是附着于医疗机构和医生身上的声誉机制。

建设整合高效的全国统一市场

“十二五”时期经济转型的关键

蔡洪滨

1. 关于转变经济增长方式难点的讨论

转变经济增长方式，促进经济可持续健康增长，已经成为当前我国经济面临的主要问题之一。长期以来，中国经济一直被增长驱动力失衡所困扰。在增长的“三驾马车”中，消费对经济增长的贡献明显不足，而投资和出口则成为拉动增长的主要动力。

就出口而言，如图 1 所示，我国加入世界贸易组织十年来对外贸易增长迅速，已经超越德国，成为世界第一大出口国。同时，我国经济对外依存度也在迅速提高，出口占 GDP 比重高达 25% ~30%，远远超过美国、日本等发达国家（图 2）。

中国外向型经济发展战略确实已经取得了很大成绩。改革开放以来，特别是 2001 年中国加入世界贸易组织以后，我国政府和企业有效利用了外需对中国经济增长的拉动作用，积极参与国际分工、国际市场竞争。这一战略对我国工业化发展和企业技术水平的提升起到了极为重要的作用。但是，外向型经济的发展战略并不具有可持续性：目前美国和世界经济复苏前景尚不明朗，外需

* 本文根据作者在 2011 年 11 月 12 日财新峰会上的演讲扩充整理而成。

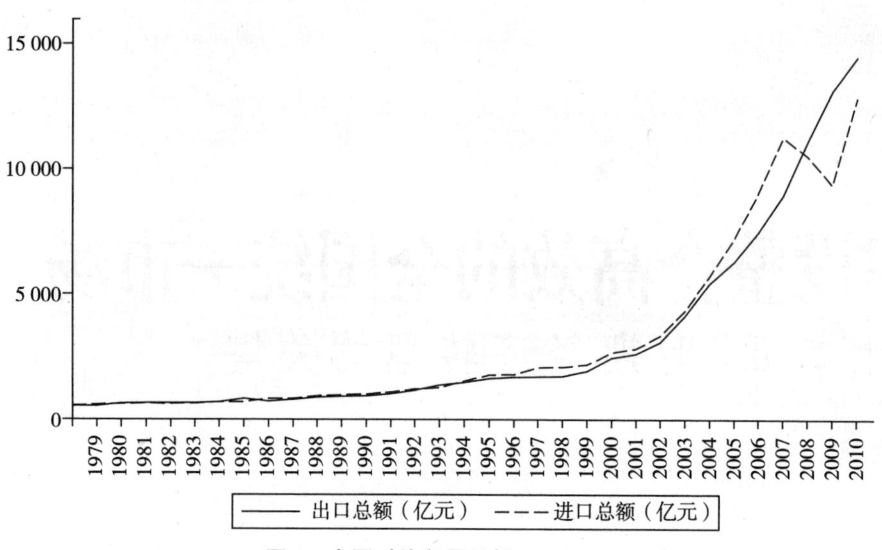

图 1　中国对外贸易总额：1978 ~ 2010 年

的拉动作用大大削弱；世界市场对中国产品的容量有限，出口高速增长的势头不可能无限持续；同时，人民币对美元的小幅持续升值也对出口贸易产生了巨大冲击；而巨额的外汇储备，更是已经成为国内国际共同关注的问题；经济危机以来，国际经济波动的风险始终存在，继续发展外向型经济势必使经济增长难以持续。

在经济增长高度依赖出口的情况下，我国内部需求相对不足。而内需之中的投资需求占比过高，消费需求明显不足。尤其是自 2008 年以来，经济危机从美国蔓延到其他主要经济体，世界整体经济局势动荡，复苏遥遥无期，引发对我国出口的巨大冲击，2008 年出口增速较上年减缓 8%，而 2009 年出口总额则出现了 30 年来的首次下滑，较 2008 年减少 16%。在此形势下，为了保持我国经济的持续高速增长，政府通过积极的财政政策，扩大政府支出，使得社会总投资增长势头异常强劲；而消费占 GDP 的比重却逐年下降，经济增长呈现出过度依赖投资拉动的态势（图 3）。与世界其他国家相比，我国居民消费率明显偏低（表 1），不仅低于美国、日本、德国等西方发达国家，即便与同在“金砖四国”中的印度、巴西、俄罗斯也存在很大差距。

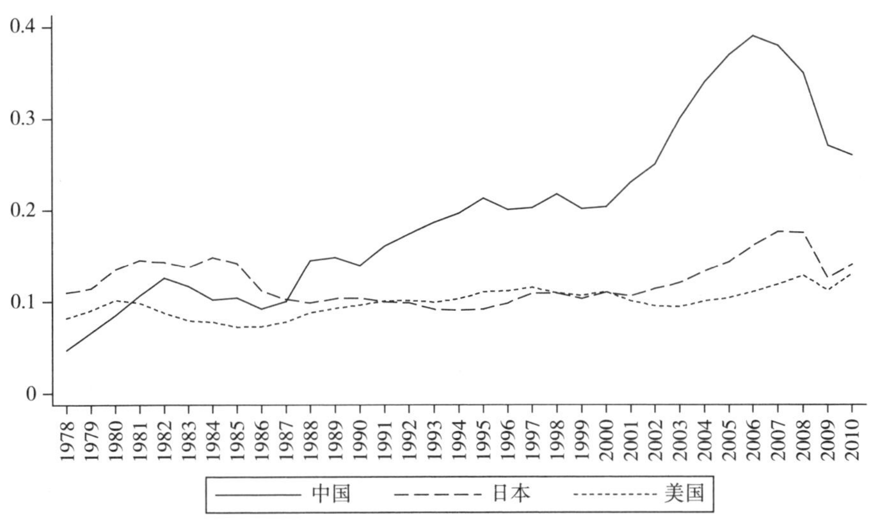

图 2　中国、日本、美国出口占 GDP 比重：1978～2010 年

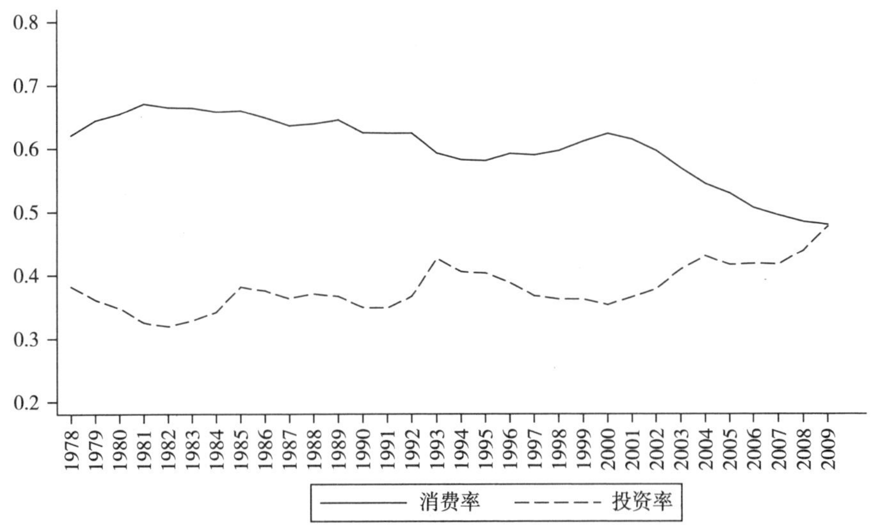

图 3　我国消费与投资占 GDP 比重：1978～2009 年

但是，依靠投资拉动的发展战略同样也是不可持续的。目前我国投资占 GDP 比重已经过大。虽然地方政府和大型国有企业的投资冲动仍然很大，但投资的效率和效益都不能保证，继续发展投资拉动型经济必将导致经济效率的低下；同时，投资规模过大还会引起资源和能源的紧张，带来通货膨胀的压力；而在过度投资、缺乏规范和有效监督的情况下，大规模的投资很容易导致环境的恶化，不利于经济的长期健康发展。

表1　中国与主要经济体居民消费率比较

国家	居民消费率（%）					
	1990	2000	2005	2007	2008	2009
中国	46.2	46.7	36.5	36.3	36.8	34.0
美国	66.7	69.0	70.8	71.2	70.2[a]	70.8[a]
日本	52.5	56.2	57.0	56.3	57.8[b]	59.4[b]
德国	57.7	58.9	59.0	56.8	56.5	58.9[c]
巴西	59.3	64.4	60.3	61.8	62.2	64.3
俄罗斯	48.9	46.2	49.7	49.7	48.1	49.1
印度	65.6	64.2	57.6	56.1	58.1	57.9

资料来源：未特别注明的数据均来自《2010年国际统计年鉴》。[a] 来自美国商务部经济分析局（Bureau of Economic Analysis）；[b] 来自日本内务省《日本统计年鉴》；[c] 来自德国联邦统计局《2010年统计年鉴》。

对外依存度过高，内需不足；而内需不足又突出反映在内部消费需求不足，这已成为目前我国经济最严重的结构性问题之一。在此背景下，转变经济增长方式，逐步实现依靠内部消费需求为主的可持续经济增长，已经成为当前的共识。在2011年3月召开的第十一届全国人民代表大会第四次会议上，温家宝总理在政府工作报告中指出要“进一步扩大内需特别是居民消费需求”。我国“十二五”规划中也将“构建扩大内需长效机制，促进经济增长向依靠消费、投资、出口协调拉动转变”列为未来五年政府工作的重要目标。

然而，实现经济增长方式向依靠内部消费需求转变的难点何在？当前我国内部消费需求不足的原因是什么？这一问题虽然引发了众多讨论，但无论是在理论层面还是政策层面，思路却并不清晰，答案也莫衷一是。

针对消费不足的原因，目前学术界的主要观点包括：第一，劳动报酬在国民收入分配体系中的比重较低，低收入则导致了低消费；第二，养老、医疗和教育等社会保障体系尚未建立完善，导致了我国居民有严重的“后顾之忧”，阻碍了消费需求的充分释放；第三，近年来我国社会收入差距日益扩大，造成消费意愿与消费能力的不匹配：高收入阶层消费能力强但缺乏足够的消费意愿，低收入阶层消费意愿强烈却缺乏足够的消费能力。

以上三种观点看似都有道理，但仔细思考我们不难发现，一方面，这些因素与我国内需不足的因果关系并不明晰；另一方面，从这三个因素入手解决内需不足问题也并非有效途径，至少在相当长的时间内上述三个方面的问题不会有明显改善。

首先考虑劳动报酬在国民收入中占比偏低的观点。诚然，提高劳动收入会带来内部消费需求的增加，但劳动收入的提高必须以劳动生产率的普遍提高为前提，这也是市场经济的基本原理；另一方面，劳动生产率的提高又必须依赖经济的持续健康增长，需要生产技能的不断改进、整个社会的技术水平持续进步。虽然我国政府在“十二五”规划中确立了劳动收入增长的目标，但无论是劳动生产率的提高，还是劳动报酬的增加，都不是通过简单的行政命令就能实现的，而是要通过市场经济运行的规律发挥作用。因此，通过提高劳动收入增加消费的说法，一方面混淆了因果关系，另一方面在短期内也不是解决内需不足问题的有效渠道。

其次，期望通过提高社会保障水平以实现经济增长方式转变的观点也有待商榷。提高社会保障水平有助于减少消费者的后顾之忧，但同样要依赖于国家财力的提高。短期内在我国建立一个全面的福利社会是不可能的。即便在美国这样的发达国家，绝大部分消费者仍然面临着医疗费用、养老开支、子女教育等重重困难，其社会保障体系也一直在建设和完善中。事实上，几乎没有国家能够实现乌托邦式的、令大多数人都没有后顾之忧的社会福利。而我国人均GDP刚刚超过4 000美元，当前经济的发展水平还远不足以建立全面福利社会。此外，社会保障体系的建立，虽然可能有助于未来消费，但必然影响当前消费。因此，试图通过建设全面、完善的社会保障体系来扩大内需，短期之内并不符合我国的现实，也不能有效解决当前内需不足、经济增长转型难的问题。

最后，关于收入分配格局的讨论固然重要，但也不能成为解决内需不足问题的良方。收入分配问题是目前我国社会最关注的热点之一，对于经济的持续发展、社会的和谐稳定都具有重要意义。但收入分配格局的改善，并非通过简单的个人所得税和其他税收制度的改革就能实现，也并非短期内转移支付政策的调整可以完成。我国收入差距的扩大，一方面是经济发展阶段的体现，另一方面也反映了我国经济体制转型的特殊性。改善收入分配格局，更大程度上是经济增长方式转变、深层次体制改革的结果，是长期而系统的工程，而不是解决当前内部消费需求不足、增长不可持续问题的有效途径。

综上所述，现有的针对我国内部消费需求不足原因的讨论，有些在因果关系的分析上存在谬误，看似很有道理，事实上却并非如此；有些虽然是内部消费需求不足的原因，但短期之内无法得到有效解决。因此我们需要有新的角度去思考内部消费需求不足问题的症结所在，并有针对性地提出一些近期可能实施的有效方法。

2. 内部消费需求不足的原因分析

我的观点是，我国的内部消费需求不足，并非简单的总量不足问题，而是一个结构性问题：消费需求和供给的不匹配，使得国内巨大的潜在需求没有得到满足。下面就分别从需求和供给两个方面就这一结构性问题进行分析。

需求方面，人们通常所说的消费需求不足，一般是指实际形成的消费总额。虽然我们实际居民消费占 GDP 的比重较低，但我国潜在的消费需求是非常巨大的。以奢侈品消费为例，2010 年底中国内地奢侈品市场消费总额已攀升至 107 亿美元；目前中国已经成为全球奢侈品消费增长最快的国家，预计在 2012 年将超越美国成为全球第一大奢侈品消费国（《世界奢侈品协会 2011 年度官方报告》）。又以海外购物为例，目前在中国香港、美国、欧洲等地购物的中国人已经不局限于巨富大贾，而更多来自更广泛的收入阶层。此外，国内的收藏品市场近年来也日渐活跃。与此同时，当前有很多关于流动性过剩、一些商品受炒作导致物价暴涨的讨论，同样从侧面说明了我国的潜在需求巨大。因此，我国国内并非没有需求，而是有着大量的潜在需求，只是这种潜在需求没有得到很好的满足，从而没有形成实际需求。

就供给方面而言，既然国内市场存在巨大的潜在需求，为什么我国企业没有能够积极挖掘利用这一市场？为什么在国际市场容量有限和经济危机影响持续的背景下，许多出口企业面临产能过剩的问题，仍然非常积极地在国际市场打拼，却缺乏开拓国内市场的积极性？这就必须从国际贸易的角度，深入研究中国企业的市场选择行为及其背后的理性原因。

国际贸易理论中的比较优势理论认为，一国在决定所要出口的产品时，将会选择其要素禀赋丰裕度较高的产品。就中国而言，劳动力禀赋较为丰富，而资本丰裕度较低。因此按照比较优势理论的预测，中国应该出口劳动密集型产品。但罗德里克（Rodrik，2006）将中国出口商品的种类进行划分后发现，我国企业出口产品的整体技术含量较高，即大量出口资本密集型与技术密集型产品。根据测算，中国出口产品的技术构成与人均收入水平3倍于中国的国家相同。这一现象与基本的比较优势贸易理论相去甚远。

而国际贸易中的"新新贸易理论"认为，在同一产业内，出口企业要承担较高的固定成本，在海外市场面临更加激烈的竞争，因此，能够成功出口的企业通常生产率水平较高（Melitz，2003）。在"新新贸易理论"下，生产效率低的企业不会进行出口，而生产效率高的企业先占领国内市场，再将产品进行出口。但是，最新的研究表明，对我国企业而言，情况恰恰相反。在控制其他因素的情况下，我国企业的全要素生产率每提高1个百分点，企业出口额占总销售额的比例要降低3~4个百分点。吕丹（Lu，2010）在最近的一项研究中也得出了相似的结论。她利用中国制造业部门数据发现，我国出口企业每个工人的平均销售额仅为不出口企业的91%；相比之下，美国、德国、中国台湾的出口企业的效率比不出口企业均高出几十个百分点。更令人费解的是，相当多的中国企业主要面向国外市场，很少涉足国内市场，这与大多数贸易大国的情况截然不同。我们把一个参与出口的企业的出口量占其总产量的比例定义为企业的出口密集度。如表2所示，66%的美国出口企业和50%的德国出口企业出口强度在10%以下；而中国40%的出口企业出口强度在90%以上。即便去掉我国出口企业中的加工贸易企业的样本，这一巨大的差异同样存在。

中国企业的出口行为与国际贸易理论的预测相悖，也与主要贸易国家的实际情况有很大差别，原因在于中国经济的实际情况与主流国际贸易理论的基本假设有很大不同。通常的贸易理论往往假设，开拓国际市场的难度要高于国内市场，而中国的情况正好相反。对于很多中国企业而言，开拓本土市场甚至大大难于开拓国际市场。因此，尽管国内存在着大量潜在消费需求，尽管国内市场的文化、制度、语言及地理距离远小于国际市场，中国企业仍然只能回避开拓国内市场的高额成本和巨大风险，转而开拓国际市场。

表2　中、美、德三国出口企业的出口强度比较

出口强度（%）	占各国出口企业比重		
	中国大陆	美国	德国
0～10	18.2	66.0	50
10～20	8.6	16.0	N. a
20～30	5.0	7.7	N. a
30～40	4.5	4.4	N. a
40～50	4.3	2.4	N. a
50～60	4.1	1.5	12.6
60～70	4.4	1.0	N. a
70～80	5.1	0.6	N. a
80～90	6.5	0.5	N. a
90～100	39.5	0.7	N. a

资料来源：吕丹（2010）。N. a. 表示数据不可得。

对于我国大多数企业而言，之所以内贸比外贸更难开展，原因在于国内市场环境不够完善，一体化程度远低于国际市场。整合程度低，国内市场分割，营销渠道不畅，物流成本过高。具体而言，造成国内市场低效分割、交易成本高的原因，归结起来有如下几点：

第一，我国商业环境尚不完善，企业经营成本过高。建立和完善良好的商业环境是一个长期的过程，而中国目前的商业环境还不够理想。2010 年世界银行对 183 个国家和地区的商业环境进行了估测和排名，发布了商业环境指数（表3）。中国商业环境的总体排名为第 79 位；在投资者保护、税收负担方面则排在了 100 名前后；而开设企业、获得经营许可等方面的排名甚至在 150 名之后。商业环境不够理想，提高了中国企业在国内经营的成本，从而导致了国内贸易比国际贸易更加艰难。我们最近利用这一调查结果进行了进一步研究，发现我国国内开设新企业的手续每增加一个环节，企业出口额占总销售额的比重就要增加 0.4 个百分点。这一研究结果证实了商业环境对企业贸易方向的选择确实有很显著的影响，商业环境不够理想挫伤了我国企业进行内贸的积极性。

表 3 中国在世界银行"商业环境指数"中的排名

分　项	排名（共 183 个国家和地区）
总体商业环境	79
开设新企业	151
获得经营许可	181
财产注册	38
获得信贷	65
保护投资者	93
缴纳税款	114
跨境贸易	50
执行合同	15
关闭企业	68

资料来源：世界银行（2008）。

第二，地方保护主义盛行，市场进入门槛高。除了商业大环境的因素之外，地方保护主义也是我国建立统一市场、扩大内需的严重阻碍。尽管市场化改革已经开展了30余年，但根据樊纲、王小鲁和朱恒鹏（2006）的测算，我国各省区现阶段的市场化程度参差不齐，地方保护主义现象仍然非常突出，而且以中西部地区最为严重。特别是在1994年财税制度改革后，地方政府出于对GDP和税收收入的盲目追求，有很强的动机加强对本地企业的保护（周黎安，2008）。地方政府实现地方保护的途径是多种多样的。尽管国务院曾经多次颁布规定，试图消除地方保护主义和市场分割（例如国务院2001年4月颁布的《关于禁止在市场经济活动中实行地区封锁的规定》），但各种形式的地方行政壁垒和技术壁垒仍然层出不穷（表4）。地方保护主义带来的市场分割突出反映在企业对省内法制环境、资金环境、市场环境、信用环境、社会环境等指标的评价明显高于省外。由于地方保护主义的存在，企业开拓国内其他地区市场也面临着极大阻碍。1987年，我国消费者向本省生产者购买的商品额是向外省生产者购买的12倍；这一数字在1992年上升到16倍；到了1997年，则进一步扩大到27倍（Poncet，2003）。地方保护主义虽然在一定程度上维护了本地企业的短期经济利益，却阻碍了国内市场的正常竞争，损害了全国统一市场的建立。

表4　地方保护主义的主要形式和所涉行业

地方保护主义的突出表现形式			
地方保护主义形式		严重程度排名	
对劳动力市场的干预		1	
为阻止外地产品进入的非正式限制		2	
工商、质检方面的歧视		3	
对技术方面的干预		4	
价格限制和地方补贴		5	
直接控制外地商品的销售数量		6	
对原材料投入的干预		7	
对投、融资的干预		8	
地方保护最严重的行业			
烟草	酒类	汽车	食品
农产品	医药	电力	化工产品
饮料	农副产品		

资料来源：李善同等（2004）。

第三，我国物流成本过高，加剧了市场分割。除了制度上的地方保护主义，我国各地区间的高额贸易成本，特别是物流成本，也成为贸易壁垒的又一重要来源。尽管国内市场不存在文化、语言等方面的障碍，但研究表明我国各省之间的贸易壁垒已经接近主权国家之间的水平，远远高于一般国家内部的水平（Poncet，2003）。根据中国物流与采购联合会、中国物流信息中心发布的《2011年上半年物流运行情况分析》显示，目前，我国的物流成本占GDP总量的18%，而美国和日本这一数字约为10%，德国为7.2%。全国物流公司协会公布的数据显示，广州到北京的运输成本甚至高于从广州到美国洛杉矶的运输成本；而一辆卡车从四川载货到北京的费用要10 000多元，其中半数为高速公路过路费。物流成本居高不下，使得许多企业放弃了国内市场，转而选择开拓国际市场。我们的研究发现，企业离铁路越远，国内贸易的物流成本就越高，企业就越不愿意进行内贸。距离每增加1公里，企业出口占总销售额的比例会增加0.6%。这表明，物流成本确实是企业选择贸易方向的重要参考因素。

最后，企业在国内市场上营销渠道受限制，营销成本过高。如果企业计划开拓国内市场，特别是跨地区销售产品，则无论是构建营销渠道还是进入大型超市，都面临着较大的营销成本，使得企业面对潜在的庞大市场只能望洋兴叹。根据2011年3月10日的《第一财经日报》报道："在中国，大型的经销商较少，企业时常要到每家商场去铺货，进入沃尔玛这种集中采购的超市还好，大部分超市是要一个个去谈，其间还有条码费、进场费、上架费、节庆费、信息处理费等，一个品项进入商场就要花费6万~8万元的相关费用。"与之相比，出口企业在接到国外订单后，只需要组织生产，而无须负担重重营销费用；营销成本的差异，使得很多出口企业宁愿开拓陌生的国际市场，也不愿意发掘国内市场的消费潜力。

3. 建立整合高效的国内统一市场是经济转型的关键

商业环境不完善、地方保护主义盛行、物流成本居高不下、营销渠道有限等几方面因素的共同作用造成了我国市场一体化程度不高、效率低下、交易成本高、内贸难度更胜外贸的局面。而这种局面如果持续发展，将会极大影响中国经济增长方式的全面转型。建立整合高效的国内统一市场，则成为实现经济转型的关键。

首先，建立整合高效的统一市场是解决内部消费不足的关键。很显然，我国潜在消费需求极大。但在如此巨大的潜在市场下，企业开拓国内市场积极性不高的主要原因，正是不同地区市场的低效分割严重、贸易壁垒林立，为企业开展国内贸易、满足潜在消费需求设立了层层阻碍。在过去几年，出口的外向型战略尚可为经济增长提供足够的动力，但在当前国内原材料成本加速上升、人民币不断升值、世界经济持续低迷的情况下，继续维持出口高增长、期望以此拉动经济，则显然不可持续。因此，严峻的出口形势使得建立统一的国内市场成为解决国内消费不足的关键途径。

其次，统一高效的国内市场是实现产业转移的关键。我国各地区间在成本结构上存在着很大差别，沿海地区的劳动力和土地成本都远高于内陆地区。沿海地区为实现产业升级，已经开始腾笼换鸟，政策向高科技创新型产业倾斜；内陆地区为了加速本地经济增长，纷纷出台优惠政策，以吸引沿海的传统制造业。然而尽管各地政府一再推动，中央政府积极号召，传统产业向内地转移的进程依然非常缓慢。虽然富士康一类的大型知名企业可以在重庆、成都、西安等地设厂经营，但对于众多的中小制造业企业而言，向中西部地区迁移很有可能造成供应链不能及时跟进、运输成本高昂的问题。国内市场的低效分割，极大增加了企业在内陆地区经营的成本，因此严重阻碍了我国产业转移的推进。

第三，实现我国企业做强做好的一个必要条件，也在于建立整合高效的国内统一市场。中国看似为企业提供了庞大的市场，但由于市场一体化程度低、贸易壁垒林立，很多企业不能在广阔的国内市场上大展宏图。在现阶段，能够有效利用全国市场的企业有三类：第一类是大型国有企业，它们的行政资源可以突破地方保护主义的壁垒，而它们已有的全国网点使得它们在全国范围内开展生产和营销活动非常便利；第二类是由于行业自身特点不需要在全国进行营销网络建设的行业，例如互联网企业；第三类是实力雄厚、可以承担全国范围内营销网络建设成本的企业，例如为数不多的奢侈品企业和大型跨国公司。除此三类企业之外，一家普通的成长型制造业企业，即使有良好的业绩和前景，试图利用国内市场做强做好也面临相当严峻的挑战。

当前，我国企业往往热衷于做全产业链，而不注重分工和专业化可能带来的效益。这一现象在正常的市场经济中，从理论上很难理解。但这正是中国市场低效分割的特征造成的理性而无奈的选择。市场分割的存在，导致国内市场间交易成本高，企业不能通过专业化做大市场、进而做强做好企业自身，只能向产业链上下游发展，造成“矮胖”型企业。同样的问题也反映在其他现象中：例如在美国，全国性的啤酒品牌往往是中低档的产品，如百威（Budweiser）；而本地啤酒则往往是高端的。这是因为全国品牌要迎合更广泛的消费者口味，只能是中低档次的普通产品，而本地品牌可以更迎合当地消费者的偏好，针对地区市场的口味生产高端产品。在中国，情况则正好相反：全国性啤酒品牌如青岛啤酒，价格要显著高于各地区的啤酒品牌，这一特殊的市场结构，其原因就在于符合大众口味的中低端产品无法承担建立全国营销网络的成本，也就无法做强做好。因此，建立整合高效的全国性统一市场，是我国企业做强做好的必要条件。

最后，建立整合高效的全国性统一市场，也是实现中国区域经济平衡发展的关键。我国严重的地区差异问题历来广受关注，促进区域平衡发展也是“十二五”规划中的重要目标。要实现这一目标，我国未来的经济增长重心必须向中西部欠发达地区转移。这就要求这些地区的企业能够更快更好的发展。但是，它们离国际市场很远，而开发国内市场又困难重重。分割低效的国内市场阻碍了这些企业将产品销往全国各地，阻碍了欠发达地区发挥其优势、利用广大的国内潜在需求市场、实现经济增长的赶超。而且，由于我国国内市场的分割低效，产业转移受到了极大限制。因此，因为国内市场的不完善，无论是吸引沿海企业，还是培养本土企业，中西部欠发达地区都面临巨大挑战。建立整合高效的全国性统一市场，是区域平衡发展的关键。

4. 政策建议

综上所述，我国经济增长方式难以改变，结构问题越来越严重，从根本上是因为市场机制的不完善。构建扩大内需的长效机制，促进经济增长向依靠消费、投资、出口协调平衡发展转变，实现经济可持续增长是中国未来经济政策的重要内容。而建立整合高效的全国统一市场，则是有效利用潜在需求、实现产业转移、促进企业做大做强、解决区域经济平衡发展的关键，也是“十二五”期间实现经济转型的关键。我国过去对外开放的一个成功战略是“用市场换技术”，未来我们的发展战略应当转变为“用市场促发展”，以市场化推进来带动经济增长方式转变和经济结构调整。

为了建立整合高效的国内统一市场，首要任务是必须进一步深入推进市场化改革，破除地方保护和市场分割。广泛、长期存在的形式繁多的地方保护主义，已经为我国经济的发展造成了巨大阻碍。要真正建立扩大内需的长效机制，必须从制约内需的关键因素入手，消减当前地区间的行政壁垒和贸易壁垒，真正使市场在跨地区间的资源配置中发挥作用。进一步深化体制改革，改变地方政府过度关注本地 GDP 和地方税收的内在激励，是破除地方保护主义的根本。完善市场法规对于全国统一市场的保护，加强中央政府对于市场纪律的维护，是建立全国统一市场的基础。只有真正建立整合高效的全国统一市场，才能释放我国国内市场的潜在消费需求，才能使我国国内市场的庞大规模成为推动经济长期持续发展的动力源泉。

建立整合高效的国内统一市场，另一个重要因素是各地区必须健全和完善企业经营环境，特别是为成长型企业在跨地区经营中提供良好的法律和制度保障。各地政府应当把注意力从物质资本投资转移到商业和生活环境的改善，以提供良好的投资环境和令居民满意的公共品来吸引投资和创造就业。只有这样，才能够使企业从国际市场回归到全国一体化市场。也只有这样，才能满足国内巨大的潜在需求，将消费潜力转化为消费需求，解决供求不匹配的矛盾，实现扩大内需、转变经济增长方式的目标。

建立整合高效的国内统一市场，必须大幅降低交易成本。首先，流通成本必须大幅降低，公路运费和铁路运费都应当大幅下调，减少的收入可以通过各级政府及制造运营企业协商分摊。其次，应当加强对于物流行业的扶持和管理，推动降低物流成本。一方面相关法律法规应当尽可能帮助物流企业降低成本，另一方面需要促进物流行业的竞争。再次，国内市场的低效分割、交易成本高，还有其他多种因素，如营销中介的培育不够，需要从不同的角度找到解决办法。

总之，建立整合高效的国内统一市场，需要大力推进市场化改革，多方面想办法，多方协作，才能真正建立经营环境良好、贸易壁垒消除、物流成本低廉、营销渠道广泛的市场，为扩大国内消费需求、实现经济增长方式的转变提供关键性的前提保障。

参考文献

樊纲、王小鲁和朱恒鹏，《中国市场化指数——各省区市场化相对进程 2006 年度报告》，2006 年 10 月。

国务院，《关于禁止在市场经济活动中实行地区封锁的规定》，国务院令第 303 号，2001 年 4 月 21 日。

李善同、侯永志、刘云中、陈波，《中国国内地方保护问题的调查与分析》，《经济研究》，2004 年第 11 期。

周黎安，《转型中的地方政府：官员激励与治理》，上海：格致出版社、上海人民出版社，2008 年版。

Lu, Dan, 2010. "Exceptional Exporter Performance? Evidence from Chinese Manufacturing Firms," Working Paper, University of Chicago.

Melitz, Marc J. , 2003. "The Impact of Trade on Intra - industry Real locations and Aggregate Industry Productivity," *Econometrica*, 71: 1695 - 1725.

Poncet, Sandra, 2003. "Measuring Chinese Domestic and International Integration," *China Economic Review*, 14: 1 - 21.

Rodrik, Dani, 2006. "What's So Special about China's Exports?" *China and World Economy*, 14 (5): 1 - 19.

World Luxury Association, 2011. "World Luxury Association 2011 Blue Book."

备战危机

黄海洲

当前，全球经济的风险在明显上升，但在整体上出现二次衰退的可能性不大。我认为，2012 年、2013 年全球经济都将面临较大风险。2012 年主要问题是在欧洲，2013 年主要问题是在美国。欧洲 2012 年经济增长可能为负，这对于全球经济形势是一个比较大的挑战。美国 2012 年经济增长疲软，2013 年可能降至零甚至是负增长。我们需要对此密切关注，即使全球不会出现二次衰退，我们仍然有必要备战危机。

美国经济复苏一波三折

次贷危机之后引发了全球金融危机。图 1 显示了全球主要国家的财政状况，存在问题的国家不少，比如希腊、意大利、葡萄牙和美国。几乎所有的发达国家都不排除爆发债务危机的可能，而且债务危机更易爆发于公共债务和财政赤字占 GDP 比重较高的国家。日本的情况比较特殊，因 GDP 与 GNP 差别较大，而且日本在海外投资的收益较好，虽然赤字占 GDP 的 220%，但目前基本上没有太大问题。

* 作者现任职于中国国际金融有限公司研究部，文中观点和错误由作者本人负责。

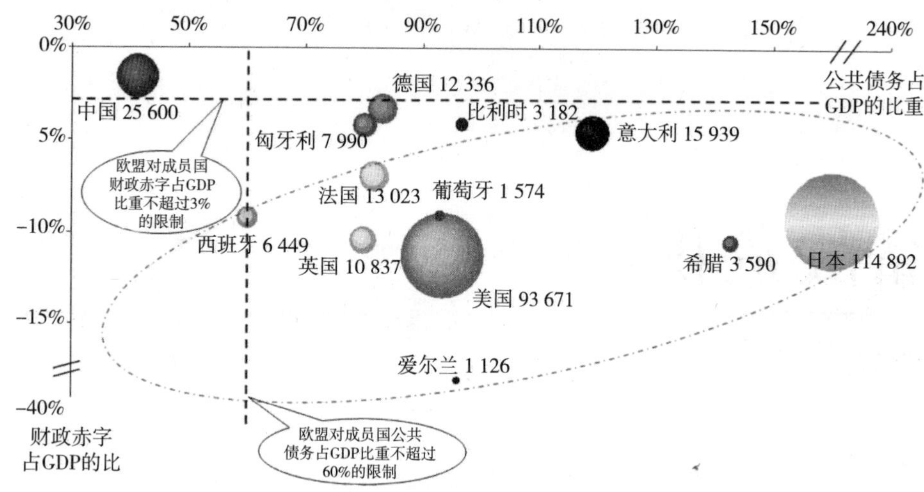

图 1　2010 年全球主要国家的财政状况

注 1：圆圈大小代表 2010 年各国净债务，国家后面的数字代表各国净债务（单位为亿美元）；

注 2：中国债务数据包括国债存量 6.4 万亿元人民币、地方政府融资平台约 10 万亿元人民币；

注 3：1997 年问世的欧盟《稳定与增长公约》设置了 3 条原则：财政赤字占 GDP 的比重不得突破 3% 的上限；公共债务占 GDP 的比重不能超过 60%；中期预算应实现平衡。

资料来源：欧盟，彭博资讯，中金公司研究部。

如果将美国此次危机与二战之后几次主要的经济衰退做一个比较，可以发现此次危机非同寻常，要恢复增长困难非常大（参见图 2）。美国劳动力市场恢复状况更为糟糕，现在失业率超过 9%，这对于美国当政者——尤其是奥巴马——来说是一个非常大的挑战。因为二战之后基本上没有一任总统能够在失业率维持在 7.2% 以上时获得连任，一个例外是里根，当时失业率是 8.4%。所以奥巴马的连任，会有很大难度。

美国经济复苏一波三折的根本原因是此次危机导致资产负债表性质的衰退，走出金融危机的过程其实就是逐步修复资产负债表的过程。一个经济体通常可以被划分为政府、金融、居民和企业四个部门。“资产负债表性质的经济衰退”是指经济中各个主要部门的资产负债表都受到严重损伤，因而在衰退结束后，各部门忙于修复资产负债表，降低杠杆率，不愿继续负债。包括企业在内的各部门不再是以利润最大化为目标，而是以降低债务水平为紧要任务。其特征是总需求不足，传统货币政策的作用受到限制。

追溯这轮经济衰退的起源，从 1980 年以来，美国私人部门特别是金融机构和居民家庭的债务水平不断升高，居民部门的借贷在 2000 年之后大都流向

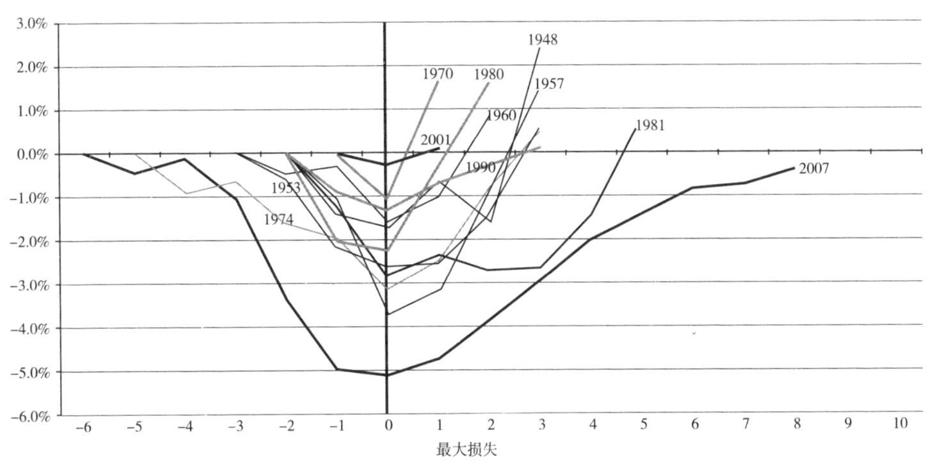

图 2　二战后几次主要经济衰退中的 GDP 增长率变化

资料来源：Bloomberg，中金公司研究部。

了房地产市场，最终形成了规模空前的房地产泡沫；金融机构在全球化背景下的杠杆率也不断提升。金融危机爆发后，金融机构产生了大量损失，从而导致了金融机构资产负债表的危机。企业和政府部门在国内借贷相对有限，但是居民部门资产负债表危机会导致消费需求的放缓，而金融机构资产负债表的危机会导致信贷的放缓，因此就从需求和投资两个方面影响了实体经济，从而使实体经济中的企业的资产负债表也陷入危机状态。而企业部门的资产负债表危机又会通过降低居民收入，增加失业人数和降低储蓄、投资及融资活动等方面反过来影响居民部门和金融机构的资产负债表。

在四部门的资产负债表框架下，美国相对较好的是企业部门，企业的资产负债情况良好、财务结构合理。实体经济在危机中损伤并不大，我认为有两个重要原因，其中一个原因就是美国 2001 年纳斯达克泡沫破裂以后美联储把利率压得非常低，实际上是为此后的危机埋下了伏笔，美联储也因此饱受诟病。但宽松的货币政策也有助于美国实体经济中的企业部门在 2001 年到 2007 年间缓慢修复其资产负债表，因此美国实体经济在这次危机中没有受到很大冲击。因此对美联储的政策我们应辩证地来看待。另一个重要的原因就是得益于全球化，美国的大公司能够在全球进行资源和资产方面的配置，目前标普 500 指数成分的公司海外利润占总利润的 50% 以上，用中国话说就是“东方不亮西方亮，黑了南方有北方”。美国自身经济差的话，还可以在新兴市场或其他经济好的国家赚钱。有一些人关注美国会不会变成下一个日本，这种可能性基本不存在。日本当时出现问题的时候，企业和银行是一起垮掉的，而美国基本上只是金融系统、个人和政府出了状况，实体经济没有受到重创，这是非常值得注意的一个关键。另外，美国公司更受益于全球化。

美国要获得经济复苏，就要用企业相对比较健康的资产负债表去支持居民、政府、金融机构三个资产负债表的修补，这将是一个曲折、长期的过程。美国经济不太可能在短期内迅速恢复，2013 年面临更大挑战。我们做了一个初步的匡算，日本在20 世纪90 年代发生那么大的危机，导致经济持续将近20年没有增长。与之相比，美国危机的状况本质上和日本是不一样的，日本是实体经济和金融系统一起垮掉，而美国实体经济在这次危机中并没有受到冲击。另外一个不同之处是，美国金融财富从2007 年最高点的70 万亿美元，降到最低点的50 万亿美元，损失 20 万亿美元，财富损失相当于美国年 GDP 的 1.5倍。而日本当年从最高点到最低点的财富损失是日本年 GDP 的 3 倍，所以日本泡沫问题远比美国严重。此外，美国将来可以反复利用通胀、贬值几个手段，而日本当时掉入流动性陷阱无法走出。所以，美国复苏需要的时间远比日本要短，我们认为大致需要 4 ~5 年的时间。

美国国债问题由来已久。美国国债第一次的爆发性增长发生在南北战争期间，并因为两次世界大战的缘故急剧增加。在此之后，美国国债数额大体上以通胀率的速度增长。克林顿执政期间曾有一段时间的好转，但从小布什执政之后，因为“9·11”、伊拉克战争，财政赤字快速上升，国债从 2001 年的 5.6万亿美元上升到了 2008 年的 10.7 万亿美元。在奥巴马执掌白宫之后，因为要救助危机中的金融系统，国债继续增加。目前，国债余额达到 14.34 万亿美元，占 GDP 的比重为 95.6%（参见图 3、图 4、图 5)。

让我们对美国过去20 年的进程进行一些回顾和分析。克林顿时代是美国经济最繁荣的时代，美国赢得了冷战胜利，成了全世界唯一霸主，但克林顿浪费了美国改革的良机。当时美国处于一片繁荣，没有动力改革。小布什执政时是想改革的，但“9·11”和伊拉克战争使得他腾不出手去改革。奥巴马在历史上的角色，现在评论为时尚早，但总体说来他在改革上做得不够，而且把次序颠倒了。如果要把美国经济真正从衰退中拉起来，第一步应该通过财政支出先把美国经济托起来。如果要扩大财政赤字的话，要首先利用新增财政支出解决经济增长和就业问题，而不是增加福利支出但无助就业和增长。而他把次序倒过

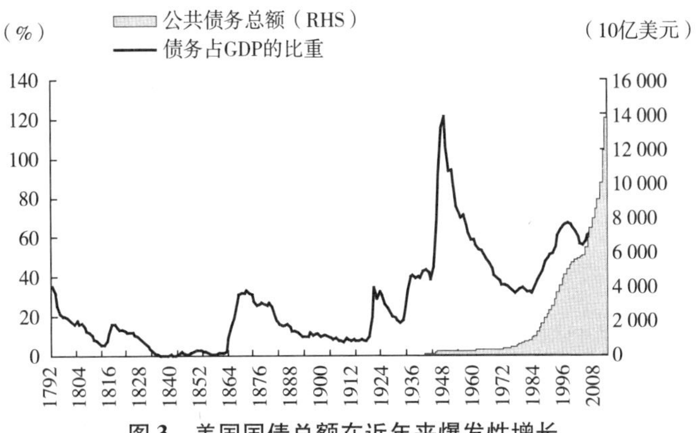

图 3　美国国债总额在近年来爆发性增长

资料来源：Bloomberg，中金公司研究部。

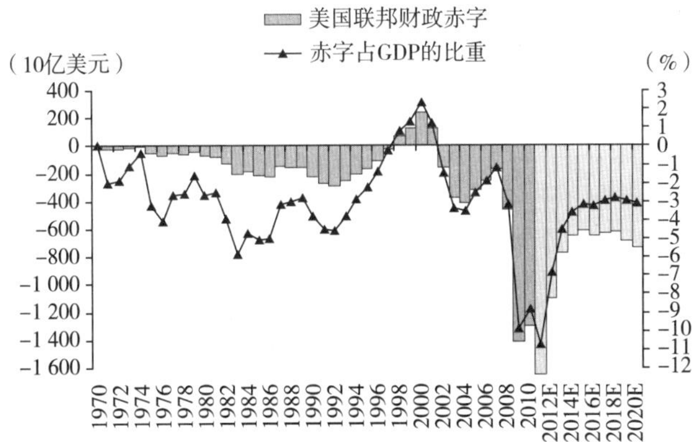

图 4　美国财政赤字短期很难下降

资料来源：Bloomberg，中金公司研究部。

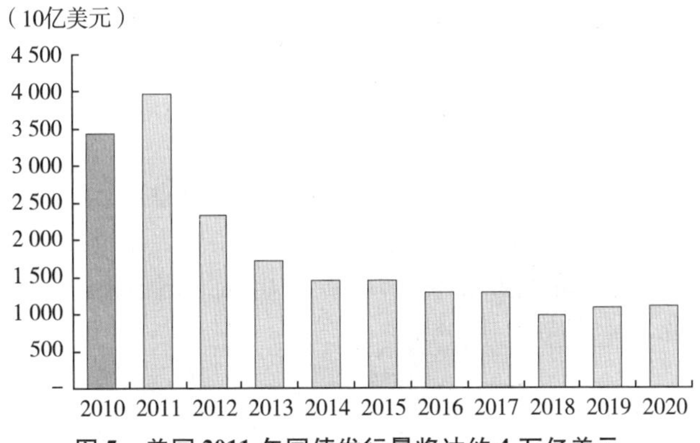

图 5　美国 2011 年国债发行量将达约 4 万亿美元

资料来源：Bloomberg，中金公司研究部。

来，先搞全民医保，把政府负债推高，却没有把就业和经济增长推起来，这可能是他执政中最大的败笔。

美国经济面临长期去杠杆化，总需求受到抑制；美国政府面临高赤字、高债务的问题，限制了财政政策的灵活度，不利于支持经济发展。同时，目前经济又缺乏明显的新的增长点。因此，从2011年第一季度开始出现的经济增速明显放缓，是各种宏观因素的综合反映。

目前，美国居民逐渐增加存款，银行也在逐渐去杠杆化中，债务占比明显下降，但美国政府部门的资产负债表却大幅膨胀（参见图6、图7）。所谓的经济刺激计划实际上就是通过加重政府资产负债表受损的程度来修复另外三个部门的资产负债表，这个过程已经接近完成。但美国政府却将长期承受降低债务总量的压力。我们做了一个初步匡算，如果修复到相对健康的水平可能要到2018年，即下一任总统完成执政的时候（参见图8）。

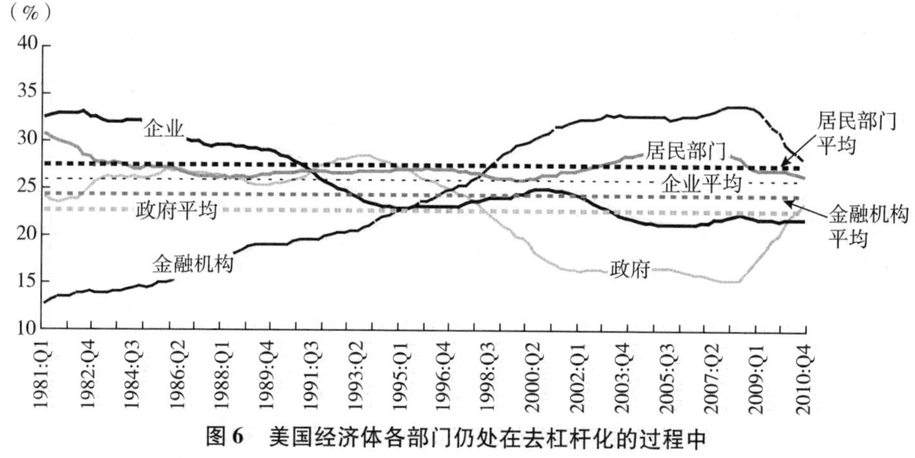

图6 美国经济体各部门仍处在去杠杆化的过程中

资料来源：Federal Reserve，Haver Analytics，中金公司研究部。

企业部门方面，美国的企业投资仍是带动经济复苏的关键因素。虽然企业手中持有大量现金，但对未来经济增长前景预期不明，因此并没有进一步加大投资的打算，这对美国的经济增长进程有一定的抑制作用。如果信心增强则可加大投资、改善就业市场。

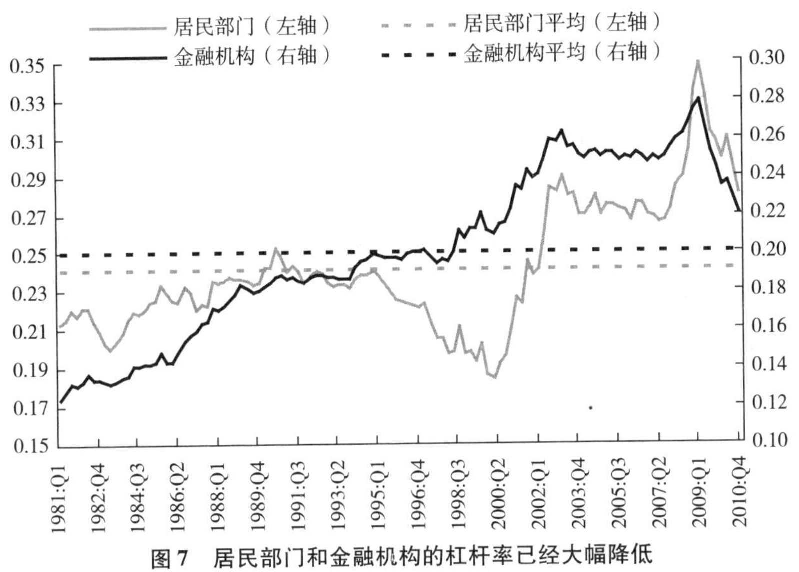

图 7　居民部门和金融机构的杠杆率已经大幅降低

资料来源：Federal Reserve，Haver Analytics，中金公司研究部。

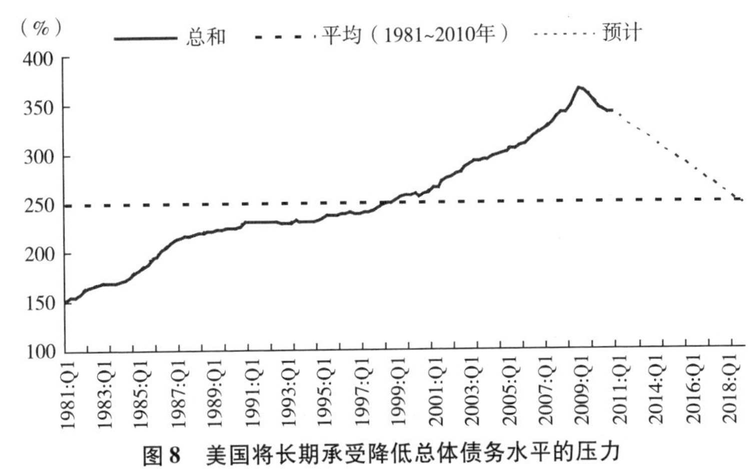

图 8　美国将长期承受降低总体债务水平的压力

资料来源：Federal Reserve，Haver Analytics，中金公司研究部。

即便美国经历了百年一遇的危机，但是美国企业的盈利超预期得好，这是以前没有发生过的。我们预测 2011 年标普 500 盈利将实现 15% 的正增长，2012 年是 12%，而中国 2011 年全部 A 股盈利增速可能为 15%，2012 年仅 10% 左右。

金融部门方面，资产负债表在金融危机后得到了有效修复，抗风险能力增强。但由于企业贷款需求不足，而居民和企业存款不断增加，使得美国商业银行信贷与存款缺口加大，不利于经济的持续复苏。另外，从宏观层面来讲，美国M2增加比较大，但货币供应增加并没有引起通胀，因为企业投资意愿不强，货币乘数下降，导致货币传导机制失效（参见图9）。

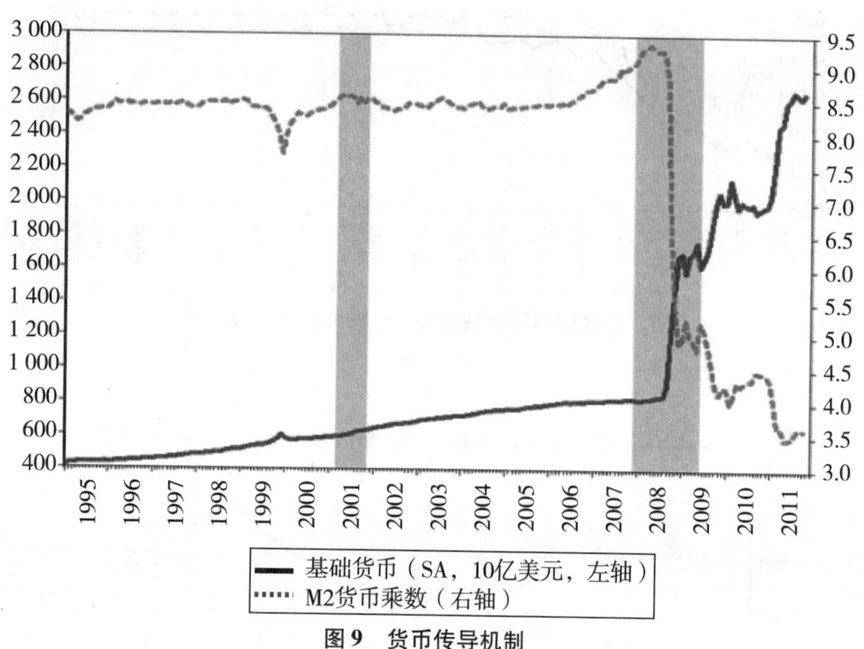

图9　货币传导机制

资料来源：Federal Reserve，Haver Analytics，中金公司研究部。

政府部门方面，美国政府的债务水平和财政赤字仍将居高不下，在未来10年中需发债约6万亿美元。奥巴马政府计划在未来10年中削减赤字总额约为2.5万亿美元，这有可能在未来的2年中对GDP向下拉动超过2%。

如果看美国财政紧缩对GDP的影响，工资税本来要到2012年底结束，这可能把GDP往下拉一个点。美国成立了一个超级委员会，现在讨论的政策会在财政紧缩上把GDP再向下拉0.5个百分点。总体相加，2013年财政紧缩会使美国GDP下降近两个点。这可能是现在值得关注的事情。美国2012年问题不大，2013年不容易过去，除非2013年新总统搞新凯恩斯主义。如果奥巴马连任，美国2013年有可能躲过危机。如果是共和党上台，美国2013年进入衰退的概率会非常大。

美国就业市场没有明显起色，失业率高企，“无就业的复苏”仍在持续，这对经济未来复苏非常不利。房地产市场方面，虽然房屋按揭利率已经下降到了历史新低，但房价仍在寻底。现在就看美联储会不会实施第三次量化宽松政策。其实美联储能做的就是在 MBS 市场操作，实施量化宽松。如果这样的话，有可能 2012 年春天是美国房地产市场的底部。如果到 2012 年春天之前美联储在 MBS 市场无所作为，但奥巴马连任的话，2013 年春天可能会是房地产市场的底部；如果共和党上台的话，这些问题则可能继续下去。

总之，美国经济有可能在未来几年维持低速增长，不排除 2013 年进入衰退的可能。

欧债危机错综复杂、旷日持久

欧洲债务危机的爆发，源于国家之间差异过大，同时缺乏国家之间政策方面的有效协调机制。在欧元区内，德国是第一经济大国，其经济规模占欧元区总规模的27%；法国占21%；受债务危机困扰的希腊仅占2.5%。欧元区各国 GDP 增速差异也比较大，2011 年以德国为首的核心国家经济增长强劲，但受债务困扰的周边国家经济则处于衰退状态（参见图 10、图 11）。

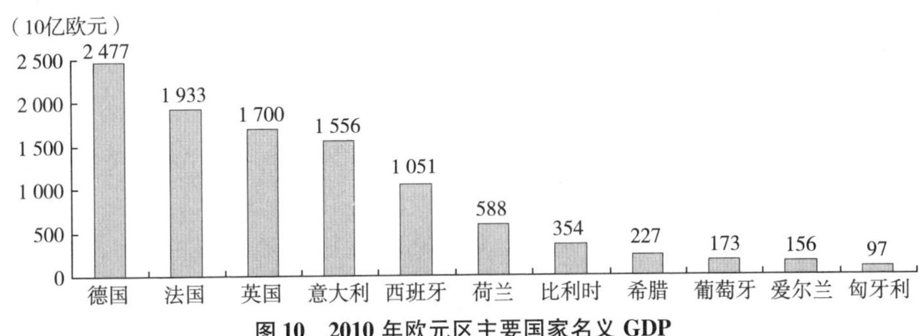

图 10　2010 年欧元区主要国家名义 GDP

注：英国为欧盟成员，但非欧元区成员。

资料来源：彭博资讯，中金公司研究部。

欧元区劳动力成本的严重分化，根本不符合最优货币区的理论条件（参见图 12）。1999 年欧元区设立之前，德国劳动力成本是最高的，希腊、意大利相对较低。1999 年之后，希腊、意大利的劳动力成本增长了 20% ~30%，相比之下德国劳动力成本反而下降了 15%。经历这次危机，德国本身状况依然非常

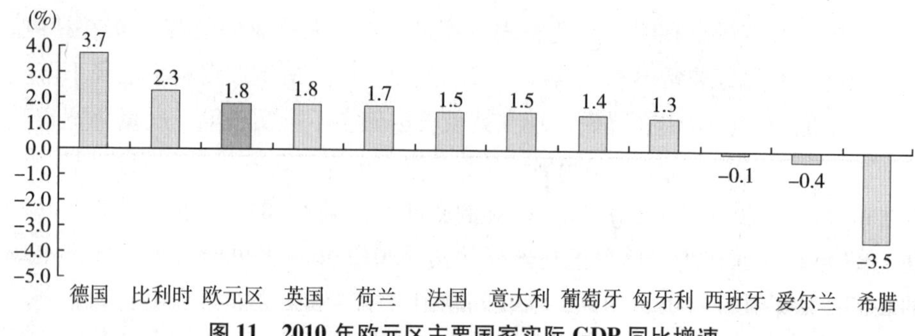

图 11　2010 年欧元区主要国家实际 GDP 同比增速

注：英国为欧盟成员，但非欧元区成员。

资料来源：彭博资讯，中金公司研究部。

好，有几方面原因，一个是东西德合并，德国经历了痛苦的改革，尤其是国企改革。德国花了十几年扎扎实实地把东德的国企问题消化了，在此过程中德国的整体竞争力得到很大提升。第二是原先西德的厂商直接迁到劳动力成本更低的波兰和匈牙利，但是现在随着德国劳动力成本逐渐降低，西德的厂商开始回迁，所以德国实体经济层面也更加有竞争力。第三，如果德国马克还在的话，德国以这样低的劳动力成本和高的生产效率发展，德国马克可能对美元升值 40% ~50% 。但是欧元在危机之后对美元是贬值的，德国躲在欧元后面获益非常大，实际上 2010 年德国贸易项目盈余占 GDP 的比例比中国还要高。

动力成本分化严重

资料来源：Bloomberg，ECB，中金公司研究部。

欧元区的失业率差异也非常大，这可能需要 10 年才能达到新的平衡。德国年轻人失业率是 9% ，而西班牙高中毕业、大学毕业的年轻人中有将近 50% 的人没有工作。中国有一个词是“啃老族”，指的是年轻人大学毕业以后，尤其是大城市的年轻人，买不起房子，和父母住在一起。实际上南欧这些国家，尤其是意大利和西班牙，从 1945 年之后就一直是“啃老族”。1945 年之后意大利不断地使货币贬值，平均每年换一位总理，每届总理上台都是重新开一些支票，在里拉后面继续加零。几代人住在一套房子里，这在意大利是常态。

这些差异巨大的国家在欧元区内共生，就必须要有政策上的有效协调机制，例如财政转移，但这在欧洲现在的状况下是难以实现的。设立欧盟的时候，德国担心其他国家过度依靠于德国，因此故意把欧盟做成一个极小政府。欧盟能够支配的财政支出只占欧盟 GDP 的 1%，而这 1% 的 GDP 还要扶贫非洲，用于使团、庞大的翻译队伍等等，因此没有足够的资金用于财政转移支付。

欧洲央行并非一个常规的央行，对这一点我们需要深刻认识。在设计欧洲央行的时候，尝试照搬德国中央银行的模式，目标主要是稳定币值、稳定通胀。现在德国经济体量最大，经济增长最好，面临通胀问题，而对于别的国家来讲则是面临通缩的问题。如果要照顾德国利益，欧洲央行就要加息，但是照顾其他国家就应该减息。所以，欧元区的政策协调机制问题很难解决。

欧洲债务问题比较错综复杂。目前，欧元区债务缠身，希腊债务违约的风险上升。欧债危机升级，已经扩散到核心国家，如意大利、法国。欧元区的经济全面下滑，未来经济复苏前景堪忧，不利于解决债务问题。2011 年八九月份

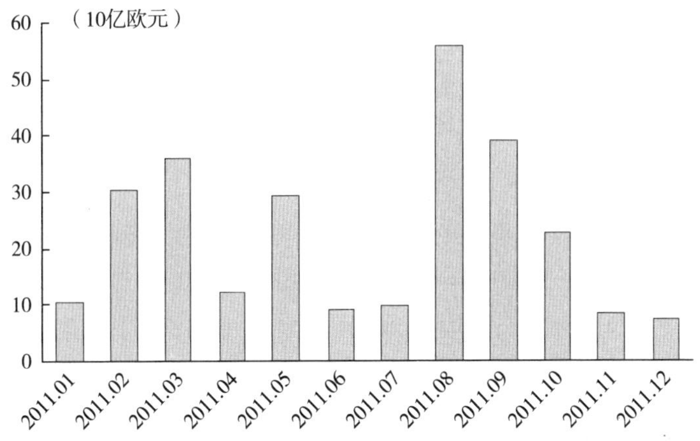

图 13　2011 年“欧猪五国”债务到期压力持续到 10 月

资料来源：Bloomberg，中金公司研究部。

“欧猪五国”债务到期压力非常大，可以说危机是如期而至，毫无意外（参见图13）。如果欧债问题在未来两三个月里得不到根本解决，2012年2～4月欧债问题又会如期而至，届时欧洲再融资风险会大幅度加大，而且意大利的债务问题会演变成不可控制的问题（参见图14）。

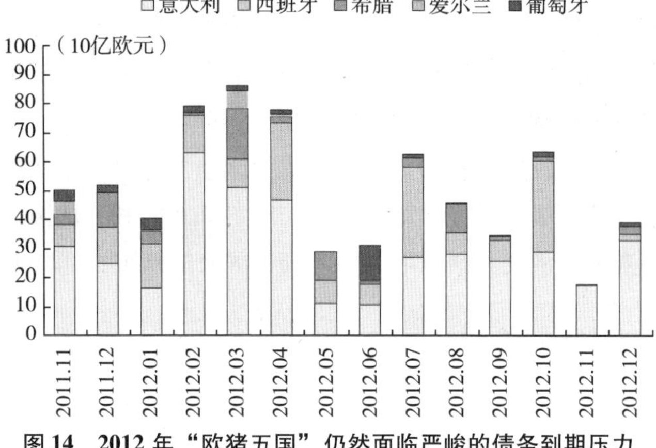

图14　2012年“欧猪五国”仍然面临严峻的债务到期压力

资料来源：Bloomberg，中金公司研究部。

当前，意大利、西班牙的财政状况不容乐观。意大利经济总量在欧元区排名第三，相当于6.8个希腊、9个葡萄牙、10个爱尔兰，公共债务占GDP比重仅次于希腊。西班牙经济总量在欧元区排名第四，失业率超过20%，财政赤字占比仅次于爱尔兰、英国和希腊。意大利、西班牙巨大的经济总量使得欧盟救助陷入更为艰难的境地。

意大利现在的国债收益率已经突破7%，靠自身是无力偿付的，市场留给意大利的时间已经不多了。意大利最大的问题将在明年出现，而且对整个欧元区而言，明年最大的问题期间是2～4月份。过去3年意大利每年拍卖4 300～4 600亿欧元国债，折合约400亿欧元，但其中有一半是1年期以内的国债融资，因此意大利2012年融资压力将大大超过以往年份。如果国债存量都是长期国债，在未到期时并没有大的偿付压力，但是如果有一半都是1年期以内的国债，再融资的压力就非常大了。在如此大的融资压力下，意大利国债收益率屡创新高，将可能触发评级机构下调其主权信用评级，未来融资成本将更为高昂（参见图15、图16）。

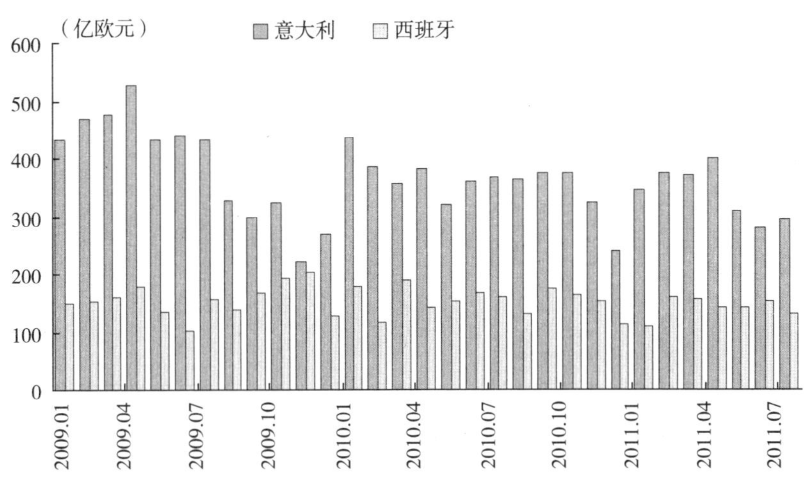

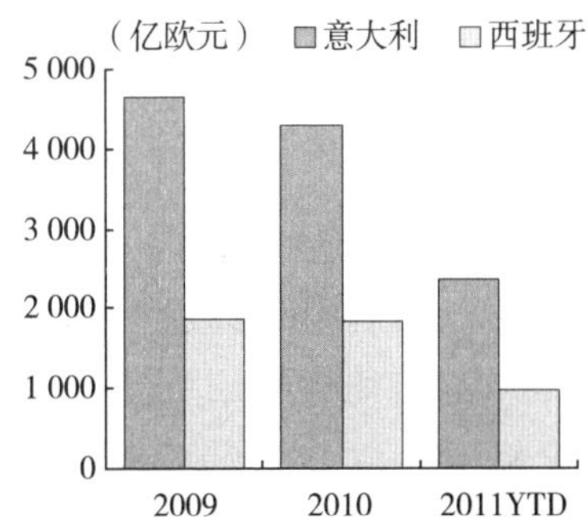

图 15　过去三年意大利、西班牙国债拍卖情况

资料来源：Bloomberg，中金公司研究部。

表 1　意大利、西班牙主权债务评级明显高于其他“欧猪五国”，未来有可能下调

	德国	法国	西班牙	意大利	爱尔兰	葡萄牙	希腊
标准普尔	AAA	AAA	AA	A +	BBB +	BBB -	CC
穆迪	Aaa	Aaa	Aa2	Aa2	Ba1	Ba2	Ca
惠誉	AAA	AAA	AA +	AA -	BBB +	BBB -	CCC

资料来源：Bloomberg，中金公司研究部。

欧洲银行对“欧猪五国”拥有巨大的风险敞口，资金面日益趋紧，这在最近受到一些关注。尤其如果是意大利、法国的问题进一步引发，风险将进一步加大，不排除爆发银行系统危机的可能（参见图 16）。

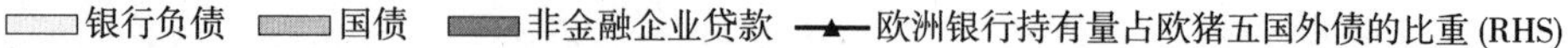

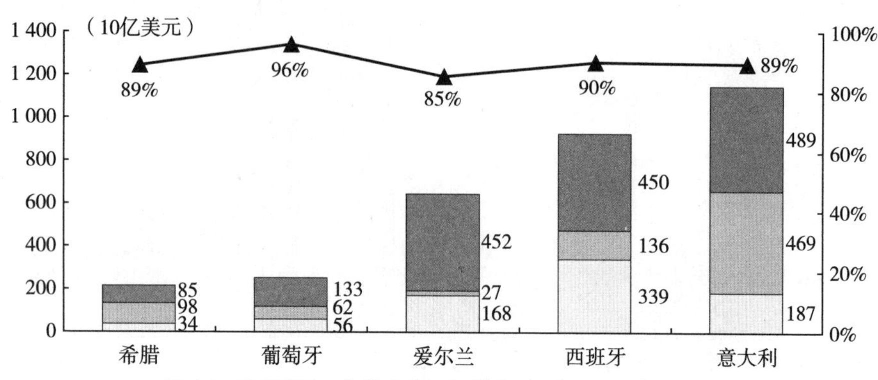

图 16　欧洲银行对“欧猪五国”拥有巨大的风险敞口

资料来源：国际清算银行，彭博资讯，中金公司研究部。

再来探讨一下德国在解决欧元区问题上的态度和考量。如果德国现在掏钱解决欧元区问题，有三大坏处。第一，德国掏钱过多。第二，丧失了改革的机会，比如意大利二战之后一直就是靠货币贬值、通胀过来的，没有真正实行过改革，葡萄牙、西班牙也一样，希腊则问题更严重。这么大的危机之下都不改革，如果错失了改革机会，问题可能会更大。第三，如果德国现在把这个问题解决掉，欧元对美元会大幅度升值，这会损害德国利益，也会损害欧元区利益。

如果欧元区崩盘，也有三大坏处。第一，德国作为欧元区的核心大国，见死不救，政治代价非常大。第二，德国从欧元区退出来，德国马克出马，在短期内可能对美元升值 30% ~50%，使德国承受不了。第三，欧盟其他国家会对德国不负责任的做法产生敌意，各国都实行贸易保护主义，德国也就不会有希望出口了。

所以，欧元区彻底崩盘抑或单靠德国力挽狂澜都不可能成为德国的最佳选项。最后的结果会是什么？我认为就像拉风箱一样，当问题走到悬崖边上时往回拉一把，然后各国的问题自己解决。所以欧元区的问题不好解决，欧债危机也将成为一个旷日持久的问题。

欧元区的出路，可能有几个选项。一是成立欧洲财政部，但现在看来可能性很小，因为难以在国家统一之前实现太大的财政转移支付。另一个解是由欧洲央行来接管欧洲事务，这是可以有实质性进展的一条路，而且实际上正在朝这个方向推进。前不久，前欧洲央行副行长卢卡斯·帕帕季莫斯被任命为希腊新总理。另外，意大利不久前在欧央行管理委员会成员还有两个人，一个是意大利籍的现任欧洲央行行长马里奥·德拉吉，还有一个是欧央行执行委员会委员斯马吉。当时意大利人马里奥·德拉吉竞争欧洲央行行长时，意大利总理贝卢斯科尼不断给斯马吉施压，要求他辞职让位于法国人，斯马吉请示欧洲央行法律部后说不能辞职，否则就影响了欧洲央行的独立性。现在斯马吉已经辞职，这有两个好处，一是要解决欧洲问题，法国人必须扮演积极作用，法国人在欧央行管理委员会中要有一个席位。第二，不排除斯马吉将来成为欧洲央行在意大利的重要联系人。换句话说，欧洲现在解决问题之道是欧洲央行去接管整个欧洲。这条路能走多远？我们拭目以待。

如果欧洲央行接管欧元区成功的话，债务货币化成为可行的唯一解。德国现在在欧洲央行里的声音越来越小，阿克赛尔·韦伯本来是欧洲央行行长候选人，但他在2011年2月时退出了候选人之列。欧洲央行管理委员会成员、首席经济学家德国人尤根·斯达克也在2011年9月宣布辞职。

欧元区问题能否相对平稳地化解，还要看马里奥·德拉吉是不是真正的意大利人本色。如果他是真正的意大利人，可能会在欧元后面加零，那欧债危机还是可以有解的。我认为这个可能性相当大。第一，他是麻省理工学院经济学博士，相信凯恩斯主义。第二，他在意大利财政部任过高官，还曾担任高盛投行副总裁。意大利人能做欧洲央行行长，可能就这么一次，现在时势造英雄，德拉吉值得一搏。如果按照德国人的做法，欧洲央行和欧元都可能被逼到死地，他会沦为历史罪人。

中国须备战危机

未来，美国、欧洲两个最大的发达经济体货币政策将会极度宽松，这样的外部环境会对新兴市场和中国经济造成怎样的影响，是非常值得我们关注的。

2012年部分新兴市场国家将会出现双赤字（参见图17）。2011年一些新兴市场国家汇率已经出现问题，比如印度和韩国本国货币在2011年9月汇率贬值10%。如果新兴市场洗牌的话，2012年的金融市场风险会比2011年更高。

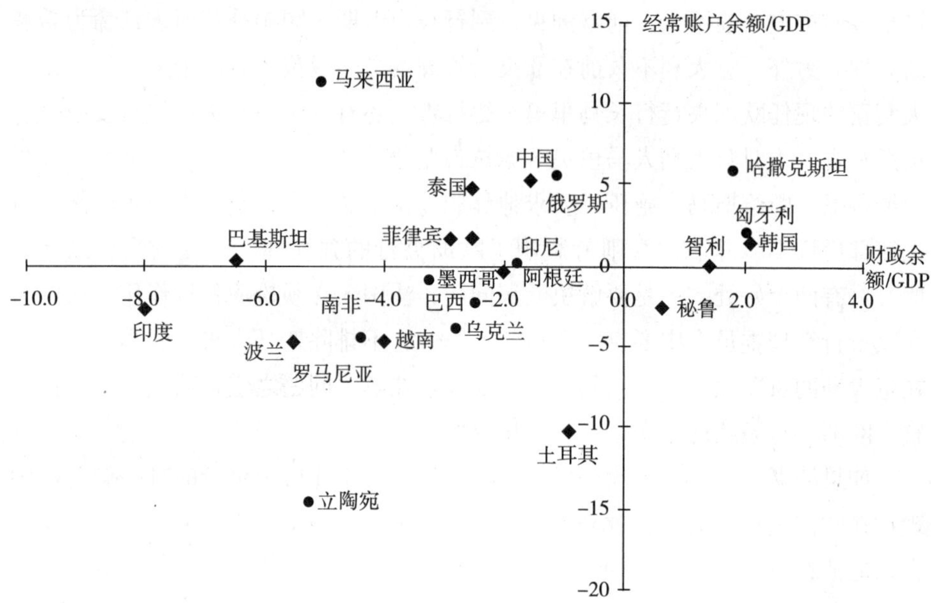

图 17　2011 年部分新兴市场国家经常账户和财政余额占 GDP 的比重

资料来源：欧盟，Bloomberg，中金公司研究部。

2011 年金融市场发生了三件超预期的事件。整体而言，2011 年海外对冲基金都不容易赚钱，除了那些唱空中国和其他新兴市场的。为什么没有赚钱？第一，石油市场 2011 年出现一个大调整，美国通过监管措施压缩了石油市场的投机空间。第二，黄金市场也在 2011 年被挤掉了水分。第三，汇率市场炒高瑞士法郎和日元也难以为继。

当然，海外确实有人真正相信中国经济要出大问题。我 9 月底到纽约专门拜会过一些基金经理，尤其是唱空最厉害的几个人，有一些是真正相信中国经济不行了。另外是今年的示范效应，做对冲基金都不赚钱，只有唱空新兴市场才能赚钱。2012 年的市场仍然不容乐观。

总的说来，我认为全球经济 2012 年未必会二次衰退，相比美国，欧洲将会面临较大风险。因为财政方面的原因，美国 2013 年问题将会变得更为严重。现在市场对中国的关注也越来越多，包括一些负面的关注。所以，即使没有二次衰退，中国明后两年的环境也是富有挑战的。

我们需要开始备战危机。

比较之窗

Comparative Studies

大国兴衰录

巴里·埃肯格林

当今世界，风云变幻。目前，我们正经历经济、金融和政治力量均势的重大转变，即从发达国家转向新兴市场国家，从西方转向东方，或者从西方转向其他地区。显然，我们并非第一次观察到这种全球转变。15世纪西方的崛起，以及随之而来的中国的衰落，如果可以称之为镜像的话，就是这类转变的早期实例（见图1）。引发了所谓“大分流”（以欧洲国家为主的第一批工业化国家与世界其他地区，在制造能力以及投射影响力的能力方面，差距日渐增大）的工业革命，则标志着另一次全球转变的到来。第一个工业化国家英国，到19世纪末时控制了全世界四分之一的人口及陆地，这并非事出偶然①。经济实力从英国这个工业化先行国家转向德国这样的后起之秀，造成了经济和地缘政治的紧张局势，为第一次世界大战创造了条件。查尔斯·金德尔伯格（Charles Kindleberger）有一篇论文认为，20世纪30年代的经济大萧条，是全球实力从英国转移到美国的结果，当时日暮西山的大英帝国已无法打理世界经济，而缺乏经验的美国又不愿意管理起这些事务②。第二次世界大战后，世界重心转向

---

* Barry Eichengreen，伯克利加州大学经济学和政治学 George C. Pardee 和 Helen N. Pardee 讲座教授，国际经济学和国际金融领域著名专家，他关于美元地位的新作《嚣张的特权》刚刚由中信出版社出版。本文提交给2011年5月5~6日在赫尔辛基举行的芬兰银行诞辰200周年酒会。因篇幅所限，参考文献略，特向作者和读者致歉，有需要者可向《比较》编辑室索取：bijiao@citicpub.com。——编者注

① 并发动了“甲午战争”。

② 有关叙述最初由 Kindleberger（1973）提出。

了两个超级大国——美国和苏联，其中美国控制了整个西方世界（见图2）。之后，首先是欧洲，接着是日本，最后是东亚及其他国家的奋起直追，人均收入差距逐渐缩小，美国出现了相对衰落。从这个角度，我们可以清晰地看到，当前的全球力量均势正在转向中国和印度等新兴市场国家（见图3、图4）。

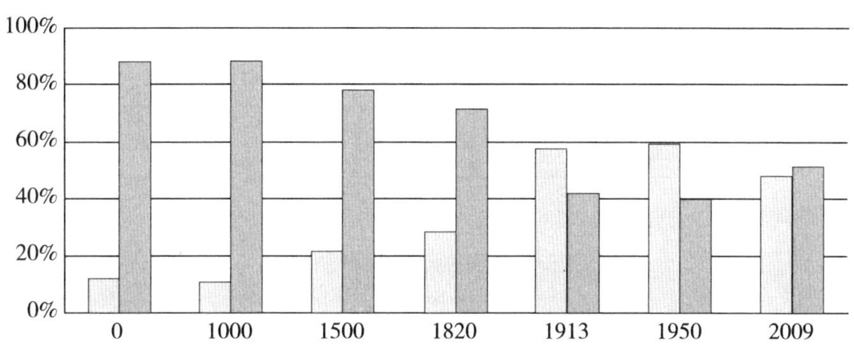

图1　发达和新兴经济体在世界GDP中的占比

注：左侧浅色的柱子为“发达国家”，右侧深色的为“新兴经济体”。“发达国家”包括美国、加拿大、日本、澳大利亚、新西兰和西欧。“新兴经济体”为其他地方。

资料来源：Angus Maddison，“The World Economy”，世界银行2009年世界发展指标。

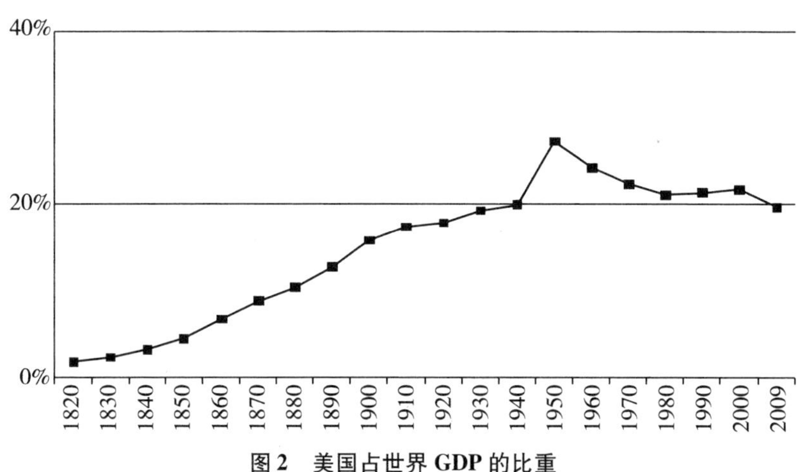

图2　美国占世界GDP的比重

资料来源：Angus Maddison，“The World Economy”，世界银行2009年世界发展指标。

本文考察了经济和政治力量发生全球转变的早期实例，并探讨这些早期实例对当今的全球转变有何启示。笔者还深入探究了全球转变的根源，描述它所引发的紧张局势，然后提出一个问题，即国际社会对这些紧张局势处理得如

图 3 中国占世界 GDP 的比重

资料来源：Angus Maddison，“The World Economy”，世界银行 2009 年世界发展指标。

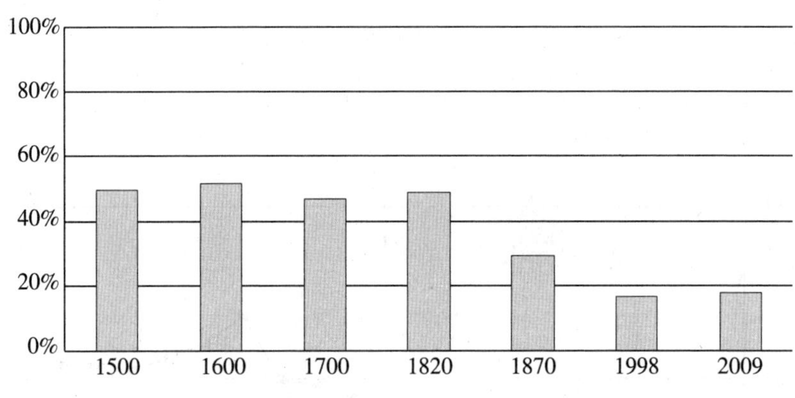

图 4 中印两国占世界 GDP 的比重

资料来源：Angus Maddison，“The World Economy”，世界银行 2009 年世界发展指标。

何。关于最后这个问题，答案是两个字：“不好”。全球转变几乎总是激起经济冲突，制造经济管理方面的麻烦，并加剧外交关系的紧张局势；偶尔还会引发军事冲突。尽管这次全球转变未必如此，但我们仍有理由担心，它可能是经济和政治风险的一个根源。现在开始思考这类风险的性质及相应的管理机制，亡羊补牢，为时已晚。

经济财富的变化，不论是相对变化还是绝对变化，其原因和后果，即便不是全部经济学的中心问题，也可能是全部经济史的中心问题。仅仅一篇论文绝无可能充分、客观地评价这个主题或是其相关文献。我并不力求面面俱到，而是集中研究开篇提及的那些特定案例。虽然这需要论及近千年来人类历史的方方面面，但我把重点锁定在过去的两个世纪，也即自芬兰银行创立以来的那段时期，而本次研讨会正是为了纪念芬兰银行的创立。即使把讨论范围限定在这段时期所发生的事件上，也必然是有选择性的，旨在突出上面提及的主题。

1. 西方的崛起

经济史学家一致认为，在1400年时，明朝的中国是最主要的经济大国。没有哪个国家建造出可与长城或京杭大运河相媲美的工程设施；也没有哪个国家拥有百万人的常备军。中国因其技术实力和技术领先而闻名遐迩，如火药、印刷术、造纸术以及指南针的发明和掌握。郑和下西洋不仅实现了商业目的（他的许多船只都能为商人提供私人客舱），而且设法从毗邻印度洋的其他国家获取了大量贡品。

之后，两个因素共同促发了一次全球性的转变。首先，明朝变得越来越封闭。郑和的船队被解散，新建船舶的大小受到限制。到了15世纪末，中华帝国的民众建造远洋船只或离开国土受到禁止。前往西方的陆上通道——丝绸之路几乎被禁止通行。为应对欧洲的早期侵略，中国人开放了个别通商口岸，以维持有限的对外交往。

明朝转向闭关锁国的原因仍有争议。一种观点认为，减少与外界的联络是应对倭寇和回鹘人的低成本途径。另一种观点认为，从15世纪中叶起，明朝就面临着种种较大的问题，比如与今日越南之间的边界争端。更有一种观点指出，闭关锁国政策是一小撮保守派官员因为担心外国势力对中国的影响，而作出的愚蠢决定。

但是，明朝闭关锁国产生的后果却几无异议。中国转向闭关锁国给其他国家创造了发展空间。由于缺少与国外思想的交流，缺乏来自国外的竞争，加上禁锢于传统文化的影响，中国经济在很长一段时间内停滞不前。

同时出现的另一个因素是西方航海、导航及军事技术的改进。一项极关键的创新就是葡萄牙人开发出一种轻快的帆船；接着西班牙人将大三角船帆和方形船帆组合在一起，前者可以使船只更易被操控并能逆流而行，后者能使船只非常迅捷地横渡海洋。三角船帆发源于阿拉伯国家，方形船帆来自北欧国家，而伊比利亚人则巧妙地将这两种装置的效果结合在一起。阿拉伯人、印度人及犹太天文学家开发出的新航海技术，由葡萄牙人进行了系统化改良，使欧洲的船舶能够航行到任何地方。最终，葡萄牙人比其他人更快地采用了远洋船只的标准。

可能有人会问，为什么是葡萄牙人？就像互联网的发展那样，当时葡萄牙公共部门的研发起到了一定作用。葡萄牙航海家亨利王子成立了一所海洋学院，推动了航海技术方面的许多创新。他在萨格雷斯建起了天文台，并制造出准确的太阳赤纬表①。沿着非洲西海岸的早期航海之旅，就是葡萄牙王室资助的（哥伦布的开创性跨大西洋航行也得到了西班牙君主费迪南德和伊莎贝拉的资助）。其结果是探险时代（有时用政治上不太正确的术语称为“大航海时代”）就此拉开帷幕，葡萄牙人和西班牙人绕过合恩角发现了通往亚洲的海路，然后横跨大西洋抵达了美洲②。

当时，葡萄牙人抢占了先机，而西班牙人则拥有较强的经济实力。两个国家很快陷入贸易站点设置、贸易权利及其他商业特权的冲突之中。于是，两国都力图攫取战利品，由此形成了各自的势力范围，这和冷战期间的西方与苏联利益集团，或当今时不时引起争论的中美在亚洲和西方的影响范围没有什么不同。最初的这种尝试，即 1494 年西班牙和葡萄牙签署的《托德西利亚斯条约》（Treaty of Tordesillas），对非洲及西半球新发现的土地进行了划分。两国大致沿着大西洋的中部，从北极到南极划出一条分界线，差不多把当今的巴西一分为二。紧接其后的是 1524 年签订的《萨拉戈萨条约》（Treaty of Zaragoza），类似的，大约沿着日本和澳大利亚的中段，从北极到南极将亚洲和太平洋一分为二③。

---

① 大约从 1500 年起，各国（西班牙、法国、英国）出现了越来越多的航海数据，从所有这些资料里都能找到有关这一题材的实用小册子和指南读物。

② 更普遍的，人们可能会问，为什么是欧洲？会不会是文艺复兴促进了知识的系统化？是不是因为黑死病提高了土地劳动比，从而创造出可用于交易且能提高生活水平的剩余农业生产？这些问题仅用一两个脚注是很难解释清楚的。

③ 促使这一条约签署的因素，是葡西两国因马六甲海峡及周边的“香料群岛”（该地区是价值不菲的香料的原产地）而发生的冲突。1511 年，葡萄牙抢先一步抵达马六甲，并在该地建了一座要塞。随后，西班牙于 1521 年从东部登陆摩鹿加群岛，它属于著名的麦哲伦环球航行尝试的部分航程；同时查理五世另外派遣了一支远征队在这些岛屿建立起殖民地。接着，葡西两国相互激战了一年。1524 年，两国同意另外绘制一条子午线以解决争端，此经线将世界划分为大小相等的两半。为了令双方都满意，两国国王均委派了三位天文学家、三名飞行员和三个数学家参与协商。

这种势力范围划分策略产生的一个意想不到的结果，可能是让地区霸权渐渐变得富有而慵懒。西班牙和葡萄牙都走向了这个结局①。这就给那些饥渴的新兴国家——英国和荷兰提供了机会。第一批荷兰人紧随伊比利亚人之后挺进印度洋，接着是英国人。最终，荷兰人获得了与现在属于印度尼西亚的许多地区的贸易权，英国人则获得了与印度的贸易权。在西半球，伊比利亚人受到北部的荷兰，尤其是英国和法国的威胁，这些国家不仅依靠航运和财政金融建立起商业帝国，还出口制造品（毛织品）。

这两个新崛起的国家同时还仰仗强有力的机构，即受到公共部门扶持的国家冠军。1602 年，荷兰议会创立了世界上第一个股份制公司——荷兰东印度公司，该公司不仅被授予亚洲的贸易垄断权，而且拥有建立设防的贸易站、签订谈判条约及发动防御性战争等权利②。公司在巴达维亚（今雅加达）建立了集中化的总部，组织过近 5 000 次航行，每年支付其股东将近 20% 的红利达两个世纪之久③。几乎在同一时间，伊丽莎白女王授予（英国）东亚公司皇家特许权（就像其竞争对手荷兰东印度公司获得垄断权那样），并最终发展出现代的董事会④。东亚公司把印度的苏拉特港设为香料群岛（摩鹿加群岛的旧称）与欧洲的中转站，负责在印度建立稳固的立脚点。这两个大贸易公司的股份制企业性质及公私合作模式，都是极重要的制度创新。它们的成立，使权力重心从欧洲南部转向了北部，同时也是欧洲的影响力日益增强并控制了南亚大部分地区的原因。

两个野心勃勃的新兴国家不断侵蚀两个老牌列强的势力范围，欧洲人纷纷致力于在其他地区确立矿产、贵金属以及高价值作物土地（尤其是香料及糖类种植土地）的独占权，正是这种局面导致了当时帝国主义列强之间、欧洲与其所接触的原住民之间爆发冲突。除了航海标准和灵活敏捷的帆船，欧洲人还带来了冶金技术（这给原住民提供了锋利刀剑和匕首等装备）和各种传染病（这令原本就与外界隔绝的原住民人口急剧减少）。不过，这也使帝国主义列强在几乎连续不断的自相残杀中遭到了削弱。新崛起的欧洲北部国家为了抢

① 见 Kindleberger（1994）和 Landes（1998）。

② 请注意，这是一个重商主义时代。当时，各国都在寻求垄断某个地区的贸易，以便获取垄断利润，然后借助这些利润加强国家的财政以及发动战争的能力。

③ 现在，有一个风险溢价。

④ 后来成立了一家皇家非洲公司，负责掌管非洲的奴隶、象牙及黄金交易。

占地盘和势力，不惜与他们的伊比利亚先辈开战，彼此之间争斗不休。当英国人来到长满丁香和肉豆蔻的班达群岛和摩鹿加群岛时，荷兰人就用武力将他们撵走①。荷兰人为了在万丹（Batang）设立贸易据点，还与爪哇中部强国的阿贡苏丹（Sultan Agung）交战。他们从葡萄牙手里抢占了锡兰以及绝大多数印度要塞和贸易站。西半球同样也发生着类似的事件。无论是对欧洲人还是当地原住民来说，合作都意味着更多的净收益。但实际上，合作并没有出现。

荷兰和英国不仅陷入了对外政策和商业利益的冲突（在当时，这两方面很难说是截然分开的），在欧洲也纷争不断。荷兰还引起了法国的敌视：在17世纪中叶英国与荷兰的冲突中，法国先是支持英国一方，继而设立进口关税，保护其新生的食糖和纺织业免受荷兰的竞争②。18世纪时，法国与英国为争夺北美洲的控制权，在法印战争中发生了军事冲突③。军事手段反复被用于支持、巩固贸易，并造就了坚持免受外国竞争影响的重商主义。人们担心历史会重演。

2. 大分流

工业革命以前所未有的方式启动了人均收入的持续攀升，改变了世界经济。它同时也带来一场空前的全球性转变。它拉大了欧洲国家之间经济和军事实力的差距，而这些国家的野心已经受到脆弱的世界力量均势的遏制。工业革命还改变了作战方式。在欧洲，德国的比较优势是钢铁生产以及相应的铁路建设，这令它在1870～1871年的普法战争中占有决定性的优势。在各殖民地，工业革命的另一项副产品，即格特林机枪的发明，为欧洲人争夺非洲和亚洲更多的殖民控制权提供了强大的优势④。

因此，继工业革命之后，19世纪下半叶不可避免地出现了新的帝国主义势力扩张：欧洲列强瓜分非洲，并更进一步向亚洲扩张殖民。有时，马克思主义者直言不讳地把这波新的殖民主义和帝国主义浪潮解释为19世纪工业经济

---

① 得到了当地盟友的关键支持。

② 从17世纪中叶起就是一个高度重商主义的时代。

③ 这导致了欧洲的“七年战争”，并像通常认为的那样，间接引发了法国大革命。

④ 手动式加特林机枪的后代是1884年发明的马克西姆自动枪。

体贪婪地渴求原材料，以及这些经济体的政府渴望独享原材料的一种表现①。但现代经济史质疑帝国物有所值的观点，实际上帝国主义国家获得的所有收益，包括原材料的特惠获取权带来的收益，都被军事及其他费用消耗殆尽②。

工业化大大提高了工业国的扩张能力和控制其他国家的能力③。随着铁路和轮船的发展（19 世纪下半叶的远洋航行与新帝国主义同步出现，这绝非巧合），更迅速地部署军事力量再也不是空谈了。19 世纪的机械炮（装后膛而不是装炮口）与各种步枪（特别是雷帽式膛线火枪），就好比是 16 ~ 17 世纪的钢剑和匕首。例如，在 1839 ~ 1842 年的第一次鸦片战争中，这些创新是决定胜负的关键因素④。随着人均收入的大分流，工业化强国供养规模更大、装备更好的常备军也成为可能。欧洲对非洲或印度内政的控制力变得极其薄弱，但如果没有工业化，这种情况或许根本就无法想象。21 世纪的欧洲人喜欢以增加闲暇时间的方式来提高生活水平，而他们 19 世纪的前辈则致力于参加殖民征服活动。

这种愿望是后来参加全球博弈的国家受挫的根源之一，尤其以德国为典型。随着自身工业的发展，特别是在军事类重工业领域占据了比较优势，德国和任何一个欧洲大国一样，有能力动员和投射军力。但是，德国工业化进程达到临界规模的时间比英国和法国要晚⑤，而德国的统一还有待俾斯麦合并南部各州。因此，当德国脱颖成为第一流的工业与军事强国之时，殖民地的瓜分已基本完成。

这么一来，德国不得不满足于西非、东非及太平洋剩余的几处边角地带。德国抵制法国和西班牙对北非的控制，坚持要求法国在其保护国内实施门户开放政策，引发了 1905 年的第一次摩洛哥战事危机，使法国和西班牙对北非的控制几乎化为乌有。对德国来说，接下来要做的事情，就是把势力扩张到欧洲内部及其周边区域，尤其是通过修建柏林至巴格达的铁路，试图把势力范围扩张到日渐衰落的奥斯曼帝国，这后来成为地缘政治的引爆点⑥。有些人认为，

---

① 这个解释对中国在非洲及其他发展中国家或地区的行动有重要启示。另外，这也是更为复杂版的 Eric Williams（1966）假说。

② 关于资产负债表，参见 Davis 和 Huttenback（1986）。

③ 大卫·兰德斯在 1998 年出版的著作及早期作品中，非常有力地阐述了这一论点。

④ 参见 Hacker（1977）。

⑤ 相关的经典描述参见 Clapham（1936）。

⑥ 参见 Jastrow（1917）。

德国的野心就是一个工业经济体获取可靠的能源和原材料供应（如奥斯曼帝国的石油），当今中国的观察家们也许会和这一看法产生共鸣。然而，大部分人认为，德国的野心更多的是赤裸裸的帝国野心①。不管怎么看，当时的紧张局势及错综复杂的联盟，为第一次世界大战的爆发埋下了伏笔。

德国不仅为建造柏林至巴格达的铁路筹措了大量资金，而且把更多的财力投入推进其地缘政治目标的努力之中。然后就像现在一样，其影响力可能并不明显，而是非常微妙。现代观察家们对主权财富基金虎视眈眈，猜测这些基金的主人，即相关国家的政府，在鼓励基金进行投资时，究竟是出于地缘政治上的权宜之计还是经济上的高回报。在第一次世界大战之前，他们发现像法德等国的政府都怀着建立联盟的目的，鼓励私人贷款给沙皇俄国或奥斯曼帝国的苏丹。政府作出种种暗示：如果某家投资银行代表这些借款人以优惠条件承销债券，政府就会买这个人情②。有时政府可能直接干涉，鼓励或阻止金融机构代表外国政府发行债券。例如，1897～1901 年间，法国政府就对里昂信贷银行进行干预，阻止它代表俄国政府发行债券，直至俄国和法国的军方高层都同意将债券发行收入投入具有特殊战略意义的铁路修建。

为军事和战略目的而融资，意味着资金的配置并非总是按照收益最大化的方式进行。法国和德国政府经常干预巴黎和柏林市场的运作，而英国政府采取了一种更放任的姿态，这一事实有助于解释为什么法国和德国的贷款收益率通常低于英国海外投资的相应回报率③。虽然金融干预或许能为政府创造重要的战略机会，但换句话说，利用这些机会也是要付出代价的④。

随着对私人金融事务的事前干预，政府逐渐感觉到一旦出了差错，就有救助债券持有人的压力。于是，政府可能派遣炮艇前去收取违约债务人的款项。无论如何，有学者（Mitchener 和 Weidenmier，2005）论证这些“超级制裁”的重要性时，从 19 世纪那段时间发生的 43 件违约事件中只找出了 6 起直接军事干预事件。其他学者认为，当政府以军事干预回应违约行为时，它们其实是在利用金融事件作为其他干预的借口。他们认为，其他机制，如投资银行为保护声誉而实施事前监控，行动一致的发行人卡特尔事后将债务违约者驱除出债

① 当今的中国更愿意保持比较低调的国际形象，因此中国不会受帝国野心所累。

② 有关这种做法的论述，参见 Feis（1930）。

③ Fishlow（1986）讨论并证明了这一点。

④ 主权财富基金管理者需要谨记这一点。

券市场，是确保合同实施的更重要的手段①。

3. 美国的崛起

同期发生的另一个全球性转变是美国的崛起。从19世纪之初的经济情势来看，到1914年时，美国已经成长为世界上最大的主要出口经济强国。但是，尽管美国的经济变化非常迅速，其政治调整却跟不上步伐。北美洲的殖民地区已被一直努力与旧世界拉开距离的欧洲人占据。而乔治·华盛顿在他的卸任演说中强调与其他国家“尽可能地少发生政治关系”的有利之处（但同时又承认“扩展”商业关系的价值）。

换句话说，这种孤立主义倾向已根深蒂固。即使门罗主义，也曾警告过欧洲列强别试图把殖民野心推进到美国的后院拉丁美洲，这种观点可以用孤立主义术语加以解释：它承诺，作为交换条件，美国将不参与欧洲列强之间的战争。值得注意的例外是，美国占领了从美西战争中夺取的菲律宾群岛。这场令美国放弃其长期奉行的不干涉主义的突发战事，发生在古巴这个距离该崛起大国的海岸不到90英里的岛屿上，也许值得我们好好回顾②。击败西班牙后，美国实际上不只控制了菲律宾，还接管了关岛和波多黎各。这是一次偶然的趁火打劫，还是一个新兴经济强国首次展示其地缘政治野心，目前仍有争议③。

但是毫无疑问，到了这个时候，美国正在更积极地设法维护自身的经济利益。不久之后，它开始致力于改变国际市场的结构，以便国际市场的运作能够有利于它（或至少不会对它不利）。一个长期备受争论的焦点就是，美国进出口商所需的贸易信贷几乎全部以英镑计价，并且来自伦敦。这令美国的生产者及商人处于竞争劣势。他们不仅要付两笔佣金：一笔付给当地银行，另一笔付给当地银行在伦敦的代理银行，而且还得承担汇率风险。1931年，若干原因结合在一起促成了美国联邦储备系统的建立（战胜了美国人长期以来对金融权力集中化的反感），而其中一个原因就是渴望创建一个以美元计价且以国内

---

① 详细讨论参见Mauro、Sussman和Yafeh（2006），以及Flandreau和Flores（2007）。

② 在19世纪20年代，古巴还没有实现独立，因此实际上没有受到门罗主义的影响。

③ 关于第一个观点，参见Bemis（1962）；第二个观点的支持者包括Kennedy（1987）、Mead（1987）及Nye（1990）。

资金为来源的证券化贸易信贷（贸易承兑汇票）市场①。

美联储旋即采取措施来发展这个市场，并在贴现承兑汇票及买断承兑汇票的同时，通过了必要的法规。由于这一创新举动（它也是第一次世界大战导致伦敦市场中断的一个附带结果），在不到10年的时间里，纽约的承兑市场在规模及流动资产方面，已可与伦敦相抗衡②。美元开始成为真正的国际货币；到了20世纪20年代中期，世界各地中央银行所持有的美元外汇储备已经与英镑外汇储备一样多③。

在整个20世纪20年代，美国一直与英国进行竞争，力求把越来越多的国家纳入其金融轨道。由于各国政府准备恢复金本位制，美联储，以极有影响力的纽约联邦储备银行行长本杰明·斯特朗为代表，借机鼓动它们与纽约而不是伦敦签订稳定贷款（stablization loans）的合约④。获得稳定贷款是与某个金融中心建立起持续关系的第一步。但是，就算本杰明·斯特朗本人可能有强烈的国际主义取向，美国在一战后却回到了其先前的准孤立主义立场。国会堂而皇之地拒绝批准威尔逊总统加入国际联盟的请求。由于不希望陷入赔偿纠纷，1930年美国没有加入国际清算银行（虽然美国确实为国际清算银行的早期运作提供了资金）。美国外交官对延缓德国的再军事化进程无所作为，对战云密布的欧洲坐视不管。

美国的关税政策并不适合当时它作为世界主要贸易大国的身份，作为一个贸易大国，应当以身作则，致力于维护开放贸易体系。这其中一个较大的祸根可能要算1922年的《福德尼—麦坎伯关税法》，而非1930年的《霍利—斯穆特关税法》，不过，这两个法案都可以说是有害无益⑤。其错误在于允许贸易政策政治化。赫伯特·胡佛1928年竞选总统时，其竞选纲领就是承诺提高10年来大多数时间一直被压低的农产品进口关税及农产品价格。关税法案一经送达国会，根本没有什么可阻止国会成员为所有产品加设各种保护措施，以便建

---

① 这一点Broz（1997）曾强调过。

② 相关文件由Eichengreen和Flandreau（2010）提供。

③ 这种情况始于1914年，当时美元在全球储备中仅占微不足道的比例（Eichengreen和Flandreau，2009）。我在其他文章里谈到，美国在10年内实现的成就，即美元从非国际货币，发展成为主要的贸易、投资及储备货币，中国也有可能做到（Eichengreen，2011）。

④ Chandler（1958）和Clarke（1967）记载了他所做的努力。

⑤ 因为美国不是国际联盟的成员，所以在20世纪20年代，国际联盟协商进行关税休战的努力根本无济于事。

立起尽可能广泛的联盟①。

然而，说美国罔顾国际经济合作，这也并不准确。众所周知，在1924～1925年，为了鼓励资本流入英国，帮助英国回复金本位制，美联储一直保持着低利率。美国还给英格兰银行提供了一笔信贷额度②。1927年，美国在长岛组织了央行行长会议，会上其他持有英镑储备的国家均承诺不从英国取走黄金储备。1931年夏，随着金融危机的蔓延，胡佛总统同意盟国之间延期支付战争债务，以便让德国也能延期支付战争赔款。

那么，我们该如何理解金德尔伯格的论断："大萧条"是崛起的大国美国无法充分支持世界经济体系的一个结果？下面这种说法倒有一定道理：作为国际经济和金融外交新手，美国很迟才意识到自己的责任。美国在20世纪20年代所参与的绝大多数国际合作，都是由极具国际视野的纽约联邦储备银行推动；而政府其他部门则较难采取类似的行动。胡佛的延期偿付战争债务政策来得太迟，根本无法遏制金融危机的蔓延。10年来，国会和行政部门始终否认盟国之间的债务与德国赔款有任何联系，进而否认战争债务会动摇国际体系。他们拒绝承认关税政策令债务人更难赚取偿债所需的外贸收入。1929年后，当黄金流向美国市场时，美国政府未能降低利率以帮助其他国家缓解财政困难。1931年金融危机爆发之际，美国也未能提供1924～1925年那样的信贷额度，实施紧急援助。

与此形成鲜明对比的是，二战后，美国启动"马歇尔计划"，承担起了世界经济体系看管人的责任。对此的一个解释是，这个新崛起的国家还没有那么强大。1929年，美国的GDP只占全球GDP的24%③。而到1950年时已经上升到了27%。如果追溯到1947年，对比就更加鲜明。当年美国国务卿马歇尔发表了援助演说，而那时其他国家的生产仍然处于萧条状态④。规模有限意味着用以维护经世界济体系的资源也有限。例如，在1931年，鉴于自身有限的

---

① 参见Schattschneider（1935）。《福德尼—麦坎伯关税法》同样打算提高过低的农产品价格，但在国会通过该关税法案时，也扩大了对制造业的保护。在20世纪30年代国际社会努力降低关税的时候，像"互惠贸易协定法案"这样的制度变化是相当重要的。

② 不过，英国最终并没有动用这笔信贷额度。

③ 根据Maddison（1995）。

④ 如果不把苏联计算在内，对比更加明显。苏联不属于市场体系，在该体系中，美国被公认为对稳定负有责任（苏联不仅脱离了这个国际体系，而且在这段时期发展极其迅速）。

国际储备，美国根本没有能力单方面降低利率或单独提供大量的紧急金融援助①。

如果美国单方面采取稳定行动的能力受到限制，它就需要寻求国际合作②。当人们展望美国与中国为稳定国际经济和金融体制而建立合作关系的前景时，值得回顾一下较早时期出现的合作障碍。20 世纪 30 年代，观念上的分歧（对不同国家经济问题性质的不同诊断）阻碍了国际共识的达成。强大的特殊利益集团反对那些原本可能产生全球利益但可能对其狭隘利益不利的国家动议。非经济争议（尤其是关于德国再军事化的问题）令经济事务方面的合作更加困难。这些情况向我们指出了全球性转变时期值得担忧的一些事情。

4. 二战后美国主导权的丧失

如前所述，二战后，世界局势发生了很大变化。现在，美国的政策制定者都意识到，美国在经济上的支配地位赋予它影响并治理国际体系的责任。可以肯定的是，根深蒂固的孤立主义倾向并没有消逝，例如，相当数量的国会议员反对“马歇尔计划”，美国也拒不认可国际贸易组织（ITO）的宪章。但是，强劲的竞争对手，让欧洲其他地区唯美国马首是瞻仍无定数，这些事实都吸引了美国的注意力，并使之付出努力。

因此，作为西方联盟主导力量的美国，在 1944 年布雷顿森林会议上能够成功推行其构建国际经济和金融体系的设想③。它允许外资免税、自由地进入其资本市场，尽管事实上其他国家都不愿意这么做。而此时正是启动马歇尔援助的时候，用温斯顿 · 丘吉尔的话说，这是“历史上所有伟大国家采取的最无私的行动”。它鼓励欧洲人相互联合成一体，以消除对德国再工业化的恐惧心理，但是忽略了一个事实，即区域一体化会令美国的出口受到歧视。

然而，没有任何固有的原因可以说明为什么美国还能无限期地保持其主导优势。20 世纪下半叶又发生了一次全球性转变，它可能并不那么引人注目却无可否认。这是一段追赶增长的时期，在此期间，先是西欧、再是日本、最后

① 事实上，1931 年当英国放弃金本位时，它是顶着经济下滑的压力，被迫提高利率的。

② 我在其他地方也讨论过，参见 Eichengreen（1992）。

③ 当时苏联参加了会议，但没有提出任何议程。

是东亚的其他地区与美国的人均收入及生产率差距逐渐缩小。1992 年，在中国或新兴市场的崛起备受关注之前，美国 GDP 占全球的比重已经下降到不足 20%①。这次全球性转变使世界回归到没有哪个国家能够单方面稳定世界经济，因此稳定行动需要依靠国际合作。

这种转变会给全球经济体系带来显而易见的风险。美国这个领先大国习惯于单方面开展行动，而不是征求崛起国家的意见和赞同。这将极易引发帝国过度扩张问题，履行海外军事承诺带来的经济负担，最终会令美国难以坚持履行那些承诺②。在 20 世纪 60 年代，人们已经对这些危险进行过讨论和分析，而由于目前中国经济规模不仅直追美国，而且有望超越美国，这类讨论显然是越来越热烈。

这或许是个偏见，受个人理性思维的影响。不过，在我看来，这些问题在国际金融领域表现得最为明显。在 20 世纪 50 年代美元短缺的那段时间里，美国在金融领域可以自行其是。它可以设置很多地缘政治条件和经济条件，国际货币基金组织据此帮助或不帮助其他国家③。但是早在 1960 年，越来越多的迹象表明，美国不再能规定各种条件。其他国家正在快速增长，它们的金融资源甚至积累得更快。1960 年，美国的外债首次超过其黄金储备。这导致了“金融恐慌的平衡”，或相互依赖的共有意识，这与当今中国大量持有美国国债所产生的效应没有什么区别④。

美国及其欧洲合作伙伴对此作出的回应是，协商建立黄金总库及一系列双边货币互换协定（日本当时尚未参与这些协定）。不过，这些基本上都属托底行动（holding actions），即为支撑越来越不合时宜的国际经济体系而采取的防御措施。相对衰退的美国不愿意承认，由它单独发行真正的国际货币的国际体系急需进行根本改革。在道格拉斯·狄龙任财政部长期间，美国采取了否认改革必要性的政策立场，狄龙 50 年代就在美国政府工作，而那时的美国正处于鼎盛时期。狄龙的政策重点，是让其他国家承担更多的防务负担（让联邦德国为美国在那里的驻军支付更多的费用）⑤。

---

① 回想一下 1950 年仅占 27%，数据来自 Maddison（1995）。

② 这就是著名的、备受争议的肯尼迪论题（1987 年）。

③ 因此，1956 年美国公然拒绝批准国际货币基金组织向英国提供援助，直到后者答应从苏伊士撤军。

④ 这句话摘自 Summers（2004）。

⑤ 狄龙认为，美国承担着这个包袱，而德国和日本则继续搭着便车，这给后者构造了一种不公平的经济优势。

虽然更开明的亨利·福勒接管财政部后情况发生了变化，但是随后展开的商讨仍然受阻于全球转变时期出现的复杂局面。法国感到自己正在崛起，认为美国不仅咄咄逼人，而且以糟蹋本国的经济生活为乐事①。在创立特别提款权（SDRs）之前，法国力主欧洲拥有否决权，因此，要想创设特别提款权，就必须获得85%的绝对多数支持，而这一要求阻碍了特别提款权的提前足额发行，以补充美元流动性的不足。为美国国际收支逆差融资的并非一个国家的贸易盈余，而是许多国家的贸易盈余，随着美元贬值的预期日益明朗化，这一事实导致美元贬值谈判更加困难。每个欧洲国家，还有日本，都希望其他国家的货币升值，但是，由于没有确保集体行动的机制，所以没有人愿意率先迈出第一步。1971 年 8 月，尼克松总统采取了单方面征收 10% 关税附加费的政策，以敦促其他必要措施的实施。除了总统本人，几乎所有人都不喜欢这一策略。

在此背景下，20 世纪 70 年代并非国际合作的鼎盛时期，也就不足为奇了。当时全球性改革并没有取得实质性进展，世界各国退回到区域主义，因为与较少国家更容易实现合作②。显然，目前的形势与过去有许多相似之处：经济和地缘政治力量不断发生转变，令全球合作努力变得错综复杂，致使各个国家纷纷寻求区域合作，最明显的是亚洲，当然也不乏世界其他地区。

结果，全球体系不仅无人负责，而且其运作特点也难以理解。在一个流动性泛滥的世界中，总会出现通货膨胀及借贷过度的趋势。当这种情况达到了危机点，随之而来的就是稳定化政策，最先是美国和英国，然后是法国，最后是拉丁美洲。因为各国在不同时点采取行动，所以汇率可能发生大幅波动。20 世纪 80 年代上半期的问题是美元过于强势，从而制造了政治压力，以保护正被欧洲及亚洲日益强大的外国竞争者淘汰侵蚀的美国制造业。鲍德温（Baldwin，1987）指出，20 世纪 80 年代的新贸易保护主义是“世界生产发生显著结构性变化”的产物，“这种变化使美国的经济主导地位下降，伴随而来的是欧洲共同体和日本国际经济声望的崛起，以及一批竞争极其激烈的新兴工业化国家的突现。”

应对措施是《广场协议》和《卢浮宫协议》，前者要推低美元，而当美元太低时，就出现了支持美元的《卢浮宫协议》。那些关心全球经济实力转变时

① 例如，1967 年他们退出了黄金资产池。

② 因此，在 6 年曲折经验的基础上，欧洲共同体的成员国于 1979 年建立了欧洲货币体系。

期的读者，应该特别留意这些协议的两个方面。第一，它们是五国集团的协议，包括美国、英国、法国、德国和日本。日本首次被认可为一个可以与欧美平起平坐的崛起大国。事实上，这两个协议中的《卢浮宫协议》，是在美日两国财政官员的双边讨论基础上发展而来的。第二，我们所提到的五国集团，不仅国家数量少而且是临时的。这让我们想起为应对新力量的崛起而成立的二十国集团（G20），也让我们认识到，规模较大的决策论坛，例如国际货币基金组织，可能会行动迟缓。

上述全球性转变，即从美国主导世界转向一个更多极的世界，被 20 世纪 90 年代的两起事件所打断：苏联解体与前苏联集团困难重重的转型进程，以及新兴市场出现的一系列经济与金融危机①。前苏联留下了一个烂摊子，而欧洲则步履艰难地试图消化重新统一的德国，日本正陷于金融危机，新兴力量尚未出现，此时，正是美国发挥作用的“单极时刻”。1990 ~ 1991 年的第一次海湾战争由联合国授权、有 34 个国家组成联盟参加，但从根本上说，这是一场完全由美国领导的战争。虽然在 1994 ~ 1995 年援救墨西哥和 1997 ~ 1998 年应对亚洲金融危机中，国际货币基金组织都有出色表现，但是在协商这两起事件的紧急融资条款和金额时，美国财政部官员起到了决定性作用②。各国都表达了对美国控制国际货币基金组织的不满，亚洲尤其强烈，但在配额、投票权以及执行委员会的组成方面，并未出现任何能削弱美国领导角色的重大改革。当二十二国集团成立，以便从危机中吸取教训的时候，危机管理工作组的主席即由美国财政部官员担任。很难想象在非单极时代（如现在），美国在危机处理中仍能占据主导地位。

随后新兴亚洲国家继续发展壮大，因此全球的经济和政治力量紧接着也持续向新兴的亚洲转移。出现这种快速的继续发展是因为赶超的基本先决条件仍然存在：出口导向、高储蓄率、旨在消除瓶颈的政府措施，以及受过良好教育的劳动力。亚洲的决策者从危机中吸取了恰当的经验教训：它们通过避免出现大规模经常账户赤字和实际汇率高估，降低需求压力，加强对银行系统的监

① 在 20 世纪 90 年代，美国也出现过相对有利的经济表现，这标志着“新经济”时代的开始——早期投资于新信息及通信技术的回报得以真正实现（Frankel 和 Orzag，2002）。

② 三年后，它通过外汇稳定基金给墨西哥增补了一个信贷额度，并给韩国提供了预备限额。美国在墨西哥和亚洲金融危机中分别发挥的作用，参见 General Accounting Office（1996）和 Blustein（2001）。

管，积累外汇储备以缓冲各种冲击，从而减少了自身经济的脆弱性。当然，在美国因自身金融危机而倒退之际，新兴亚洲国家的追赶步伐进一步加快了。

新兴亚洲国家快速前进了10年，很显然，这场全球性转变对下一次危机处理是有启示的。二十国集团显然已经取代了七国集团（G7）或八国集团（G8），成为协调危机应对的首要平台。2010年，新兴市场国家——韩国主持召开了二十国集团峰会，而10年前韩国从自身的危机中恢复过来。巴塞尔银行监管委员会及其新创立的合作伙伴——金融稳定委员会，已经扩展到了吸纳新兴市场成员。发达国家已然承认，国际货币基金组织的配额和投票权应当进行相应调整，以提高新兴市场的发言权和影响力，并且已经采取了这方面的举措。事实上，国际货币基金组织总裁由欧洲人担任的推断，已经让位给由新兴市场国家的人来担任的预期。人们有时会认为，全球转变时期也是组织国际经济合作的各类机构成效最差的时候，因为这时衰退国家的代表权过大，在新兴市场看来，这样的安排缺乏合法性。就目前而言，这种观点可以说是正确的，因为国际机构改革的步伐尚不够快。不过，人们至少已经意识到了机构改革的必要性。

5. 启示

全球经济和金融力量的转变，造就了种种陌生的环境，而这些陌生环境又制造了各种各样的风险。在20世纪六七十年代，新崛起的力量——欧洲和日本都抱怨美国制造了不稳定的经济冲力（economic impulses）。这个经济风险来源早已有之，不过是形式总在发生变化而已。而现在，美国和其他发达国家不得不担心另一个风险，即中国及其他新兴经济体发生的事件所引起的不利冲击。换句话说，中国的经济规模太小或太封闭，以至于无法对世界其他国家产生极重要影响的时代早已过去。美国和其他发达国家的政策分析家必须担心的是，中国经济急剧放缓、主要城市的楼价骤降或劳工骚乱的爆发所产生的影响。美国的政策规划历来都不关注这些事项，但现在应该对此加以关注。

当这类问题出现时，该如何应对，当前的全球转变也给我们提供了启示。如果说，二战结束后的时期是霸权稳定时代，那时美国作为主导力量，有能力单方面采取行动来稳定欧洲和日本的经济，并能较普遍地维持国际金融体系；而20世纪最后25年是霸权合作时代，此时具有支配力量的美国再也不能单方面采取行动，但仍在组织协调集体行动中起领导作用；那么，21世纪的前25年将是一个“非霸权合作”的时代[①]。无论是美国还是中国，皆不具备单独处理全球经济问题的资源，也没有设定条件的能力。对于这种情形，悲观的看法是，就像金德尔伯格所描述的两次世界大战之间的那段时期一样，崛起国家与衰退国家都不足以单方面地发挥稳定世界经济体系的影响力或组织国际合作；乐观的看法是，与两次世界大战之间的岁月不同的是，如今出现了两类主要国家共同参与的各种多边机构，这些机构的一个明确目标就是处理各种经济风险。

因此，我们如何应对这场全球性转变，将取决于这些机构和国际社会各群体是否能够胜任其职责。在国际货币基金组织中，资源的增加、新贷款工具的创设，以及包含溢出效应报告等新监管工具的试行，都是积极的发展趋势。但是，治理改革滞后将继续削弱该机构的合法性，并因此降低其建议的有效性。实际上，国际货币基金组织始终没有相应的机制，来敦促那些不从国际货币基金组织借款的国家采取调整措施，不论是像中国那样的长期顺差国家，还是像美国这样发行本币债务的长期赤字国家。二十国集团的问世，为大中型国家、发达国家以及新兴市场提供了同等的谈判地位，这也是一个正面的发展趋势。不过二十国集团也面临合法性问题；它没有成文的章程，成员国地位的确定也比较随意（谁确定这 20 个国家来掌管世界?）。由于缺少成员国的承诺，这个组织极易沦为“清谈俱乐部”。

理论上，这些设计缺陷都能修正。《国际货币基金组织协定条款》可以被修改成对长期顺差国实施自动惩罚[②]。执行理事会的组成可以有一些变动，以便进一步提高新兴市场国家的代表权，而二十国集团的成员也可以重新配置，以配合国际货币基金组织执行理事会的调整[③]。

在一个由主权国家构成的世界里，尤其是在一个没有单一主导力量的世界里，国际合作的前提是对我们面临的问题有一个共同诊断。当人们思考中国经常账户盈余或美国赤字的根源等问题时，显然没有清晰明确的共识。而此时，一些独立实体，如国际货币基金组织，就可以担负起公正的协调人角色，并发挥重要作用。因此，通过治理改革赋予国际货币基金组织合法性和达成思想共识是密不可分的。

---

① “霸权合作”的概念是 Keohane（1984）发展出来的。

② 关于这种设计，参见 Eichengreen（2010a）。

③ 正如 Eichengreen（2010b）所建议的。但是，认为这些事情可以进行修正，并不等同于说它们将会被修正。

部分思想共识必须得到曾主导世界的大国的赞同，如果该国不再能单方面采取适当的行动，就应该通过合法机构实现权力分享，这要比拘泥于过去的做法更为可取。在这一点上，美国已经表现出了远见卓识，它主张改革国际货币基金组织的配额和执行理事会的代表权，并把国际合作的重心从七国集团或八国集团转移到二十国集团。欧洲一直不太热心于提高新兴市场在国际货币基金组织执行理事会中的代表权。不过，2011 年的法国总统竞选将揭示欧洲究竟在多大程度上认真严肃地执行二十国集团的程序。同样，崛起中的大国也务必达成同样的思想共识，也就是说，它有责任保持国际体系的稳定。中国官员在推行其国际经济政策时，认为中国仍然是一个贫穷国家，还没有能力为世界其他国家作出牺牲。全球性转变已渐渐趋向于同情那些较弱之国。

一个无可争辩的历史教训是，随着经济力量的转变，军事实力也发生了变化。半个世纪以来，中国一直关注自己的边境争端，因此，它致力于发展陆基力量，因而避免了远距离的军力投射。有人说，自郑和下西洋后，中国已不再具有海军传统意识，任由美国海军肆意驰骋于太平洋甚至是中国东海之上，并尽量限制两国之间的冲突范围。但是，认为中国无法在海上挑战美国的观点，可能最终会被这两个国家之间经济力量平衡的变化所推翻。中国的军舰在数量及精密性上也许仍然落后于美国（潜艇方面可能是另外一种情况），但是，与中国的很多事情一样，如今发生的变化比许多专家在 5 年前预测的要迅速得多。2009 年，中国决定派遣一支海军部队护送其远洋运输船只安全通过亚丁湾，不受索马里海盗的侵扰，就是一个绝佳的证明。

能源安全问题显然集经济和政治风险于一身。中国痛苦地意识到对进口能源的依赖。19 世纪末的德国和 20 世纪后期的美国，均被指控运用军事手段来确保其能源安全。中国已经采取了其他措施，主要以外商直接投资的形式，努力确保其能源供应。有人认为，中国会走得更远，它会威胁甚至动用武力，在东西伯利亚地区、东亚其他地方甚至全世界的其他地区，扶持亲中国的政府。

当然，还有其他一些更加温和的方法来确保能源安全①。这些措施包括：取消对家庭和国有企业的能源补贴，限制能源消费；开发新技术，减少对进口矿物燃料的依赖。所有这一切，既是经济问题，也是政治问题。

（颜超凡　译）

---

① 例如，参见 Cooper（2005）。

前沿

Guide

Comparative

我们是否消费太多？

肯尼斯·阿罗等

人类对地球资源的利用是否危及了我们后代的经济发展？对此有很大的分歧。很多人对过去一个世纪以来我们对自然资源的利用表示了担忧。我们对自然资源需求的大幅增加部分源于世界人口的增加，但更主要的是人均产量和消费量的增加。在整个20世纪，世界人口增加了4倍，达到了60亿，而工业产出增加了整整40倍。工业化国家当前人均消费量远高于100年前。当然可能有人会认为，据此来推断对资源的需求是不负责任的做法。在过去100年里，能源利用率提高了16倍，年捕鱼量增加了35倍，碳和硫氧化物排放增加了10倍。化肥、化石燃料和豆科植物对地球环境系统氮平衡的影响绝对不低于所有自然资源之和（McNeill，2000）。如果我们来看具体的资源和服务，比如淡

---

* 本文共有11位作者，因排版原因我们采取了省略的方式，特向其他作者致歉，这11位作者除斯坦福大学经济学荣休教授Kenneth Arrow外，还有Partha Dasgupta，剑桥大学经济学Frank Ramsey讲座教授；Lawrence Goulder，斯坦福大学环境和资源经济学教授；Gretchen Daily，斯坦福大学生物学助理教授；Paul Ehrlich，斯坦福大学人口研究教授；Geoffrey Heal，哥伦比亚商学院公共政策和企业责任Paul Garrett讲座教授；Simon Levin，普林斯顿大学生物学Moffett教授；Karl-Göran Mäler，瑞典Beijer生态经济学国际研究所主任；Stephen Schneider，斯坦福大学生物学教授；David Starrett，斯坦福大学经济学荣休教授；Brian Walker，CSIRO可持续生态系统分部研究助理。原文载于*Journal of Economic Perspectives*，Vol. 18，No. 3，2004年夏，第147～172页。感谢原杂志授权我们翻译并出版此文。——编者注

** 我们非常感谢Geir Asheim、Jack Pezzey及相关编辑们提供的非常有帮助的建议，以及Oren Ahoobim和Justin Diener的杰出科研援助。我们还要感谢威廉和弗洛拉休利特基金会给予的财政支持，以及斯德哥尔摩的贝耶尔生态经济学研究所。——作者注

水、大气中的碳含量以及各种生态系统，有证据表明，持续增长的开发比率是不可持续的（Vitousek，Ehrlich，Ehrlich 和 Matson，1986，1997；Postel，Daily 和 Ehrlich，1996）。

另一方面，也有人可能会说，正是由于前辈对资本品、研究和教育的投资，才使我们当前一代有能力实现较高的消费；而当前一代所进行的投资，尽管可能给自然资源带来压力，但也是保障未来高生活水平所必需的。事实上，在市场上交易的自然资源的价格变动的历史趋势和当前富裕国家的经济增长指标都表明，资源稀缺尚没有真正起到作用（Barnett 和 Morse，1963；Johnson，2000）。这种乐观观点强调资本积累（物质资本和人力资本）、技术进步弥补自然资源下降的潜力。

通过与一些生态学家和经济学家的讨论，本文旨在协调各类冲突的观点，并希望通过生态学和经济学这种双重视角来发现从单一视角无法发现的问题。

我们应该用什么样的标准来判定我们的消费是不是过多？经济学分析认为应该用消费的当前和未来效用现值的最大化这一标准来衡量，我们称之为跨期社会福利（intertemporal social welfare）。当前消费是过多还是不足，取决于它与这一效用最大化水平的比较。持不同看法的分析家运用了可持续标准，该标准强调经济体系维持生活水平的能力。在本文中，我们会利用这两种标准来评估消费是否过量，并从生态学和经济学的角度来考虑事实是否如此。

消费评估的可选择的标准

在此处提出的框架中，跨期社会福利的基本要素是消费（广义）和效用。因此，在 t 时间的跨期社会福利 V_t 可以用从现在到无穷远期的消费效用流的现值来表示，使用恒定的贴现率 δ（>0）①。在着重考虑每个时点的总消费时，

---

① 设 s 和 t 分别表示不同的时间（$s \geqslant t$）。设 $C[s]$ 表示 s 时间的社会总消费量，$U[C(s)]$ 表示 s 时间的效用流。假定边际效用为正。设 V_t 表示 t 时间的跨期社会福利，将 t 时间之后的效用流 $U[C(s)]$ 进行贴现，使用恒定的贴现率 δ（>0）。假设时间是连续的，则我们得出：

$$V(t)=\int_{s=t}^{\infty} U[C(s)]\, e^{-\delta(s-t)} ds$$

在此把 U 称为“效用”，并不必然代表我们支持古典功利主义。我们从更广泛的角度，认为消费具有社会价值，即我们所称的效用 $U(C)$；而 V_t 是从时间 t 开始到无穷远期效用流的道德排序的数值表示式。Koopmans（1972）已经确定了有关排序的条件，并用 V_t 表示。

我们的理论框架提出跨期权益问题。也就是说，我们所关注的权益问题是跨时期的。

V_t的决定因素之一是“生产基础”（productive base），它由 t 时间的社会资本资产及制度构成。资本资产包括制造资本、人力资本和自然资本。生产基础还包括知识基础和社会制度。虽然制度常常被视为资本资产，但在此我们将制度视为指引资源配置（包括资本资产）的体系。制度包括法律架构、正规与非正规市场、各种政府机构、人际网络以及指导人们行为的规则和规范。接下来，我们通常使用“技术”一词，来表示其他因素（包括知识基础和制度）以及影响知识使用效率的因素。现在我们来讨论一下用以判断当前消费是否过多的两个标准。

现值最大化标准

我们可以把跨期社会福利 V_t，看成初始条件（t 时间的资本资产及技术水平）和 t 时间之后如何分配投资与消费选择的函数。根据现值最大化标准，如果当前的实际消费大于这项最优消费路径所规定的当前消费水平，那么消费就属过度。换言之，如果降低消费及增加资本资产的投资（或减资的减少）所提高的未来效用，超过当前效用的损失（即使在贴现之后），那么消费就是过度的。

除其他因素之外，最优路径还取决于贴现率 δ。在其他条件相同的情况下，δ 值较高则意味着置于未来效用上的权重越少。长期以来，δ 取值何许才“恰当”一直是备受争议的问题。拉姆齐（Ramsey，1928）认为，在一个确定的世界中，适当的 δ 值为 0，这意味着未来人们的效用应该与当代人的效用具有相同的权重。然而，库普曼斯（Koopmans，1960）指出，将社会的时间偏好率设为零可能导致悖论。林德（Lind，1982）、波特尼等人（Portney 和 Weyant，1999）对各种关于恰当选择 δ 的争论进行了综述。

依照现值最大化标准得出的最优消费路径有一个很有趣的特点，那就是理论上，它可以反映出某个分散的市场经济的结果。在一个具备完全期货市场，且不存在外部性的充分竞争经济体中，个人根据社会贴现率 δ 贴现自己的未来效用，此时消费的时间路径将正好符合最优消费路径。相反，如果不存在大量期货及多种类型的风险承担市场，并且环境外部性盛行，消费通常不会是最优的。不过，我们可以通过社会成本收益分析，来判断 t 时间进行的政策改革是否增加了跨期社会福利（Dasgupta，2001a；Arrow、Dasgupta 和 Mäler，2003b）。

可持续性标准

用以评估消费时间特征的另一种尺度是可持续发展标准。在世界环境与发展委员会（1987），即众所周知的布伦特兰委员会（以其主席的名字命名）在报告中发布之后，术语“可持续性”和“可持续发展”开始普及。可持续发展被定义为“既满足当代人的需求，又不损害后代人满足自己需求的能力”的发展。对可持续性的若干解释也与此相容（Pezzey，1992；Solow，1992；Heal，1998；Asheim，2003）。这里，我们把可持续性理解为跨期社会福利 V 必须满足不随时间的推移而减少。因此，如果在 t 时间时，$dV_t/dt \geqslant 0$，则认为满足了可持续发展标准。

可持续性标准有几个特点应该加以重视。首先，该标准主要考虑的是 V 的变化而不是 V 的水平。其次，即使某消费路径可能满足当前及未来所有时间的标准，它也未必能保证未来每一时点的效用 U 都会与当前一样高（Asheim，1994）。第三，该标准并不是要找出一条单一的消费路径：许多消费路径在理论上都能满足这一标准。第四，如果耗竭性资源在生产和消费过程中足够重要，那么可以想见，根本不存在任何可持续发展的规划（Dasgupta 和 Heal，1979）。第五，现在满足了可持续性标准，并不保证在未来所有时间都能满足该标准：一条给定的消费路径可能从现在到下一时期是一个上涨的 V，但对未来的某段时期进行评估时就是一个下降的 V。第六，确定可持续发展的时候，并不能推测出所遵循的消费路径就是最大化 V 值的最佳选择。最后，满足可持续性标准的消费路径不需要具有跨期效率；因此，极有可能存在一种帕累托更优（Pareto-superior）替代路径。

社会“生产基础”的概念与可持续性标准是否令人满意这一问题密切相连。正如前面所定义的，生产基础是指 t 时间的所有社会资本资产存量，包括了制造资本、人力资本和自然资本，同时它还取决于科技水平。此处，我们将技术水平视为常量；而接下来，我们将会考虑技术变革因素。

假设“真实投资”（genuine investment）指的是生产基础发生的变化。真实投资可通过社会资本资产各项投资与减资（disinvestment）的总和来表示，其中每项投资的价值是资产数量的变化与该资产影子价值或会计价格的乘积①。显然，当且仅当时间 t 的真实投资非负时，t 时间的跨期福利 V（t）才不会减少。② 我们可以把真实投资当成社会“真实财富”（genuine wealth）的变化。

维持生产基础并不是说在任何给定时间内都必须维持特定资源的量。即使某些诸如矿产储备之类的资源按某消费路径取用殆尽，只要其他的资本资产积累足以抵消该资源的减少，则可持续性标准仍可以得到满足。

虽然可持续发展标准说起来很简单，但实施该标准将会面临严峻的实证挑战。衡量资本存量的数量变化极其困难。而诸如矿物质、化石燃料、鱼类或虫类等自然资源的衡量更加困难。在评估自然资源减少造成的社会损失，以及弥补这些损失所必需的替代投资时，理论上我们必须考虑自然资源对当前及未来效用的所有贡献。也就是说，直接贡献可能就是大自然风光；而间接可能是对生态系统的贡献，如水净化、防洪、稳定气候、作物授粉、控制农业害虫，以及土壤肥力的生成和维护等（Daily，1997）；又或者同时属于两者（如湿地）。测量这些服务可是极不容易的事。

另一个巨大的挑战是，确定需要多少某种类型的资本资产来补偿另一类型资本资产一单位的损失。生态学家担忧自然资源的替代品非常有限；他们害怕，由于经济学家对用其他资本资产代替某些自然资源的机会过于乐观，以致对自然资源储量的下降不够重视。生态经济学的一个主要目标，是增进我们理

① 设 K_t 表示 t 时间所有资本资产存量的向量。显然，V 是 K_t 的函数。在特殊情况下，当 V 固定不变时（即，t 本身并不直接影响 V），我们可以得出 $V_t = V(K_t)$。设 K_{it} 表示 t 时期资本货物 i 的存量。根据微分学的链式法则，

$$dV/dt = \sum_i (\partial V/\partial K_{it})(dK_{it}/dt) = \sum_i p_{it} I_{it}$$

其中，p_{it}（$\equiv \partial V/\partial K_{it}$）是 K_{it} 的影子价格或会计价格，I_{it}（$\equiv dK_{it}/dt$）表示 K_{it} 的变化率。上列表达式的右边指的是真实投资。

可以用某种资本的价格（以其影子价格估算）去除 dV/dt，如果只存在两种资本，比方说，分别记为 K_1 和 K_2，那么有关第一类资本的测量真实投资为：

$$(dV/dt)/(p_{K_1}K_1) = (1/K_1)\,dK_1/dt + [p_{K_2}K_2/(p_{K_1}K_1)](1/K_2)(dK_2/dt)$$

这表明，我们的可持续发展标准可表示为一种资本的增长率加上另一种资本的增长率与调整系数的乘积。需要注意的是，根据上述影子价格的定义，调整系数是指沿着等量曲线 V（K_1，K_2），K_1 相对于 K_2 的弹性。我们在后面的章节中会用到这个表达式，届时我们将扩展 dV/dt 的表达式以解释技术变革的原因。

② Pearce 和 Atkinson（1995）证明这一结果适用于优化管理的经济体，Dasgupta 和 Mäler（2000）的证明也适用于专制型经济体。

解不同类型的自然资本对人类福祉的贡献方式，它们之间可替代的程度，以及被其他各类资本资产所替代的程度①。

将可持续性标准拓展到不断变化的人口

在最初讨论跨期社会福利 V 的时候，我们没有考虑人口规模变化产生的影响。处理不断变化的人口问题面临着实证性挑战：预测人口的时间特征相当困难。然而，随着人口的不断变化，其相关的理论问题可能更具挑战性，因为许多理论难题仍然没有得到解决。社会福利是应该力求最大化所有个体效用的总和，还是应该最大化所有人（现在以及未来）的平均福利？人们如何比较大规模人口高总效应与小规模人口高平均效用的社会价值？

进行比较的方式之一是，除了上述已经考虑到的资本形式外，把人口也视为一项资本。这种方法意味着，对于任何给定的跨期社会福利概念，存在一个人口会计价格。在这一方法下，真实财富就是包括人口在内的所有资本资产的会计价值。可持续性标准仍然要求恒定会计价格上的真实财富不得下降，不过此处使用的真实财富概念更为广泛。

需要特别注意的是，跨期社会福利函数是用总效用流量的贴现值除以随时间变化的人口规模的贴现值，分子与分母所使用的贴现率是纯时间偏好的社会贴现率 δ。这是一种“动态平均功利主义”②。达斯古普塔（Dasgupta，2001a）已经证明，如果动态平均功利主义表征的是跨期社会福利，那么在一定条件下，一个非减的 V_t 相当于要求“真实人均财富”绝不能下降。其中条件满足：

---

① 关于可替代性，参见 Dasgupta 和 Heal（1979，第 7 章），Ehrlich 和 Ehrlich（1990），Daily（1997），Daily 等人（2001），Levin（2001），Heal 等人（2001），Heal（2003）。评估替代可能性时遇到的一个重要困难是，替代的可能性会因地制宜。一个地方的某类自然资源，像某地的林地，与另一个地方的同类自然资源的经济价值并不相同。Dasgupta（1993）论述了世界上最贫穷人口居住地区的不可替代性，当他们地区的资源基础退化了，他们没法获得替代品来弥补。关于总体及地方层面替代可能性的相对重要性，见 Johnson（2001）和 Dasgupta（2001b）。

② 这种情况下，V 的公式为：

$$V(t)=\int_t^{\infty} N(s)\,U[c(s)]\,e^{-\delta(s-t)}ds\Big/\int_t^{\infty} N(s)\,e^{-\delta(s-t)}ds$$

其中，$c(s)$ 和 $N(s)$ 分别表示在 s 时间上的人均消费和人口规模。请注意，在某种程度上，上述表达式 V_t 中的分母不受政策的影响，因此，最大化现值标准意味着无论是采用“总体”还是“动态平均”功利主义来表示跨期社会福利概念，都同样是最佳的。关于不断变化的人口规模下的可持续发展的进一步分析，见 Arrow、Dasgupta 和 Mäler（2003a）。

（1）人口以恒定速度变化；（2）人均消费量独立于人口规模（但可能取决于人均资本资产量）；（3）商品与服务之间所有的转换规模报酬不变。在本文后面要获取某些实证结果时，我们会利用到这一研究发现。

将可持续性标准拓展到技术变革

当出现技术变革时，即使制造、人力及自然资本方面的投资总额为负，产量和消费量也可能上升，从而跨期社会福利 V 可能增加。在评估跨期社会福利 V 的变化时，我们怎样才能把这些变化因素考虑在内？

现在，我们开始进入未知领域，因为之前似乎并没有任何文献建立起这种联系。我们通过研究全要素生产率如何改变对 V 的评估，来具体探索这一关系。在一个非常特殊的模型中（具有大量的简化假设），我们得出一个在 V 中纳入全要素生产率的公式。假设 γ 代表全要素生产率的增长速度。γ 通常被称为“剩余”，因为它是减去其他因素对产出增长的影响后的剩余部分。假设 K（没有下标）表示社会的自然、物质及人力资本资产的组合①。设 α 为 K 的产出弹性。在后面的讨论中我们会发现真实储蓄率接近于0。一个直观的解释是：储蓄率为0时，全要素生产率的增长速率 γ 使跨期社会福利的增长速度（以资本单位测量）增加了 γ/α②。

因此，在计算出真实投资及真实财富的变化之后，我们可以通过初始估计的真实财富的增长率加上 γ/α 来解释技术变革。需要指出的是，公布的全要素生产率及其增长率 γ 可能存在严重的问题，因为国民经济核算并不包括那些非市场的自然及环境资源的使用。假设经过一段时间，某经济体对自然资源的利用速度越来越快。那么对全要素生产率增长的估计会出现向上偏差：某些全要素生产率的增长实际上是源于资源使用的增加，而不是知识基础的提高或制

① 为了纳入技术变革，真实财富需作些调整。K 也可以被视为在这类调整之前对真实财富进行的测量。

② 假设生产基础 K（t）是一个常量（$=K_0$）；且对于所有时间 t，消费 = 产出 $=A_0K_0^{\alpha}e^{\gamma t}$。根据36页脚注①中 V 的定义，当 $A_0K_0^{\alpha}$ 不变时 V 也不变。因此，沿着等量曲线 V，A_0（全要素生产率）相对于 K_0 的弹性就为 α^{-1}。在36页脚注①的第二个方程中，用 K_1 替代生产基础 K，用 K_2 替代全要素生产率 A_0。因为（$1/A$）（dA/dt）$=\gamma$，所以从这个方程得出，可持续性标准（表示为 K）就是 K 的增长率加上 γ/α。

度性能的改善。另一方面，如果自然资源开采率下降，全要素生产率的增长记录就会低估知识基础变化的真实贡献。我们在本文后面提供的实证调查，依赖的是不考虑自然资源开采的全要素生产率评估模型。在理想的情况下，剩余生产力的评估应该由纳入自然资源开采的模型导出①。

符合一项标准是否意味着也符合另一项标准?

我们提供的用以评估消费是否过高的两个标准，反映了不同的伦理观念。一项满足了可持续发展标准的经济项目，并不需要满足现值最大化的标准。反过来说，现值最大化标准下的最优经济项目，未必会满足可持续发展的标准。

为了说明这一点，假设总产量为制造资本及可耗竭自然资源流的柯布—道格拉斯函数（规模报酬可以不变或递减）。索洛（1974）指出如果生产过程中制造资本的产出弹性大于自然资源流的产出弹性，那么可持续发展在技术上是可行的。但是，达斯古普塔和希尔（Dasgupta 和 Heal, 1979）证明，只要 $\delta>0$，最大化跨期福利 V 的最佳消费路径就意味着消费长期最终会接近于零；因此这些路径不可能产生长期可持续发展。

两个标准之间的差异对公共政策产生了潜在影响。一个通过了社会成本收益测试的投资项目（即实施该项目可以增加当前的 V），也许会导致未来某个时期 V 值的减少。因此，为提高经济效率而采取的标准政策补救措施，如建立产权、解决外部性等，并不能保证可持续性。

现值最大化标准的实证分析

根据现值最大化标准，如果现在的消费高于最大化当前跨期福利 V 消费路径上的当前消费水平，那这种消费就是过度的。没人能精确说明某个实体经济当前消费的最佳水平。不过，理论思考能够指出各种可能导致当前消费在可预测方向上不同于最优水平的因素。相关的理论问题包括，投资的市场回报率与消费的最佳社会利率之间的关系，以及同期商品的市场价格（包括当前资本

① 在本文的一项附录（http：//www. stanford. edu/ ~ goulder）中，我们推导出一个公式，用以调整因资源遗漏而引起的总生产率增长率的估计偏差。

货物）与这类商品的社会成本之间的关系。

投资的市场回报率与消费的社会利率

对于市场经济中的社会最优消费路径，投资的市场回报率 i 必须等于消费的社会利率 r。如果 i 超过 r，则储蓄不足，消费过度。

可以证明，如果跨期社会福利由我们前述的 V 表示，那么消费的社会利率 r 就可表示为 $r = \delta + \eta g$，其中，δ 是社会的纯时间偏好率，η 是边际（社会）效用弹性，g 是总消费的增长率①。参数 δ 反映的是众所周知的“尽早消费偏好”（impatience）。等式中的第二项 η 乘以 g，可能需要作出解释。我们可以这样对 η 作出解释：未来几代人有较高的收入，他们的消费会更高，因而消费的边际效用会降低。然而，η 无须仅仅反映个人消费的边际效用递减：还可以把它解释为社会对代际消费公平的偏好。因此，η 的功能类似于社会纯时间偏好率 δ。

i 是否会超过 r？或许有人会说，这个问题不能单单从经验观察中找到答案，理由是 δ 和 η 的选择本质上都是价值判断，属于主观因素。然而，另外存在一种与实证行为相结合的方法。该方法指出，一类“典型的”个人偏好应当能指导我们选择 δ 和 η。尤其是，它认为社会纯时间偏好率 δ，应与典型个人赞同的效用贴现率一致。这种方法所提出的假设显然备受争议，但其对 i 和 r 之间关系，以及 i 与消费水平之间关系的思考角度，发人深思。

若干因素表明，对效用贴现率的典型个人偏好在市场中无法反映②。原因之一是，由于外部效应的影响，作为社会意识群体，大多数个体所认同的效用贴现率将低于市场交易产生的时间偏好率。许多年以前，拉姆齐、庇古和哈罗德坚持认为，只有 δ 值为 0 才合乎伦理道德。索洛（1974，第 9 页）这样处理此问题：“可以这么说，在聚集的庄严秘密会议组织中，我们应当表现得好像

① 相关的推导，见 Arrow 和 Kurz（1970）。更多的相关讨论，见 Arrow 等人（1996）。

② 因此，一个合理的“较低” δ 值可能依然存在，尽管事实上，个人市场行为产生的均衡效果乍一看似乎显示出一个较高的 δ 值。关于这一点，见 Marglin（1963）、Lind（1964）和 Sen（1967）。在讨论这个问题时，我们刚刚提到了与个人关注未来几代人福利相关的外部性。在本文的其他部分，我们都提到与自然资源有关的外部性。人们可以把个人对自然资源的低效（过快）开发利用看做是他们不关心未来几代人福利的证据。然而，我们更倾向于认为，这种外部性使得个人不可能在其生产或消费决策中表达出他们对未来的担忧。

社会（纯）时间偏好率为零那样。”一个不那么极端的观点认为，即使不将 δ 视为零，个体仍能从后代的福利中获得正外部性（在市场范围之外）。一种把投资的市场回报率与关心后代的这个外部因素结合起来的观点，可能规定“低的” δ 值，比如，范围在每年 0～0.5% 之内。

r 表达式中的另外一项 ηg 是什么意思呢？如果我们再次把选择建立在典型个人偏好基础上，那么 η 应该体现的是一个普通人的消费边际效用弹性。η 的值与跨期消费替代弹性 σ 有关联：$\eta = -(\sigma - 1)/\sigma$。霍尔（Hall，1988）对 σ 的时间序列估算表明，η 的合理取值范围可能介于 2～4。如果我们假设人均消费增长率 g 已达到每年 1.5%，那么 ηg 项每年可达 3%～6%。总之，这些因素初步表明，r 的值将在每年 3.0%～6.5% 范围内。

这个值怎样与投资的市场回报率 i 作比较呢？我们需要选择一个恰当的市场利率，并以此进行比较，但是不同证券的回报率有很大的区别。美国私人资本的真实回报率（用于政府项目的分析，OMB，1992）为 7.0%；1970～2000 年的股票回报率为 7.4%；但 1970～2000 年国库券的真实回报率仅为 1.6%（最后两个数字是根据沃顿商学院数据资源网站公布的数据计算得来的）。我们需要比较消费的社会利率 r 与“无风险”利率。如果将国库券视为无风险资产，那么市场利率似乎与我们上面所计算的 r 值一样低或低于它。因此，这项粗略的比较并没有提供多少依据来支持过度消费的说法。

另外两项证明投资的市场回报率可能超过消费的社会利率的证据，来自市场的不完备性及资本所得税的存在。举例来说，缺乏一个完备风险承受市场意味着风险无法完全集中。所以投资的回报更加不确定，如此一来，接受者（储户）会给投资（相比风险能完全集中时）更低的估值。相应的，储蓄率也比较低。由于缺乏完整的风险池，往往会促使过度消费。

同样，资本所得税使资本的私人回报低于社会回报，从而阻碍了储蓄并刺激过度消费。然而，资本所得税的影响取决于其他赋税以及各种消费品的投入要素的价格。比如，除了资本税的影响外，对劳动征税可能阻碍劳动力供给并减少工资收入，从而导致当前的消费低于最佳水平。此外，当前的消费水平在很大程度上取决于用来生产消费品的投入要素的价格。因此，对投入的自然资源定价就显得尤为重要，这一点我们将在下一节中讨论。

自然资源定价低于社会成本

消费水平不仅取决于市场利率，同时也取决于当前消费相对于其社会成本的价格，或者更具体地说，是消费品相对资本品的价格。如果消费品的定价低于其社会成本，消费将会过度。

一些自然资源属于消费品，另外一些属于消费品直接或间接的生产投入要素，而很多自然资源则同时属于这两类。自然资源的偏低定价可能造成消费品的价格低于其社会成本。这种过低的定价也改变了不同消费品的相对价格，从而导致消费构成（以及整体水平）的低效率：相对于其他商品的消费而言，资源密集型产品及服务的消费太多。因此，当自然资源投入品价格低于社会成本时，消费的总体水平及构成都会受到影响，从而导致自然资源的过度使用。

自然资源的偏低定价，可能由至少三个原因造成。首先，没有保障或界定不清晰的产权会导致过快的资源开发，如果这种开发不要求太多的前期投资的话更是如此（Bohn 和 Deacon，2000）。其次，自然资源的低定价可能源于市场无法纳入与自然资源使用相关的（负面）外部性。这类外部性的例子包括使用化石燃料所造成的各种损害（如酸雨或气候变化），以及把湿地变成农场所致的诸如防洪、水净化和栖息地提供等生态系统服务的损失。第三，自然资源的定价过低还可能源于政府的补贴。世界银行《1992 年世界发展报告》（图 3.2）考察了 32 个发展中国家的化石燃料、电力和用水的价格。除了三个国家以外，其余所有国家的补贴（甚至在没有考虑外部性的情况下）都使得价格低于成本。同样，国际能源署（1999）估计，在印度、中国和俄罗斯，全成本定价法将分别降低能源消耗 7%、9% 和 16%。在这些国家，自然资源定价低于社会成本主要源于能源补贴。关于全球对环境资源和自然资源使用的补贴评估，见梅耶斯等（Myers 和 Kent，2000）。

欧佩克对国际石油市场的影响，也许会对上述论点起抵消作用，它有可能把世界石油价格提高到或超越社会成本。但是，对目前世界石油的价格是高于还是低于社会成本，尚未达成明确共识。此外，对石油的定价也与其他低定价的自然资源有很大的差别。

自然资源投入的偏低定价还会降低投资品的价格。如果投资品的这种低定价特别显著，就会刺激更高的消费投资比例。这并没有解决自然资源的过度使用这个更基本的问题。如果投资品生产中的自然资源投入价格偏低，自然资源枯竭的速度就会过快。制造资本的积累率可能会也可能不会超过最优率，但真实投资，即包括自然资本存量变化在内的整体投资，很可能因为自然资源的过低定价及过快耗竭而变得极不充足。

消费中的相互依存性

消费的相互依存性也会导致消费价格低于社会成本。基于凡勃伦（Veblen，1899）和杜森贝里（Duesenberry，1949）的研究，一系列规模虽小但不断增加的实证研究工作（例如，Frank，1985a，1985b；Ng，1987；Howarth，1996；Schor，1998）显示，一个人的幸福感不仅基于个人自身的消费，而且基于个人相对于“参照群体”的消费。当别人的消费有所上升时，个人可能损失一些幸福感，因为他现在的消费相对下降了。这种消费的相互依存性可被视为外部性，它能促使个人更加努力工作并消费得更多以跟上邻居的步伐。这从个人的角度看是理性行为，但总体来看并未达到最优。库珀等人（Cooper、Garcia-Pefialosa 和 Funk，2001）综合这些想法开发出了一个正式的“增长模型”。

然而，消费的相互依存性并不必然意味着人们会过度消费。假设，“相对消费效应”不仅适用于当前消费，也适用于未来消费（以及闲暇，包括睡眠时间）。现在更努力地工作并且消费得更多，将提高个人当前的相对消费，但会损害他当前闲暇的相对“消费”以及未来的相对消费！因此，相互依存性的偏向取决于不同斜度产生的影响力度。如果对个人相对消费幸福感的作用是匀称的，即对现在和未来的相对消费与相对闲暇的影响相同，那么有无这种效果对当前行为的影响并不大。在这种情况下，相对消费效应就类似于一次性定额税（lump-sum tax），它减少一个人的幸福感但并不会改变这个人的劳动力资源或收入分配。

一般性发现

我们已经确定了几个影响消费的因素，并阐述了如何利用这些因素（根据最大化现值标准）来判断消费是否过度。这几项因素，无法完全集中风险，资本所得税收以及自然资源的偏低定价，促成了过度消费（下面我们将会发现，这些因素同样也刺激了按可持续发展标准来看的过度消费）。在这些因素中，最为明显的是自然资源偏低定价产生的影响。

关于可持续发展标准的实证分析

第一步：测量真实投资

如前所述，t 时间的真实投资是指资本存量在 t 时间的变化值总和，以其会计价格来估算。它是以恒定会计价格计算的真实财富的变化。被列入的资产包括制造资本、人力资本、自然资本和知识基础（Dasgupta 和 Mäler，2000；Arrow、Dasgupta 和 Mäler，2003b）。在这个部分，我们将通过估算及观察真实投资，来评估各国是否符合可持续发展的要求。在下一部分，我们将拓展分析，将人口变化及技术变革纳入其中。

目前，越来越多的研究致力于衡量各国的真实投资。领军人物是世界银行的柯克·汉密尔顿（Kirk Hamilton）和他的合作者（例如，Pearce、Hamilton 和 Atkinson，1996；Hamilton 和 Clemens，1999；Hamilton，2000，2002）。特别是汉密尔顿和克莱门斯（Hamilton 和 Clemens，1999）几乎对全部国家 1998 年的真实投资做了评估。他们首次通过把人力资本净投资加入现有对国家制造资本的评估中，以评估真实投资。然后，他们根据自然资源及环境资本中的减资进行了调整①。

为了估计制造资本累积，汉密尔顿和克莱门斯（1999）使用了净国民储蓄数据。为了估计人力资本累积，他们使用的是教育支出数据。而为了衡量自然资源和环境资本中的减资，他们考虑了商业森林、石油和矿产的存量以及用二氧化碳含量衡量的大气质量这些因素的净变化②。

有趣的是，他们发现，在 1998 年，世界上所有的富国和多数相对贫困的国家的真实投资都为正。但是他们估计发现，全世界 33 个贫困国家中，包括北非和撒哈拉以南非洲地区的许多国家，其真实投资为负。

---

① Hamilton 和 Clemens（1999）采用了"真实国内储蓄"一词，其与真实投资含义相同。这两者无法从他们所使用的研究数据中加以区别，因为那些数据没有包括国际资本流动。

② 在计算自然资源存量的减少时，汉密尔顿和克莱门斯没有把发现的新储量作为抵消因素纳入考虑之中。从会计的角度来看，这似乎是正确的。这与矿物或燃料资源的全球存量是既定的概念相一致：把资源投入开发、勘探，随后发现了以前未知的资源，这并没有扩大储备量。同时，开采设备或装置的开支应该是正的有形资本投资。

我们仍然以汉密尔顿—克莱门斯方法为基础，来评估选定的国家和地区是否符合可持续性标准。我们并没有计算逐年的数据（像汉密尔顿—克莱门斯方法那样），而是计算过去 30 年的年均值，使用的是公布在世界银行网站（http：//devdata. worldbank. org/dataonline）上的世界发展指标年度数据。评估结果见表 1。该表包含了贫穷国家（中国、印度次大陆国家及撒哈拉以南非洲地区的国家），石油出口国（中东/北非地区）和工业化国家（美国及英国）。

表 1　真实投资及各组成部分占 GDP 的百分比

国家	自然资源损耗（%）						
	国内净投资	教育支出	二氧化碳排放造成的损害	能源消耗	矿产消耗	森林净消耗	真实投资
孟加拉国 1973～2001 年	7. 89	1. 53	0. 25	0. 61	0. 00	1. 41	7. 14
印度 1970～2001 年	11. 74	3. 29	1. 17	2. 89	0. 46	1. 05	9. 47
尼泊尔 1970～2001 年	14. 82	2. 65	0. 20	0. 00	0. 30	3. 67	13. 31
巴基斯坦 1970～2001 年	10. 92	2. 02	0. 75	2. 60	0. 00	0. 84	8. 75
中国 1982～2001 年（无 1994 年）	30. 06	1. 96	2. 48	6. 11	0. 50	0. 22	22. 72
撒哈拉以南非洲地区 1974～1982 年；1986～2001 年	3. 49	4. 78	0. 81	7. 31	1. 71	0. 52	－2. 09
中东和北非 1976～1989 年；1991～2001 年	14. 72	4. 70	0. 80	25. 54	0. 12	0. 06	－7. 09
英国 1971～2001 年	3. 70	5. 21	0. 32	1. 20	0. 00	0. 00	7. 38
美国 1970～2001 年	5. 73	5. 62	0. 42	1. 95	0. 05	0. 00	8. 94

资料来源：作者根据世界银行的数据计算所得（2003）。

真实投资与国内净投资之间的区别，以中东/北非和撒哈拉以南非洲地区尤为显著。在这些地区，自然资源的损失量超过了制造资本（用国内投资净额衡量）及人力资本（用教育支出衡量）的积累。至于美国和英国，估计的真实投资超过了国内净投资，因为人力资本的增加超过了自然资源枯竭。

从这些数字中我们可以粗略了解 V 的变化。我们马上要来看看当把技术和人口的变化考虑在内时情况会如何变化。不过在此之前，先思考一下真实投资评估所产生的潜在偏差会非常有帮助①。首先，正如汉密尔顿和克莱门斯所强调的，一个严峻的问题是缺乏全面的国民经济核算数据。对于许多重要（且日益下降的）自然资源存量，并没有可用的数据，至少不是每个国家都有这类数据。其中，没有包含在汉密尔顿和克莱门斯研究范围内的自然资源有：水资源、作为固碳剂的森林、渔业、空气和水污染物，以及土壤和生物多样性。因此可能存在严重的少计情况。

其次，这些评估（以及早先由汉密尔顿和克莱门斯所做的估计）采用的是表示了不同形式资本之间的替代潜力的市场价格。在自然资本通常被低估的情况下，使用市场价格会导致对真实投资的高估。

第三，这些评估只考虑了非常广泛的资本分类。只考虑综合水平，我们可能就会漏掉那些限制了替代可能性的关键瓶颈。例如，世界上最穷国家的农村贫困人口，当他们的水源消失、当地林地衰竭时，就经常找不到相应的替代品（Dasgupta，1993）。汇总计算很容易遗漏这些细节并低估当地资源基础的会计价格。

第四，在这些计算中，环境资本的减资仅仅用每年二氧化碳排放量的损害来估算。一吨二氧化碳的排放被假定为导致（美国）20 美元环境资本的损失。然而，由于新增制造资本会增加二氧化碳的排放，从而对环境造成损害，所以新增制造资本的价值就变相减少了②。这里所采用的汉密尔顿—克莱门斯方法

① 有关能够更好地估计真实投资的方法的更多讨论，见 Arrow、Dasgupta 和 Mäler（2003b）。

② 这并不是重复计算。在目前真实投资的计算中，二氧化碳的排放量导致了“气候系统资本”的减少。这种负投资是目前这些排放所造成损害的现值。同时，当前制造资本的投资价值应是与这些制造资本相关的净服务的现值。而与这些制造资本相关的未来排放及气候损害减少了净服务流，即降低了这些当前资本投资的价值。

忽略了这一影响。一个更深层次的问题是，这种方法只将二氧化碳排放产生的损害与排放国联系起来，而事实上，一国的二氧化碳排放造成了全球性的气候变化。

平衡这些因素会引发另一个问题，那就是各种因素的影响都变得不清晰了。考虑人力资本投资（用教育支出来衡量）增加时，忽视了因生病率、死亡率及劳动力退休而产生的人力资本折旧，因此会夸大人力资本的增加。另一方面，它还忽略了通过正规教育以外渠道获得的技能，以及由于健康和营养支出而致的人类生产力的提高。这意味着会出现相反的偏差。

虽然表 1 对真实投资的测量传达了有用的信息，但它并没有考虑人口及技术的变化。如果人口的增长速度足够快，那么长期内人均生产基础就会有所下降，即使真实投资是正值。另一方面，生产率的提高很可能对冲这一效果。在下文里，我们将拓展相关的实证评估，以把人口增长的影响及全要素生产率的变化考虑在内。

人口增长、技术变革及可持续性

表 2 的第 1 列再现了表 1 最后一列的数字，它们是 1970 ~ 2001 年间真实投资占 GDP 比重的平均估值。第 2 列是初始评估、未经调整的真实财富增长率。这一列数据是根据第 1 列数据，乘以讨论中国家或地区的推定 GDP/财富比（30 年平均 GDP/财富比率）得来的。公布的 GDP/财富比（或“产出/财富比”）传统上一直采用每年 0. 20 ~ 0. 30 间的数值。然而，很多资本资产，如人力资本及多种自然资本，并未出现在国民核算中。为了抵消这种偏差，在表 2 中，贫穷国家及盛产石油的国家和地区使用的数字是每年 0. 15，工业化国家是每年 0. 20。设 *W* 表示人均真实财富。用真实财富增长率减去人口增长率（第 3 列），得出 *W* 的增长率（第 4 列）。

第 4 列显示的是没考虑技术变革时人均真实财富的变化。其余经过调整的项，旨在反映技术变化，这里用全要素生产率来表示技术变化。第 5 列提供的是全要素生产率这一剩余项的增长估量，用的是克列诺等人（Klenow 和 Rodriguez-Clare，1997）对1970～2000年这一数据的评估①。对于中东/北非及撒哈拉以南非洲地区的这一剩余项，我们采用各个区域内国家的加权平均估计值，使用GDP作为权数。至于中国，我们使用的是科林斯等人（Collins 和 Bosworth，1996）对这一时期的估计，因为克列诺等人（Klenow 和 Rodriguez-Clare）没有估计中国的情况。只有在中东/北非地区，这一剩余项有出现负值的情况。

表2　人均真实财富增长率（%）

国家	真实投资占GDP的比重(1)	未经调整的真实财富增长率(2)	人口增长率(3)	人均真实财富增长率（经TFP调整前）(4)	TFP增长率(5)	人均真实财富增长率（经TFP调整后）(6)	人均GDP增长率(7)
孟加拉国	7.14	1.07	2.16	-1.09	0.81	0.30	1.88
印度	9.47	1.42	1.99	-0.57	0.64	0.54	2.96
尼泊尔	13.31	2.00	2.24	-0.24	0.51	0.63	1.86
巴基斯坦	8.75	1.31	2.66	-1.35	1.13	0.59	2.21
中国	22.72	3.41	1.35	2.06	3.64	8.33	7.77
撒哈拉以南非洲	-2.09	-0.31	2.74	-3.05	0.28	-2.58	-0.01
中东/北非	-7.09	-1.06	2.37	-3.43	-0.23	-3.82	0.74
英国	7.38	1.48	0.18	1.30	0.58	2.29	2.19
美国	8.94	1.79	1.07	0.72	0.02	0.75	1.99

注：这些计算采用了下列参数：贫困国家/地区产出资本比0.15；富国产出资本比0.20；α（产出中人力及可再生资本的比例）0.58。真实投资、人口增长及GDP增长数据来自世界银行（2003）。真实投资占GDP比例从表1所示的数据中获得。人口增长率是1970～2000年间的平均值。中国的全要素生产率（TFP）的增长率估算来自Collins 和 Bosworth（1996）。其他国家和地区的估算来自Klenow 和 Rodriguez-Clare（1997）。

我们使用第5列的数字来估算人均真实财富的变化，这其中考虑了预期技术变革的影响。此处我们采用的是前面提到的近似公式（approximation formula）。

① Klenow 和 Rodriguez-Glare 报告了全要素生产率的增长率转换。从这些信息中我们计算出相关的总生产率增长率。

该公式指出，全要素生产率增长对跨期社会福利变动的贡献可以用整体资本单位表示，即对 $V/(p_kK)$ 变动的贡献，为 γ/α^*，其中 γ 是全要素生产率这一剩余项的增长率，α^* 是所有资本（制造、人力及自然资本）的产出弹性。α^* 可以作为总量生产函数中各类资本指数的总和。理想的情况是，可以从包含了自然资本的生产函数中计算出 α^*。但是，遗憾的是，我们没办法从这样的生产函数中得到估值。相反，我们使用的是克列诺等人（Klenow 和 Rodriguez-Clare，1997）估算的总量生产函数，该函数只包含了人力及制造资本。这两种资本的指数分别为 0.30 和 0.28。这就意味着 $\alpha^* = 0.58$，并且表明全要素生产率增长的调整是表 2 第 5 列中的数据乘以 1.72。把这项数值加上第 4 列的数据从而得出第 6 列的数据，即调整后 W（人均真实财富）的增长率估值，它考虑了全要素生产率的增长。

这种调整可能夸大全要素生产增长所起的作用，原因有二。首先，遗漏了自然资本使 α^* 的估值向下偏差，因而会使全要素生产率的调整 γ/α^* 向上偏差。假设在真实总量生产函数中，自然资本的份额或指数为 10%，那么人力及可再生性资本的份额相应就比上面显示的低 10%（以保持规模收益不变）。在这种情况下，α^* 将为 0.62，且调整量仅为表 2 第 5 列数值乘以 1.61（而不是 1.72）。此外，如前所述，生产函数中忽略了自然资本意味着 γ 会被错误估计，其错误的方向取决于自然资源开采增长率和整体产出的增长率的差额。我们发现，在过去 30 年中，能源开采（自然资源开采的潜在代表指标）的增长率往往超过 GDP 的增长率，这意味着 γ 估计值倾向于向上偏差。因此，对 γ 和 α^* 的错误估算都有可能夸大技术变革产生的影响。在今后的研究中，我们希望能改进对调整系数 γ/α^* 的估计。然而本文表 2 中还是直接使用了克列诺等人（Klenow 和 Rodriguez-Clare，1997）的估算值，这似乎是目前可用的最令人满意的估计值。

贫困国家

我们在表 2 中的估算表明，部分穷困国家和一些石油出口地区并不符合可持续性标准。人口增长意味着真实财富增长率的初始估算（第 2 列）与人均真实财富增长率（第 4 列）之间存在着显著差别。而第 6 列的结果（此项同时考虑了人口增长及技术变革），更是与真实投资的初始估计有着极大差异。

巴基斯坦、孟加拉国、印度和尼泊尔人均真实财富增长率（经 TFP 调整后）都为正值。然而，撒哈拉以南的非洲地区及中东/北非地区的人均真实财富增长率估值为负值。按真实财富每年跌幅 2.6% 的速度来看，撒哈拉以南非洲地区的人大约每 25 年就变穷一倍。谈论撒哈拉以南非洲的弊病是当今各报纸和杂志的家常便饭，但人们并没有从财富下降的角度来描绘这些弊端。

在中东/北非地区，根据技术变革进行调整之后，人均真实财富估计每年下降 3.8%。对于这些地区，全要素生产率的增长率估计为负值（-0.23%）。因此，该地区的技术变革调整进一步加大了人均真实财富的下降。值得注意的是，全要素生产率增长估值为负主要取决于人们对开采能源资源的评估值。关于未来能源价格的替代性假设可以极大地影响这项评估以及全要素生产率的估计。因此，对中东/北非地区的这些评估尤其不可靠。

中国的相关评估结果则与刚才所讨论的截然不同。其未经调整的人均真实财富增长率明显为正数，大约为 2.1%。全要素生产率的估计增长率（3.6%）与其他被研究国家相比要高，这有助于解释人均真实财富的增长率。不过，对中国的估算可能有向上偏差：因为真实投资的估计中并没有包括水土流失及城市污染，而专家认为这在中国极为严重。

人均财富的变化如何与传统经济发展的变化进行比较？表 2 中最右边的那列包含了 1970~2000 年间人均 GDP 变化率的估计值。所有列出的国家（除中国外）中，人均 GDP 的增长率都大大高于人均真实财富的增长率。在中东/北非地区，人均 GDP 的增长为正，但人均真实财富却在下降。对于所有这些国家来说（中国除外），如果要从人均 GDP 的增长率来评估长期经济发展的状况，将会出现很大出入。

你或许会从上述列表中推断出若干贫困国家“消费太多”。这样的结论是很不靠谱的。在许多贫穷国家，资本品和消费品的生产极其低效。这些国家真实投资和真实消费的水平都很低下，并且重要的是，这些国家根本没有过度消费。任何人都不能保证，只需往这些国家生产要素的较大比例投资资本品生产，就能获得令人满意的生活质量。事实上，将更大份额的产出用于投资可能降低本已相当低下的人均消费，从而导致更加贫困。对这些国家来说，可持续发展问题是低效生产及低生产率这个更大问题的一部分，这个问题造成了低真实投资和低消费。

富裕国家

表2同时显示了美国和英国的人均真实财富增长率的估计值。两个国家的这项估值都为正，不过美国的估值仅为英国的1/3左右。这两个国家人均GDP增长率的估值也为正。因此对于这些国家，经济发展的这两项指数的差异就不那么显著。

人们可能倾向于认为，发达国家正避免过度消费。但关键是要注意，不同国家的人均财富变化的数字并非完全毫无关联。富裕国家的“成功”可能部分源于较贫穷国家的“失败”。正如我们前面提到的，自然资本在市场中经常被过低定价，是因为产权界定不清或执行乏力。在极端的情况下，这类资本资产甚至是免费的。根据这个事实，达斯古普塔等人（Dasgupta，1990；Chichilnisky，1994）认为，出口资源型产品的国家（多是最贫穷的国家）一定程度上补贴了进口这类产品的国家（多是最富裕的国家）的消费。这种隐性补贴将有助于推高富裕国家人均财富的正增长率，同时降低那些出口资源型产品的较贫穷国的增长率。富裕国家的高消费可能促使贫穷国家的资源过度损耗，从而危及较贫穷国家的福祉。富裕国家消费所产生的这种副作用，现有的人均财富变化的测量标准并没有捕获到。

评估结果对假定的GDP/财富比的敏感度

我们在人均真实财富的增长估计中使用了一个重要参数：GDP/财富比。我们用这项参数将真实投资转化为（未经调整的）真实财富的增长率。表3显示了我们估计结果对这一比率的敏感度。中间一列再现了表2中关于年人均真实财富增长率的结果。左边和右边的列，分别表示较低及较高的GDP/财富比数值。对于真实投资为正值的国家，这一比率较低意味着初始财富水平高；因而对于给定的真实投资水平，这意味着调整后的人均真实财富增长较低。对于真实投资为负的地区（撒哈拉以南非洲地区和中东/北非地区），GDP/财富比较低意味着更高的（即更少的负值）真实财富增长率。总之，估计结果似乎对这项参数相当敏感。当GDP/财富比为0.10时，孟加拉国、印度、尼泊尔和美国的人均真实财富增长估值变成了负数。

表 3　灵敏度分析

国家	GDP/财富比 =0.10	中间值	GDP/财富比 =0.25
孟加拉国	-0.15	0.30	0.93
印度	-0.01	0.54	1.41
尼泊尔	-0.09	0.63	1.91
巴基斯坦	0.03	0.59	1.34
中国	6.79	8.33	10.20
撒哈拉以南非洲地区	-2.50	-2.58	-2.82
中东/北非	-3.44	-3.82	-4.51
英国	1.49	2.29	2.59
美国	-0.15	0.75	1.19

根据这些结果对该项参数的敏感度，以及参与计算的相关基础数据和其他参数显著的不确定性，我们的结论肯定不是定论。但是，尽管存在这些不确定性，测量人均真实财富变化的方法似乎还是清晰地描绘出穷困国家的前景，这与人均 GDP 变化所隐含的信息比较起来非常不同，而是更加惨淡。

进一步的展望及结论

我们根据两种标准来评价各国的消费水平：一个是效用流的现值（最大化现值标准），另一个是跨期社会福利的维持及改善（可持续性标准）。虽然证据远算不上确凿，但是我们发现有些迹象表明，消费占产出的比重很可能高于最大化现值标准所规定的水平。我们还找到证据证明，全球有若干国家未能达到可持续性标准：他们在人力及制造资本方面的投资并不足以抵消自然资本的损耗。在世界上一些最贫困的国家，这种投资问题尤其严重。

我们想强调的是，贫穷国家投资不足并不意味着消费过度。对世界上许多生产率和实际收入都很低的最贫穷国家来说，它们的消费及投资都不充足：当前的消费没有给当代人带来体面的生活，当前的投资也并不能保证子孙后代有较高的（甚或是同样的）生活标准。

本研究以及我们了解的所有以往的研究，仅仅对真实投资或真实财富变化进行了评估。鉴于这些评估具有极大的不确定性，即使点估计值为正时，真实投资仍然极有可能为负值。由于不确定性，我们仅能对结果持谨慎态度。

非线性的存在加大了不确定性的重要程度。与自然资本损失相关的生物物理学影响可能呈高度的非线性：这些影响在一个相当大的范围内可能作用很小，而一旦达到某个临界阈值就会变得很巨大。跨越这道门槛将导致一个“大分叉”（bifurcation），此时，自然系统的特点会发生根本性改变。例如，浅而清澈的淡水湖泊在吸收少量的磷时不会产生什么不良影响。但是，如果农业用地污物或排水将更多的磷排放到这个湖中，将会促生更多的藻类，能到达湖底的阳光将会更少，而湖底的绿色植物就会逐渐消失。因此，底部的沉积物（包括死亡藻类产生的磷）会变得不太稳定，而且会释放出磷来。更多来自外界的磷排放又会触发湖底释放更多的磷。这种正反馈最终将导致湖水富营养化翻动或使湖水从清澈“变成”浑浊。生态学家和环境经济学家最近对这些动态进行了研究调查，结果表明，这种湖水富营养化的发生周期可能短到一个月（Scheffer，1998；Carpenter，Ludwig 和 Brock，1999；Brock 和 Starrett，2003）。另一个可能的分差点出现在某些气候模型中，这些模型表明，温室气体的增加可能逆转目前温暖欧洲北部的大西洋暖流的方向。古气候的历史表明，这种逆转屡见不鲜①。

生态系统动力学的非线性暗示着自然资本损失可能带来严重的价格下行风险。如果我们仅仅考虑处于中心的情况，而非自然资本损失潜在后果的整体分布情况，那么对自然资本的影子价格的估计可能过低。因此，真实投资或人均真实财富变化的期望值可能大大低于我们只使用中心参数值时得出的估计。考虑风险规避因素，可能进一步降低这些估计值。

虽然各个国家是否符合可持续性标准可能并不确定，但需要强有力的公共政策支持更有效的消费及投资选择，这是毫无疑问的。通过监管、税收或建立更清晰、更有保障的产权，公共政策有助于将自然和环境资源的定价接近于它们的社会成本。这些政策有助于防止资源过度消耗，并促进更高的真实投资。

① Mastrandrea 和 Schneider（2001）已经使用气候经济模型来研究逆转的可能性，并评估气候政策产生的影响。

如果以目前真实投资是否为正来判断效率，那这些政策是恰当的①。虽然落实那些满足成本收益测试的公共政策并没有从理论上保证可持续性，但这类政策也未必就会与可持续性相互冲突。事实上，我们感觉这类政策，尤其是那些应对自然资源或环境设施偏低定价的政策，将沿着可持续性的维度改善各种问题。当我们审视中国的土壤沙化、塞内加尔的水污染及海地的森林枯竭等问题时，很难想象产权的建立或自然资源定价的改善会恶化子孙后代的未来发展。

除了政策行动之外，我们还需要从事进一步的研究，以确定那些当前消费对可持续性构成威胁的领域，并量化潜在的损失。我们需要建立更好的数据，量化自然资本的损耗及各种形式的资本之间的替代潜力。

此外，为补充对真实财富变化的极为简单的分析计算，我们需要更多地使用分解的数值增长模型。这类模型能够包含各种形式的资本与它们所产生的服务之间相互作用的大量细节。当前真实财富的估计主要取决于给影子价格的赋值，但这些价格的经验基础太薄弱。数值增长模型可用于预测经济的增长路径，以及这些路径对资本存量变化的敏感度。通过这种方式，模型可以更好地评估关键影子价格。这种附加信息将有助于减少真实财富变化的不确定性，并有助于阐明当前消费达到何种水平才会危及子孙后代的生活质量。

（颜超凡　译）

因篇幅所限，参考文献略，特此向作者和读者致歉，有需要者可向《比较》编辑室索取：bijiao@ citicpub. com。

① 许多公共政策的基本原理依然非常强劲，不论真实投资是正值还是负值。从这点来看，我们或可认为，定量真实投资并非十分有用。但真实投资的测量仍然具有很重要的价值。通过提供一个整体的“记分卡”，以记录一个国家是否有足够投资以维持子孙后代的福利，它能够给出一项重要的总结性评估，从而帮助调动起广大公众和政治家们的积极性。

CIDEG专栏

CIDEG Column

编者按：在中国以往的传统教育中，水俣病是作为批判资本主义罪恶的案例。中国进入改革开放以来，水俣病成为经济发展给环境造成污染的公害案例。随着中国高速发展的车轮越来越快，环境冲突越来越严重，我们开始关注日本的水俣，不仅出版了有关环境治理的书籍，《比较》也相继发表了一些文章，特别是关于“日本的公害与治理”。清华大学产业发展与环境治理研究中心（CIDEG），就是根据资助者丰田公司的理念：环境、经济发展和人三者的融合而来的。

2010年底CIDEG联席会提出，怎么才能针对中国——这个崛起中的发展大国——它是否会牺牲社会公平——它能否自觉地保护环境——一旦污染发生，又应该运用什么办法治理环境。考察日本的水俣病，接受他国和历史的经验教训成为CIDEG的重要课题。当下的中国经济发展非常类似日本半个多世纪前的状态，日本战败后百废待兴，人民饥寒交迫，高速发展经济是不二法门，也正是在这一时期发生了集中的公害。中国比起日本，有更大的危险，媒体相对不自由，法律相对不完善，行政部门相对不受约束，公民社会尚未形成，日本的经验可以开启比较借鉴的智慧之窗。

清华公管学院NGO研究所的王名教授同意牵头，组成了“社区环境治理的教训与经验研究——以日本水俣市的工业污染及其社区再生为例”跨学科研究的课题组。2011年11月20日，课题组终于踏上了九州水俣的旅程。行前，时间充裕，功课做足，课题组翻译了近百万字的文献资料，召开多次会议，讨论此行每位课题组成员的工作和担当的角色，前《日经商务》的资深记者田原真司参加了课题组工作，负责具体访问日程、联络水俣病相关人士。水俣病不是狭义上的公害问题，这些与水俣病相关的经济学家、法学家、律师、社会学家、医生、企业家、NGO和NPO、政府官员、媒体记者、摄影家等等，每一个人物在水俣病运动中都有自己的角色，他们大多把自己的一生献给了水俣，他们还在持续为了把水俣病的教训传播给这个世界更多的地方、更多的人而奋斗着。

十天的访问，从没有耽搁，课题组成员汪永晨从之一写到了之九，纪录每天的行程和访谈内容。虽然比起那些以水俣为调查研究对象的日本前辈，课题组只能算是匆匆过客；虽然十天的访问日程极为密集，却只能说是浮光掠影；

虽然这样的“纪行”文章不符《比较》一贯的学术风格，我们还是不忍舍弃这份记录。仅以此为基础，我们加入人物专栏，为的是更加聚焦水俣病运动中的那些勇士。

水俣纪行

汪永晨

一、水俣病：污染与战后日本的民主斗争

美国国会图书馆出版社出版的蒂莫西·乔治的《水俣病：污染与战后日本的民主斗争》一书中有这样一段话：在日本历史上，水俣事件不仅是世界上最糟糕的工业污染案例之一，它也体现了新型公民运动发展的轨迹，体现了社会、企业、国家之间关系的发展，最重要的，它体现了战后日本公民权和民主的重新定义。

2011年11月20日至30日，由清华大学公共管理学院产业发展与环境治理研究中心组织的“社区环境治理的教训与经验研究——以日本水俣市的工业污染及其社区再生为例”课题组，来自学界、媒体和NGO的一行九人，对世界十大环境公害的水俣病发生地进行了为期十天的访问。这个在世界环保史上留有重大教训的公害环境事件被专家们认为：水俣病不仅是一种环境病，一种人类在加速现代化进程中所付出的代价。它也是一个无情的、犯有谋杀罪的企业隐藏罪恶的过程；是各级政府和社会包括科学团体和媒体互相勾结、混淆视听、容忍悲剧的发生并掩盖事实的过程；是当权者施压，反对说出真相和采取行动的过程；是对地方社会发展黑暗面的描述；是主流政治和草根行动的博

* 作者为中央人民广播电台记者，民间环保组织“绿家园志愿者”召集人。

弈；是社会对这些行动和个人的约束；是对“传统的”语言使用、宗教和道德经济概念的坚持和适应。

在中国经济改革飞速发展的今天，日本走过的这一段路，我们正在走着。

今天的中国，媒体报道过的癌症村就有上百之多；在苹果产品中国加工厂工作的工人，身体被严重影响的现状，正在引起中国环境NGO的高度重视，并开始与美国苹果企业总部的人对话。从厦门PX事件中市民上街散步，到康菲石油开采中的溢油，让渔民们开始用法律武器保护自己，这都是今天在中国发生的一些环境公害，它们一边影响着人们的正常生活，一边唤醒着中国公民社会的觉悟。

那么，日本昨天水俣病的发生和产生的影响及可汲取的经验教训，自然也就是中国公民社会、中国环保组织所关注的案例。由清华大学NGO研究所承担的这次考察我们会全程记录，把我们看到的、听到的有关环境污染中、污染后人们的应对、思考与行动记录下来。

事件的发生是这样开始的：

1955年7月的一天，滨元二德从他位于水俣市月浦的家中走向坪谷的小入口处，他家的渔船停靠在那里。他是去把昨天捕到的乌鱼处理一下，然后拿到市场去卖。

“路不好走，旧高速路又浪费时间，所以我几乎每天都沿着铁轨走。突然有一天，当我走到这，我被自己的鞋带绊倒了。”

“真奇怪，我怎么会被鞋带绊倒？”滨元二德想。之后，又被绊倒了一次。中津雄从后面追上来说：“二德，你怎么了？样子这么滑稽。”滨元第一次感到身体麻木并且双手颤抖得厉害。

中津说他也有相似的症状，并建议一起去看医生。他们去了一家当地的诊所，一位市川医生给他们打了针开了药，说他们是因为高温下劳累过度导致的，要他们吃些有营养的食物并在阴凉处休息一周。当他们被要求写下自己的姓名和地址时，中津发现他已经抓不住笔，不能写字了。滨元几乎也不能写字了。他们问医生什么是有营养的食物，“他说有很多种，吃我们自己喜欢的就行了。我是个渔民，我们能打渔，我也喜欢吃鱼，所以回去后每天我就吃很多生鱼片，然后休息。”滨元说。

一周后，滨元的情况更加恶化了，麻痹感遍及全身。中津的视力下降，以至于他在公车上掉了一个 10 日元的硬币，都无法找到。两个月里，滨元和中津不停地看医生，一家接着一家。

1952 年或者 1953 年起，周围年轻人的组织就开始抱怨工厂里的“坏水”。乌鸦和海鸥也不断死亡。再早一些，在小渔村，海滨沿岸的松树开始变黄枯萎，并且造成鱼量减产。

猫身上也发生了可怕的情况。它们常常会疯狂“跳舞”然后死去。在 1953 年和 1954 年，滨元家就死了三只猫。1954 年 8 月，《熊本日日新闻》的报道中提到，一位茂道村的居民要求该市卫生部门帮助处理鼠患，由于猫的死亡，鼠的数量大增。在这个有 120 户家庭的小村庄里，两个月内大约死了 100 只猫。村民们从外面新带回来的猫不久后也开始不停旋转然后死去。从 1953 年到 1956 年，在患有水俣病的病人家中，61 只猫里死了 50 只。这种病同样对人有影响，虽然在 1956 年前，大家都像滨元一样被误诊。滨元的一个邻居在 1953 年出现了走路和说话障碍，死于 1956 年 3 月，当时只有 8 岁。

《水俣病：污染与战后日本的民主斗争》一书描述了水俣病的三个应对阶段：

第一阶段从 1956 年发现该病开始，到 1959 年部分解决方案的出台。关于疾病，潜在的不便和为难的争论被地方精英们压在手里，没有上升到法律和国家层面，这种不便和为难，不仅仅针对窒素公司，对于想要庇佑战后日本经济高增长计划的政府部门领导们来说，也是一样的。第一轮应对的“解决方案”，包括对受害者的“同情”补偿，对渔业合作社的少量补偿，但没有出台清除汞的污水处理设施。该解决方案标志着一个阶段的结束，这一阶段以科学家们查找病因，化工厂隐瞒情况，受害者得到补偿以及政府暗地解决为特点。整个事件似乎从未得到国家的重视。

1959 年后，日本和水俣发生的巨大变化——该市对窒素公司忠诚度的降低、日本经济的快速增长、新左派势力的高涨、公民组织的成熟以及其他地区出现的污染公害疾病，瓦解了第一阶段的解决方式，并推动成立新形式的组织，采取新行动。60 年代末 70 年代初，由于水俣病和其他一些出现在日本的环境病得到了政府迟到的确认（窒素公司排放的甲基汞正是造成水俣病的原因），民众的政治参与变成可能并且愈加积极。水俣事件在没有反对党利用和官方协助的情况下，得到了全国范围内的支持和重视。在第二阶段中，一些受害者及其支持者得到了更加完整和公平的对待。一些人起诉了窒素公司，一些人要求与公司高层直接谈判。总之，他们既赢得了金钱补偿，又使公司在法律层面承担了相应的责任。

但问题依然存在，许多受害者没有得到确诊的认定，因而无法获得赔偿，政府责任的问题始终没有得到解决，社会对受害者的歧视和迁怒始终存在。第三种“完全解决方案”始于1995年和1996年，许多未确诊认定的患者得到了补偿，但这一解决方案仍然没有涉及政府的法律责任，部分受害者也仍然没有得到补偿。

在日本历史上，水俣事件不仅是世界上最糟糕的工业污染案例之一，也体现了新型公民运动发展的轨迹，体现了社会、企业、国家之间关系的发展。最重要的，它体现了战后日本公民权和民主的重新定义。

水俣病在日本，不仅仅是高速增长下的一个社会阴暗面，是公民运动的绽放，还是一出贫穷的受害者反抗只在乎权力、利润、增长及稳定的企业和国家的道德剧。它不仅仅是现代化所付出的社会代价，同时也是一场定义平等与公正的斗争。水俣事件是日本人民不断修正那些不被他们认为是公民权、公民社会、公共空间或者简单说就是战后日本民主的最好案例。民主是一个过程，大部分是在进化而不是改革。

蒂莫西·乔治说：一个社会对环境灾难的应对极大程度地体现了动用什么样的资源去寻找原因并进行制止？如果犯罪者想阻止被检查或被罚，他们有着怎样的联盟或者权力？有多少受害者被发现，对于他们的补偿是否公平？特别对于水俣，受害者要想获得公正的对待，他们手里掌握着哪些资源？他们有何种历史遗产可以利用，有哪些支持，以及这些应对该如何随着时间变化？

这些是日本的历史，有不少却是中国的今天。污染者有污染者的智慧，受害者有受害者的资源。如何把历史的经验让今天的我们知道，并站在他们的肩膀上应对我们的今天与未来，这次考察我们要了解得更多，更多，然后再通过我的笔和镜头与更多的人一起分享。

二、和水俣病患者近距离接触

2011年11月21日上午，在清华大学NGO研究所王名的带领下，我们一行人来到了水俣海边。站在写有水俣填埋地的大牌子下仰望时，我想每个人心里有的一定不只是追思。

水俣填埋地与不知火海对岸中的恋路岛

面对不知火海和恋路岛的水俣埋立地

现在每年的 5 月 1 日，日本人都要在这里追思因发展付出代价致死的人们。在这里，当年被污染了的大海如今被两层海泥和山土所覆盖。堆出来的山坡上有大约 50 尊神情各异的小雕塑，石像面朝大海，都设置在亲水护岸这儿，这是已故本愿会田上义春会长的成员制作的，目的是将水俣病的悲伤回忆与痛苦寄托于魂石（石像）来祈祷，让更多的人了解过去。

思念

水俣埋立地上的祈祷魂石群像

孩子们折的千纸鹤旁的警钟边有两个小木槌。我们敲了一下，那绵长的钟声回响在海天之间；孩子们折的千纸鹤挂在这里，是祈福还是苦苦的回忆？还有那海边的“心”下面写着的“恋人圣地”，这样的圣地给人的遐想是甜蜜吗？这些都在提醒着我，此行我要为自己头脑中的这一个个问号寻找答案。

警钟

到水俣参加环境游学的学生折成用来慰灵的千纸鹤

看了让人心痛的恋人圣地

水俣市立资料馆

离开被填埋的海边，我们走进了水俣资料馆。

水俣资料馆旁边的高处是水俣纪念广场，于1996年水俣病被正式发现40周年之际建造而成。设计师是意大利的朱塞佩·巴罗内（Giuseppe Barone）。这一占地面积约3 000平方米的大型雕塑群，伫立在可以看见不知火海的地方，来访者在此回想过去，向着明天祈祷。被我们称为生命之门的“祈祷的喷水池（玻璃的喷水池）”高5m，宽3m；而那直径40cm的108粒不锈钢球被我们看成是“水银”球，也是“子弹”，从1997年吉井正澄市长主持道歉的祈福会以来，每年的5月1日都会在此举行水俣病牺牲者祭奠仪式。这里是经历了灾难的人，用一种艺术的、夸张的、象征的描绘在警示人们。这里也是今天水俣环境教育学习的必游之地。

在水俣资料馆，我心中原有的问号成了我太多的没想到。我没想到，今天水俣资料馆的馆长坂本直充就是一个在妈妈肚子里被感染上了水俣病的患者。

我没想到，身体受到了如此摧残的他，竟然没有申请国家赔偿，没算在被确诊的水俣病患者中，

只因为他的父亲当年就是那家污染工厂的职工。活了 92 载春秋的父亲 2010 年去世了。馆长说：我要开始申请赔偿了。1954 年出生的馆长，为父亲所在的工厂已整整付出了 57 年的代价，并一直活在相当于隐姓埋名中。

向参观者介绍水俣病的馆长

水俣病人发病时“抠出”的墙

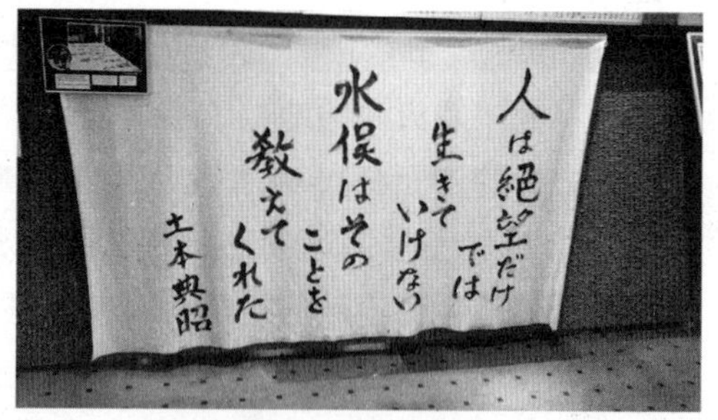

土本典昭在 2005 年写下的横幅：“人只是绝望不能生活，水俣如是说”

专栏一　土本典昭

土本典昭（Tuchimoto Noriaki，1928 ~ 2008）被称为“日本的良心”。“电影应该是为人们思考提供的一个工具，通过看电影促进思考，在思考中进一步体会电影的内容。”

从1971年来到九州的水俣，他拍摄的《水俣病：受害者的世界》，以日本29个家庭控告日本窒素公司的事件为主轴，受害者家属控诉公司排放的污染，让他们遭受失去亲人的痛苦。片中拍摄的水俣病患者的悲惨生活和政府保护室素公司的恶行，强烈地表现了土本典昭伸张社会正义，对弱势者始终如一的关怀，对日本甚至是全世界的纪录片工作者产生了深远影响，也成为许多纪录片拍摄者的启蒙。他拿起摄像机，和人们站在一起，凭着批判力与勇气，一生持续拍摄了17部水俣系列纪录片：《水俣病：受害者的世界》（1971）、《水俣报告系列》（1973）、《水俣病起义——寻找生命意义的人们》（1973）、《医学意义上的水俣病》（1974）、《不知火海》（1975）、《水俣日记》（1995）等。这奠定了他在日本纪录片史上不可动摇的地位，也使水俣的不知火海成为全世界巨大的公害象征。“如今，全世界都面临着严重的环境污染问题，无人能够置身事外！”土本典昭这样说。

2008年6月4日，土本典昭在即将迎来80岁生日的时候，因肺癌在日本南房总——一个靠海小镇——的临终关怀医院去世。根据土本生前遗愿，骨灰撒入其魂牵半生的水俣的不知火海。

我没想到，从1953年发现水俣病到现在已有59年了。在那场人为的灾难中，到底有多少人付出了生命，付出了健康，付出了他们本该有的权利，甚至改变了他们的一生。

我没想到，在水俣当了16年市长的人，也正是那家污染企业的厂长桥本彦七。他分别于1950年、1954年、1958年、1962年以及1966年，合计五次成为市长候选人，其中除了1958年落选以外，其他四次最后均当选。他直到下台，也没有改变维护工厂的利益高于维护事实，维护他自己的地位高于维护受到严重伤害的人们的无辜与自己的良知。

我没想到，在这场如此大的人祸面前，站出来为自己讨个公道的是少数人，大多数人躲在家里生怕别人知道。为的是他们不要歧视，他们要结婚，他们要生子，他们打的鱼要卖出去。

我没想到，一个人为了尊严可以付出那么大的忍耐。

我没想到，20世纪50年代发生的灾难，已经到了公元21世纪的今天。60年代患水俣病的潜在患者已知的有6万之多，被确认的却只有2 273人，以至于我问了坂本直充馆长好几遍来确认自己是不是听清楚了这个让我无法相信的数据。

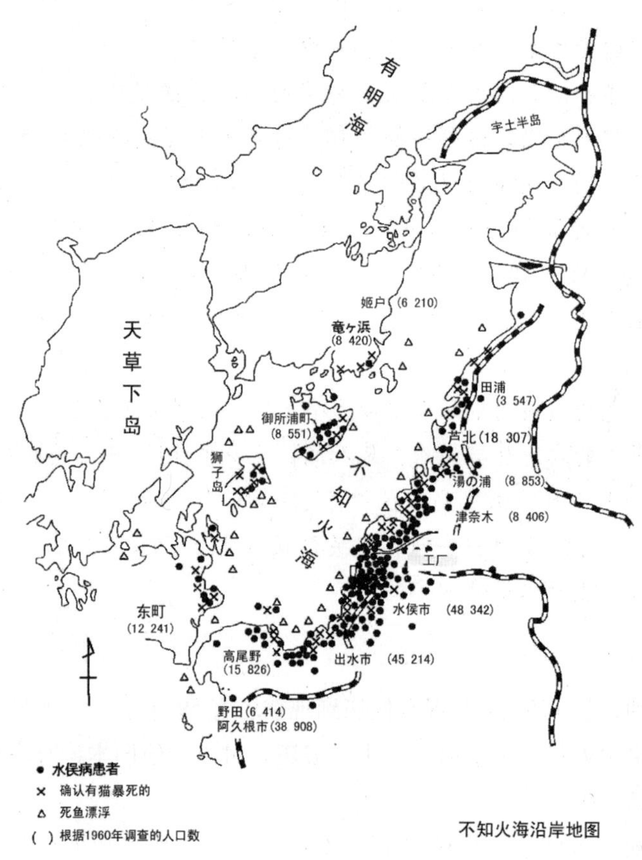

1960年的调查

当时，“窒素”是日本四大财团之一。今天的“窒素”人说：在发生的结果面前，任何辩解都是行不通的。历史会告诉我们。在水俣，除了有政府办的资料馆，如今也有民间的吉永利夫们办的考证馆。为的都是让人们记住昨天，并从昨天走向未来。

熊本学园大学水俣学研究中心

11 月 21 日，离开给了我那么多不相信的水俣资料馆，我们来到设在水俣市的熊本学园大学水俣学研究中心，原田正纯医生向我们述说了他作为一名医生在这场灾难后是如何站出来履行医生职责的。

专栏二　原田正纯

1934 年出生于鹿儿岛县，1960 年毕业于熊本大学医学部研究生院。这位水俣病支援者中的“教父”，被日本媒体称为“巨人”，因为是他构筑了水俣病是世界上最大、最恶劣的公害的观点。自水俣病发生以来，他一直致力于水俣病的研究，持续每年对多数居民进行自主诊断检查。就医学层面来说，原田最大的贡献是证明水俣病可以通过母婴传播，即水俣病人中存在胎儿性患者。他一直牢记前辈细川医生的话“亏欠患者的有很多”。因此，他不仅是以医生的身份参与水俣病，更是以人类的身份来关注水俣病。他认为，水俣病不只限于医学领域，法学、社会学、经济学方面，都有研究的必要。“面对无法治愈的疾病时，医生能够做什么呢？”原田正纯想建立“水俣学”研究，创立一种体制以推广水俣公害的教训。他毫不留情地批评行政力量在水俣病发生和认定过程中的种种失误，他在世界上名声越来越大。1994 年，原田正纯获得了“联合国环境全球奖”。此后，在各种努力之下，终于在熊本学园大学设立了“水俣学研究中心”，而原田正纯被任命为中心主任。现在的原田正纯老而弥坚，依然坚持为水俣那些未认定的患者奔走呼号。他这位理想主义“巨人”走的是“到实践中去”的路，在现实生活中找到自己的位置。正是因为有他们的实际参与，水俣病越出了医学层面，成为一场社会运动。他所著的《水俣病》和《水俣病没有结束》一版再版，是了解水俣病和水俣学的重要文献。

原田医生说：1976 年他就到中国做过有关水俣病的演讲。

原田医生说：2011 年日本的地震是天灾，也是人祸。可是到目前为止，并没有很好吸取水俣病的教训。天灾人类不可抗拒，可在水俣的天灾中，现在开始看到了公害因素。食物链的问题随着时间的推移，会越来越显现出来。

原田医生说：这样的灾难，总是发生在离自然最近的地方，发生在最穷的地方，这几乎成了规律。

原田医生说：水俣病没有被确诊时，他和记者们挨家挨户去访问，去发现。可是渔民不欢迎他们，怕消息传出去后鱼会卖不出去。

当年窒素公司含甲基汞污水的百间排水口

原田医生说：水俣市 50% 的税收来自这家污染企业。政界、学界都在向我们这些不顾一切去走访、去调查、去证实病因的医生施加压力。

原田医生说：在这场大灾难中，日本政府采取的办法不是去调查，而是个人申报。从 1953 年发现，到 1960 年没有人再去申报时，政府就认为这场灾难过去了。到了 70 年代，竟然就说没有新的患者了。

原田医生说：患者都到哪儿去了，藏在家里。

原田医生说：水俣病患者都是吃了鱼的人。当在孩子中发现水俣病时，他们才修正了以前认为胎盘可以保护胎儿的认知，他们发现毒素可进入胎盘。

原田医生说：他最后的突破口是在自己的女儿降临后发现的。在日本，母亲有收藏脐带的习惯。在征集了无数脐带后，原田告诉人们，子宫是培育胎儿

医生与专家走访水俣的村子，左为原田正纯（原田正纯提供）

生出来就是小患者的家庭极为贫困

水俣病的温床。

原田医生说：1963 年发生水俣病后，当地政府制定了强硬措施，并对怀孕妇女说不许生孩子。很多孕妇为此打胎，失去了做母亲的机会。

从水俣病被人类确认到今天，原田医生不离不弃地用自己做医生的良知，为水俣病患者讨着公道。他坚信水俣病是环境公害，政府应负有不可推卸的责任。要想改变这一不公，只有一个办法，就是提起诉讼，获取国家和企业的赔偿。

帮助患者的萤之家

我们的车开到这里时，我隔着窗子举起了相机，我觉得家要是住在这里就挺惬意。哪想到我们的车就停在了这儿，我被告知这里就是我们下午要走访的地方，水俣萤之家。这里于1996年成立，现有7位工作人员，是20位能得到帮助的水俣病患者的家，其中有10位水俣病患者是要这里的工作人员去家里护理的。

萤之家

专栏三　谷洋一

谷洋一出生于福岗县，大学时代的他为了支援水俣病患者，来到水俣。现任水俣病互助会事务局的会长，也是萤之家的创办人，专门负责患者的交流和生活支援工作。几十年来，他参与了水俣抗争中的许多活动，包括1970年11月28日大阪的“股东总会”交涉。谷洋一先生除了全力支援患者，不认同水俣病已经结束的那些纪念活动，继续为患者争取权利，还认为应将水俣病的教训传递到亚洲那些经济发展中的国家。他组织了亚洲和水俣网络会，对中国、越南和印度等地进行访问和交流。

在原田正纯医生的陪同下，我们在萤之家先听了谷洋一先生对水俣病患者的介绍。我们见到了胎儿性患者，与水俣病同年的象征者坂本忍。1956 年，坂本女士的女儿出生后不久，她就面临了女儿从不能走路、不能说话、不能吞咽到一年六个月后死亡的现实。随后家里有了四个水俣病患者。在确认女儿到底是得了什么病的过程中，坂本没有像一般人那样躲在家里不敢出来。她说女儿都成了这样，我还怕什么。她们家现在靠国家赔偿度日。有人问过她，你是要水俣当年的发展，还是要家人的健康。这位妈妈说：我恨让我的家人生病、死亡的发展，我恨氮肥厂，它毁了我的家。

坂本女士现与患有水俣病的二女儿一起生活。坂本女士的二女儿坂本忍 5 岁才开始说话。从医院里去的小学残障班，吃力地上到初中。现在生活基本不能自理，要靠已经 86 岁的妈妈度日。

与水俣病抗争几十年的 86 岁高龄的坂本女士

水俣病的象征坂本忍

坂本女士说：即使她的家成了这样，当时在是不是要诉讼这一点上，家里人的意见也是不一致的。当时的水俣分成很多派，有要和解的，有要谈判的，有要赔偿的。即使现在，她坚持向政府讨个公道的做法依然受到争议。

我们问为什么？她说，要发展，要生存，要面子。

坂本把“人的生存权利”放在一切之上的做法让人敬佩。当她和不怕打击的人们一起到东京找总公司领导讨公道的时候，公司第一把手亲自把巨额赔款递到她的手中；而她一把就将钱打掉在地。她说我要的是我家人生存的权利，我要的是迫害我们的人站出来向我们道歉。我们坚信，50 年代发病的这一群体到了 70 年代的统计数字还是 120 人，就是政府的失职，是企业的耻辱。

10 万人的问卷调查，只发现十几个人，这种摆姿态的调查我不相信。

现在，一个中等程度的水俣病患者一年能拿到 70 万日元的赔偿，折合一个月 5 000 元人民币。坂本母女就这样生活着。

虽然当年有 4 000 人的窒素氮肥厂，现在只有 500 人，但是大街上的大牌子依然写有：没有氮肥厂就没有水俣发展。

水俣协立医院

藤野纠曾是水俣协立医院的院长，现在是名誉院长。他是一个坚定地让政府认定水俣病的身体力行者。他曾参与过我国松花江水污染的治理。他们以医师团的形式支持受害者的诉讼。他说，在他们为此努力的过程中，常常听到这样的说法：孩子睡了不要叫醒。而他则认为，到现在国家还没有对污染进行全面调查，他们的奋斗就远没有结束。

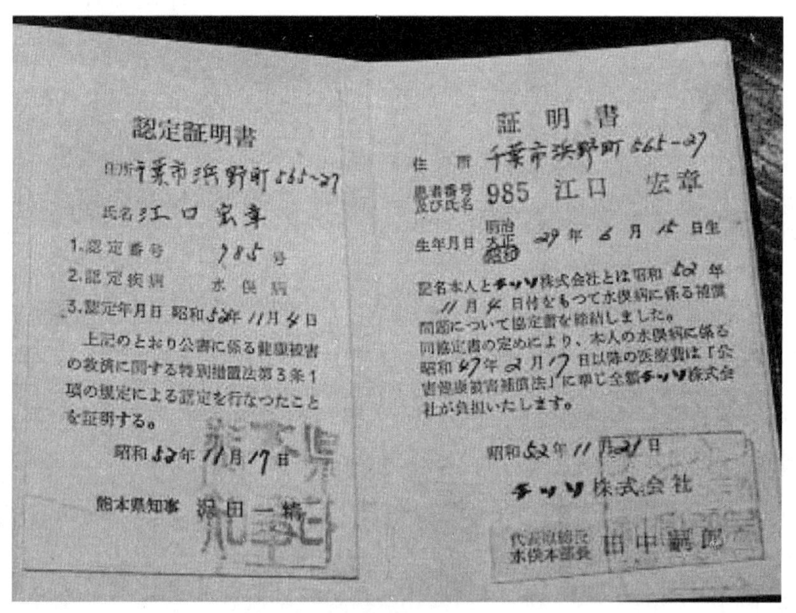

認定証明書
住所 千葉市浜野町565-27
氏名 江口宏章
1.認定番号 785号
2.認定疾病 水俣病
3.認定年月日 昭和52年11月4日
上記のとおり公害に係る健康被害の救済に関する特別措置法第3条1項の規定による認定を行なつたことを証明する。
昭和52年11月17日
熊本県知事

証明書
住所 千葉市浜野町565-27
患者番号及び氏名 985 江口 宏章
記名本人とチッソ株式会社とは昭和52年11月 日付をもつて水俣病に係る補償問題について協定書を締結しました。同協定書の定めにより、本人の水俣病に係る昭和47年2月17日以降の医療費は「公害健康被害補償法」に準じ全額チッソ株式会社が負担いたします。
昭和52年11月21日
チッソ株式会社

水俣病认定书

53 年来，藤野除了让政府确认水俣病的发病原因，寻找、帮助受害者以外，就是大声疾呼警惕慢性微量中毒。现在这种患者的发病率在逐个显现，不仅在日本，也在全世界。

清华大学 NGO 研究所所长王名在我们对第一天的访问发表自己的感慨时说，日本医生站在为受害者伸张正义的第一线，令人可敬可佩。但是，环境问题应是预防，进入诉讼阶段不仅是滞后，而且是问题已经到了不可救药的地步。而中国目前的很多环境问题从一开始就有媒体的介入，呼吁信息公开，从整体来讲是进步。

对日本水俣病发生地的采访第一天，我们就已经发现一个污染事件的复杂性，这一复杂不仅是经济问题，还是社会问题、文化问题的交织。每个人都是多层的矛盾体，每个人站在不同的位置就会有不同的行为和举止。这对中国目前的发展是否有借鉴，我们还会在未来几天的访问中去挖掘、去体味、去思索。因为这决定着我们自己的行动和我们国家的命运。

三、日本的乡村生活博物馆

作为世界十大公害之一的水俣病，有人这样评价：日本的水俣病就是日本高速发展的一个缩影。

日本记者田原真司负责我们此次日本水俣行的日程安排，包括与各方关系的协调。他说：水俣病不仅给日本、给水俣留下了教训，也给水俣留下了人才。近 60 年来的经历，确实让水俣人付出了沉重的代价。但是，也是在近 60 年来政府与企业、政府与市民、企业与市民之间的交易与妥协中，不论是哪一方都成长了一批应对这么复杂问题的领头人和参与者。这样的结果今天也被说成是：日本的发展，日本的环境保护，从水俣病中吸取的教训，是可以随处看到的。

水俣市的大川地区曾经也是水俣病的影响之地，可是这里并没有水俣病患者的记录。受不了歧视，怕影响了自己平静的生活，都是“隐姓埋名”活着的缘由。也是为此，即便身体上有所不适的人，也不想精神上再有压力。这一点如果不是与这些人近距离接触是无法理解的。

2011 年 11 月 22 日，带我们一起走进大川地区的熊本学园大学宫北隆志教授是日本研究地缘学的专家。他告诉我们，当年这个小山村产粮食，也有一个小火车站。他们种的粮食作为商品运出去后，海边的鱼也通过火车进到了这里农家的餐桌上。那些被污染了的鱼，也就以这一途径把其经过消化浓缩了的汞带到了这小小的山村。

今天小山村的空空荡荡倒不完全是因为这里曾经是水俣病的发生地，而是和中国一些农村差不多的原因，壮劳力都到外面找生活去了。

宫北教授带我们来之前告诉我们，他在这里每年投资 7 000 日元让农民在稻田里养鸭子，而农民每年给他 5 斤大米。在这种交换的同时，以地缘学为理论基础的大川地区全村生活博物馆也在这里办了起来。

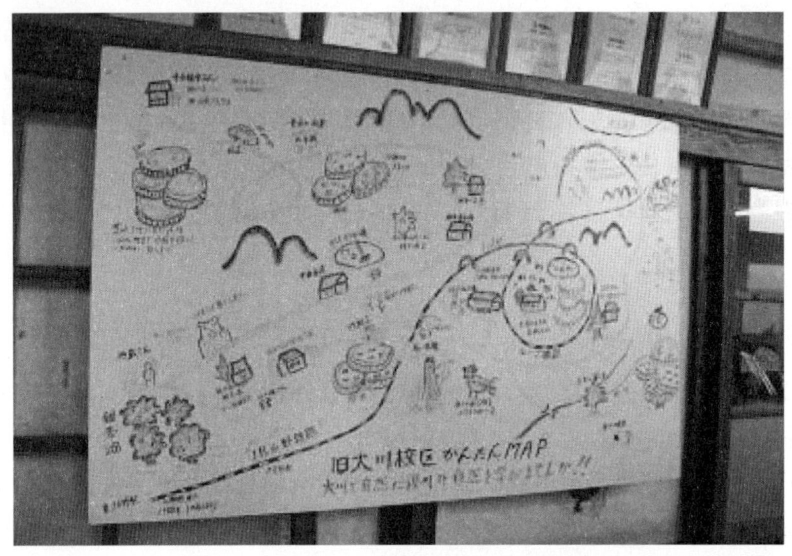

日本水俣市大川“新农村”游览示意图

在曾经是水俣市久木野小学大川分校区，现在是全村生活博物馆里，吉井惠理子告诉我们，这个叫中小场的小村庄现在孩子只有两个，30 岁以下的一个，像她一样 40 多岁的两个，其余都是 50 岁以上的，其中 75 岁以上的有 35 人之多。

建立文化生态区，从地缘上讲，就是要关注乡下，让这种关注有特色地走到每一个角落，宫北教授说这些时，对小山村充满了感情。这大概也是地缘学的特色，地与人的神交，这是我一直以来对地缘学的理解。

吉井在我们一走进农村生活博物馆后就告诉我们：过去当地人会说我们这种地方啥都没有。可有了博物馆后，我们发现有日本特色的还不少呢！当地的厨师、做泡菜的高手都是难得的工匠。我们普通人的生活不就是由这些组成的吗？

吉井说，现在博物馆里像她这样叫学艺员的有三个，工匠有 13 位。自从留在村子里的人在农村生活博物馆里找到了自己的位置后，自信心大大地提高

曾经是学校，现在成了博物馆的墙上是前来参观的人拍的照片与介绍

生活博物馆里吉井惠理子在讲解

了。学艺员和工匠们都有政府颁发的正式证书，自信心让他们在有人前来参观时，会以夸张的介绍让人们对他们生活的地方，对他们的文化和他们慢生活的方式与健康的相互关系有所了解。

“我们非常简单地印了2 000本有当地特色的食谱，500日元一本。报纸上介绍的当天，就来了500份订单，一下子让我们手忙脚乱了。这让我们看到招回年轻人的希望。我们这一地区现在有四个这样的博物馆，它给了我们信心。”“信心”这两个字，在吉井的介绍中是一再地被提及的。

现在，来这里参观农村生活博物馆的人要付导游费1 000日元（折合80元人民币），在这里吃饭，尝尝厨师这一工匠的手艺，一顿要付1 500日元。进入11月以来，30人一团的旅游团都来了不少。

这一收入，让全村生活博物馆存折里的钱在增加着。我问吉井，你们打算用这些钱做什么，会分了吗？她说要干的事很多，厨房旧了要维修，还想办个加工厂。现在来的人多了，我们在骄傲的同时，也觉得有了更多的责任和压力。现在35位75岁的老人中，有五名工匠，白野猪名人、编织名人、竹艺名人，我们怀抱的希望是我们越办越红火，让年轻人回到家乡来，他们是我们的未来。

在日本，学校就是临时避难所

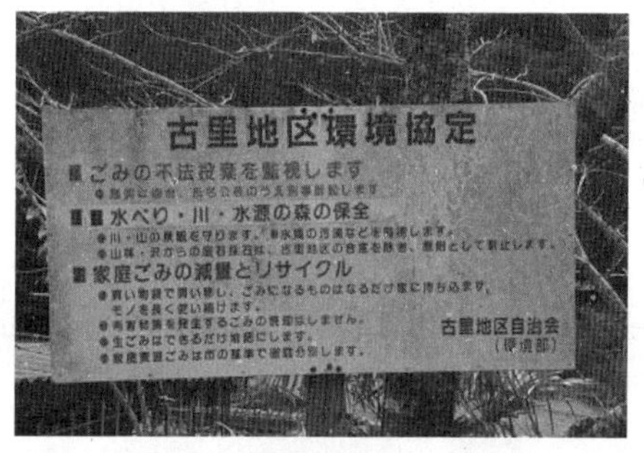

环境协定

听吉井说时，我们一行人就迫不及待地希望尽快体验她这个学艺员的导游，到这个小乡村生活博物馆的实景里去走一走，看一看。

一进村，我们首先看到的是村子里的垃圾站、学校临时避难所、环境协定。随处乱扔垃圾的现象没有看到，甚至一丁点也没有。

村里的垃圾箱

吉井边走，边讲，还边出问题考我们。她的第一个问题就和水有关，她问我们，村里的小溪在下面，田地在上面，我们的田完全靠大自然浇灌，你们说水是怎么流到地里的。我的回答是上面有个蓄水池。我已经有了固定的思维模式，光靠大自然吗，人总是要做点什么的。

村里还有那么急的小溪，以至于吉井问，你们敢去吗？到了水边我们找到了答案，小溪是从山上流下来的，只要“限制”一下，它们就可以流到需要浇灌的田里。

一些快失传的工艺，在这样的农村生活博物馆里又悄悄地被拣起来，吉井说。现在村里，会做石墙的只有两位85岁的老人，村里也找不到想学的人。来农村博物馆参观的人里，没准就会有对这技术活感兴趣的人呢，吉井说。

村里有一个庙，过去有村规约，全村的人轮流做饭上供。随着村里日渐萧条，这一做法已经停了好久了。可自从有了农村生活博物馆，这一传统又被重拾起来。

我们吃的那顿中饭就是这些有厨师工匠证书的大妈做的

有意思的是，我们吃饭时，吉井站在屋子里的黑板前，说她刚才回了趟家，和父亲说起她向我们的介绍，父亲特意让她再来给我们说说她漏掉的。

这么重要的话，吉井写在了黑板上。用日语写出来，有些时候我们中国人

父亲的忠告

能猜出个大概，而吉井写的话，我们百分之百能看懂，我写在这里："住民参加，行政参加。"

前市长提醒的"住民参加，行政参加"这二者的结合，就是今天农村生活博物馆的宗旨。我没有问过前市长，但从他让女儿特别回来和我们重申，我猜想这应该是兴起农村生活博物馆人的追求。再往前想想，是不是也是前市长在水俣执政后的经验之谈呢？

专栏四　吉井正澄

在历任市长之中，他是第一个向受害者谢罪的。在患者和市民对立的水俣市，他提出了"共同改正"的理念。

吉井正澄出生在水俣市山间部分的久木野地区。吉井是农民家的长男，为了让弟弟们能上大学，他从农业高中毕业后就放弃学业，继承家业林木经营，由于经营有成，还获得了农林水产大臣奖。1975年，他当选水俣市议员，1994年当选市长。就任市长后仅仅两个月，吉井正澄市长在5月1日主办的水俣病牺牲者慰灵仪式上，向水俣病患者道歉。媒体的标题新闻都是《水俣市长初次道歉》，当时遭致各种威胁和批评，但吉井市长始终十分坦然地处理日常工作，会见受害者团体的相关人士。吉井就像交涉专家一样不停活动，在国家与受害者团体之间重建了信赖关系。吉井认为："总之，在水俣病问题中，这次道歉是一个巨大的转机，这一点是毋庸置疑的。"

如今的水俣，作为屈指可数的生态城市，已经世人皆知。吉井市长开启了垃圾分类运动的先河。吉井想的是如何将公害起点的水俣市建设成模范的环境都市，"这是水俣市生存的唯一道路"。吉井退休后回归故里，在水俣病50周年之际，环境省设立了水俣病问题的"有识者会议"，吉井当选为委员。

离开中小场这个小村庄，宫北教授带我们到了水俣市的山上，他告诉我们从这个制高点可以看到水俣的全貌。这里至今还留有人们对当年的回忆及今天还在继续着的诉讼证据。

眺望被埋在海里的污染地

宫北教授从地缘学的角度解读水俣病，他关注的是被污染地及利益各方的地域关系、人际关系。听他讲这些时我在想，如果我们关注的怒江也用这种地缘学的方式去研究，去分析，去行动，又会是一种什么趋势呢？

离开远望的大山，宫北教授又带我们去了当年窒素氮肥厂的排污口。站在排污口前，宫北教授说，当年有三分之二的污水是从这里排出来的。渔民的船从这里经过时，船边的小贝类统统死掉了。开始他们还挺高兴，这样就省事了，不然清理船边的这些小东西也不是件轻松的事。后来得知是被毒死的，他们开始着急。再后来排污口被移走了，这些被污染的水也随之转移并扩大。

世界十大公害水俣病的“来源”百间排污口

百间排污口旁的沉重悼念和水俣病最激进的斗士川本辉夫的格言：水俣病事件中的事发地是“镇魂之圣地，遗恨净土之地，恸哭永远之地”（图左）。不需要翻译就能感同身受。

专栏五　川本辉夫

水俣病患者“自主交涉派”代表人物。1931 年出生于水俣市月浦。1948 年，从町立农工学校中途退学。1955 年左右发病。1956 年结婚。1965 年看到重症在身的父亲。1968 年进行认定申请。1970 年，对于认定申请被再次拒绝而开始请求行政不服审查。1971 年，川本辉夫和佐藤武春二人带头向窒素公司要求赔偿，川本辉夫带领“自主交涉派”患者们在公司门口静坐抗议，时间长达一年零九个月。1971 年，川本带领自主交涉派在窒素东京本社门前静坐示威一年零八个月。1973 年与日本氮肥公司签订赔偿协定书。此后还进行了多次诉讼，为未认定患者不断活动，从未屈服。1983 年当选为水俣病患者联盟委员长。1999 年因肝癌去世。

站在这个引起世界震惊，也让一个污染事件官司一打就是 60 个年头的发生地，宫北教授说了这样一番话：灾难总是发生在离大自然这么近的地方，总是发生在最弱势的群体中。水俣病这样的灾难，还在这样的地方、这样的人群中继续。

水俣环保局

水俣市环保局是今天我们走访的最后一站，也是这两天我们访问的单位中最冷的。我们的翻译神崎龍志说，如果夏天到政府部门去，那会是最热的地方。这都是日本政府节能政策规定的，空调温度夏季在 28 摄氏度，冬季在 18 摄氏度。

在环保局，除了这几天听到的水俣病被确定原由的复杂以外，我们还听到这样几个数据，当年水俣市的人口是 5 万多，现在只有 2 万多了。我们窗外的学校因没有生源也关了门。现在当地老龄化程度高达 30%。在水俣的税收中，窒素公司的贡献占 48.3%。

在提问的环节，我问这位课长：当年的市长站在工厂一边，以你自己的理解，应该吗？

“当时正是水俣经济腾飞的时候，政府和议会站在窒素公司一边是必然的。不过后来市议会还是向国家提出了禁捕区。国家没有及时采纳，使得事态扩大，正说明了问题的复杂性。复杂的问题，处理起来当然不仅有一个答案。”我听懂了这位环保官员的话中话。

“1992 年我们发表了环境宣言。

现在每年的 5 月 1 日，也就是发现第一例水俣病患者的那天，我们有慰灵仪式。

2008 年水俣被评为环保模范城市。

现在我们的垃圾被分为 24 类。开始这种分类也让中小学生参加。现在每天不同地区，不同垃圾的分类也成了人们交流的一个场所，其作用已经超越了环境保护。”

我喜欢这位领导的直率，也对日本今天水俣病所导致的复杂，有了畏惧和要面对的双重心理。

四、记者在水俣病报道中的职责

2011 年 11 月 23 日，我们乘新干线到了熊本，走进了熊本日日新闻社，今天我们要访问的是多年来一直以媒体人身份密切关注这一事件的资深记者高峰武。

因为在中国的环境保护中，媒体一直是一支特殊的力量，既以手中的纸笔、话筒、镜头给力，也以民间的身份投入一些具体的保护运动中。所以，在水俣病事件中，日本的媒体扮演的是什么角色，就成了此行我最希望寻找的。

在《水俣病：污染与战后日本的民主斗争》一书中有这样一段：1959 年日本《朝日新闻》发表了一则报道，内容是关于他们的实验结论，这则报道是整个水俣事件中最大的一篇新闻材料。《朝日新闻》泄露说，熊本大学的北村等三位教授将要宣布，通过“科学分析，临床试验和病理观察”后，“最终证实”有机汞就是致病因。文章说，教授们认为汞是由窒素公司排放到海里去的，并且在鱼和贝类的体内转化为有机汞。

为了应对《朝日新闻》的报道，窒素公司高层开了一个紧急会议。尽管细川一医生为他们解释了医学院研究人员的研究，但没有人愿意相信大学科学家们的解释。

《熊本日日新闻》发表社论，文章中提到“因为水俣的窒素工厂用汞做催化剂是一个事实，并排放在废水中，所以我们毫不怀疑工厂的废水就是导致水俣病的原因”。两个月后，同样是这份报纸，在另一篇社论中写道：“在现阶段，还不能确定窒素公司就是水俣病的致病来源。”

窒素公司又在1959年7月和10月间制作了4本宣传册，试图打击有机汞理论。窒素的两个主要策略，一是以自身科研条件和能力的优越来质疑大学科学家们，二是把每一种可以质疑汞理论的论点都摆出来，即使它们之间有的也互相矛盾。这些对策使人们想起熊本大学在汞理论之前也曾怀疑过的其他物质。

高峰武向我们讲述他们报纸和他本人在报道这一事件中的立场和做法时作出的这样一个判断，对我们一行人有着非常深刻的启发：政府从水俣病发生以来不懂装懂就制定政策并加以执行所带来的结果是最坏的。这一点在2011年日本地震后的核泄漏事件中再次体现。

做了39年记者的高峰武和我们说：我们天天都有各种苦恼，作为记者，我曾和一位政府官员一起在媒体上争论国家与个人间的关系。

这位官员认为我们这个社会就是应该少数人的利益可以被牺牲而服从于大多数人的利益。以此推论，虽然水俣病严重影响着一些人的健康，但水俣地区的经济发展才是第一位的。高峰武与之论争的观点是，少数人的利益为什么要服从大多数，每一个人的利益都是重要的。因此，即使窒素公司为水俣的发展作出了重大贡献，也不能以牺牲少数人的健康为代价。

作为媒体从业者，高峰武在自己的报道中重视事态渐进的变化。他认为水俣病的问题至今仍没有结束，问题还在继续发生着。

有意思的是，与高峰武的观点有着激烈碰撞的这位官员，后来自动离职后成了一个小保健所的所长。他在公开场合不断强调：“窒素是我本人”。此话的含义为，水俣病的制造及事件的发展是极为复杂的，我本人在面对这一复杂时，也是复杂的。

高峰武说，窒素氮肥厂，当年天皇都来过。那时没有新干线，下了火车后，红地毯是一直从车站铺到工厂的。可见它在日本经济发展和政治上的作用。东京大学学技术的最好的毕业生，去向都是窒素氮肥厂。日本环境省曾大力反对世界卫生组织把幼儿毛发中的汞含量从50PPM降到20PPM。因为这一改变，意味着会有更多的水俣病患者要认定，要对海泥的清理增加更多的预算。

专栏六　高峰武

1952年生于熊本县天水市。1976年进入《熊本日日新闻》社社会部，在这家以自由主义为宗旨、在熊本县有着压倒性的市场占有率的报纸担任记者的他，十分活跃，一直负责水俣病的采访和相关报道。通过水俣病的采访，他接触到了很多患者，“在水俣走一走，就会明白的。因得不到水俣病的诊断而饱受痛苦，最后去世。像这样的事情经常能够听到。”“为了这些人，我们必须充分调动自己的想象力……不是坐在办公楼里考虑，而应该看着水俣的海洋，听着人们的话语，在这里充分地调动想象力。这才是我的想法。对于媒体，最重要的事情就是坚持。我深切感受到了坚持的重要性。”高峰武批评的是媒体在水俣病中，所做的努力是不充分的。他认为“记录下瞬间发生的事情的确很重要。不过，在持续的时间里坚持关注一个问题，也同样重要。”

从做记者的本行出发，他更是水俣病研究者和参与者，这一身份广为人知。高峰武在东京分社工作期间，曾做水俣病决策相关的采访，1999年晋升为社会部部长兼评论员。合著有《报告文学：精神医疗》（日本评论社）等，发表有《决策形成过程》（水俣病研究会编《水俣病研究1》）等论文。现任《熊本日日新闻》社论说委员长。

因为双方交流有很多共同观点，高峰武又给我们讲了这样一件让他在记者生涯中难忘的事。

作为记者，高峰武曾和日本的高层一起访华。在一位国家领导人接见他们时，高峰武提了一个以他的观点不能认同的问题：中国作为一个社会主义国家，为什么要先发展沿海地区，而忽视对内地的发展，这种不平等是违背社会主义原则的。当时这位领导生气了，并说美国的发展不是也从东部开始的吗？

问题是，不管这个问题提给国家领导人是否应该，日本使馆第二天告诉高峰武：你的问题就当从未提过吧。这一提醒，让高峰武对此的报道推迟了好几年。

在对整个水俣病的报道中，高峰武看到并感受到的，就是参与水俣公害事件的人员广泛和多样，每个人都在以自己的擅长，积极地投入。可以说水俣也成就了许多人。这其中有律师、医生、记者、社会学家，还有演员、导演、摄影师和作家。每个人都站在自己的专长上关注水俣，让高峰武看到了这一事件不同视角的切入点。他认为，记者把这些告诉公众很重要。

通过对水俣事件的报道，高峰武作为记者还有这样一个观点：是因为有了污染才有了水俣的发展，而不是有了发展才有污染。

这一观点我们理解为，是发展在先，还是污染在先？进一步说，是什么重要？发展了就可将污染忽略不计吗？高峰武的观点：即使发展了，也在是制造污染中得到的，这样的发展我们不能要。

日本记者和官员在媒体上争论：少数人可不可以为多数人牺牲；因污染而得到的发展我们要不要？这在今天的中国同样有着现实意义，我们的媒体上要是能有这样的不同地位、不同立场、不同视角的争论该有多好呀。我想，这可能成为我们回国后的动力，并会为此而努力。正像那位官员和水俣病患者滨元二德说的“窒素就是我”，人类发展中多样就是复杂。看看我们大自然的复杂，大自然的多样，经过成千上万年的演化与进化的大自然是有序的。比大自然的存在晚了不知多少的人类，为什么在发展中就急着要分出个谁对谁错呢。一切都在发展中，关键是信息要公开，要对称。

作为媒体人，高峰武通过报道还要告诉人们，在水俣事件中，有些人我们要记住。我想，这也是一名记者的社会责任。

细川一医生是在东京大学毕业后分到水俣窒素公司医院工作的。在发现奇怪病人后，他一方面为患者查原因，一方面在猫身上做实验。当他已经到了癌症晚期，躺在病床上还在给法官录证言，详细说明从400只猫身上得到的实验数据。在细川一留下的证言中有着这样的忠告：请记住，不能只停留在现状调查；比救济更重要的是预防。这可用于一切环境问题。自然界和我们的行政部门无关，鱼不需要我们为它们划界。

细川一医生的这句话让我想起中国目前的自然保护区。我们的自然保护区很多时候是被我们划来划去的。今天，我们要煤了，对不起，不管你是什么珍稀动物的家，我们高级动物要用的，你就得给我搬家。明天，我们要水电了，不管那儿是不是鱼的“产房”，你也得给我挪挪窝。

高峰武告诉我们，日本有一个叫谷中村的地方非常漂亮。可现在那里的地下已经被挖空。那里是日本明治时代发展的基础。那里也是空山、死河、老百姓被强行搬走。田中议员请愿到了天皇那，却因此而被捕。

说到这时，高峰武很有感情地说：中国的发展要吸取日本的教训，发展不应建立在牺牲少数人的利益上。

这是一位日本记者的忠告。我们中国人能听得进去吗？作为记者，我的社会责任是什么，在听了日本记者的一席谈后，寻找这一问题答案的动力在我内心变得越来越强烈。

日本熊本学园大学

专栏七　熊本学园大学水俣学研究中心

中心位于熊本市大江，成立于2005年4月。水俣市当地的研究基地“水俣学当地研究中心”是在同年8月开设的。

所谓“水俣学”，是一门超越了专业结构、跨学科性的学问。它是超越“外行”和“专家”的结构，面向所有生活者的学问。同时，它还是丰富的、真实的、扎根于现场的学问，它也是探究每个人生活方式的学问。它将所有的成果都返还给当地，并且还会向世界传递信息。

如今，以全面解明水俣污染的健康伤害、生活伤害，相关资料的整理、数据化与宣传，地区再生模式的提案这三点为支柱的工程正一点点开始行动了。

该机构以面向地区的中心为目标，并计划、进行着以“思考地区和福祉”、“考虑生命与环境”等方面为题目的“公开讲座”。另外，“健康·福祉谈话”也会定期实施。该中心是熊本学园大学水俣学研究工程的研究员和研究生的研究基地。另外，这个设施也广泛地面向国内外研究者开放。

熊本学园大学花田昌宜教授、宫北隆志教授和我们的座谈，可说是为我们打开了另一扇窗户。他们是扎根在当地研究水俣病的学者。他们从地缘学，也就是从事物发生地和相关方去分析事件发生的原因和结果。我们看到了他们的关系图，不过他们研究的关系图和中国的关系网不同。

花田昌宜教授

宫北隆治教授

食物、风土、历史、文化、地域、社会；个人、地区社会、实业环境。当你对一件事不是独立地去看它的本身，而是从它所处的环境去看时，会发现独立地去看所看不到的缘由和结果。

两位教授说，他们在水俣边的小村子里调查时，大多数人都不想说身体很差，即使申报水俣病的患者也会避开家人，如果不被批准又会愤怒。政府对认定不重视，才会使水俣病发现已经快60年了，6万多的潜在病人，现在被认定的只有2 273人。花田教授说，我要是有孩子，他还没有结婚，我不幸得了水俣病，我也不会申报。

地缘学是两位教授在研究一个复杂的环境事件中所用的方法。他们要研究的是窒素公司进到水俣后，给水俣带来的都是什么，是怎么带来的。经济上的，政治上的，社会的，健康的。

听教授们讲这些时，我多么希望我们关注了八年的怒江也有地缘学方法的介入。我向两位教授提出了我的请求。他们的回答是：研究者要站在受害者一边。花田教授说，他遇到我们这样的考察者也很兴奋，以往他在国际会议上碰到的中国学者常常告诉他的是，我们是有很多问题，但是这些问题已经解决了。

从水俣走向未来，这是今天一些日本的记者、学者的着眼点。明天我们要去参观窒素公司，在那里我们又能听到和看到什么呢？

五、不管任何时代，不能过分相信科学常识

施害方：窒素公司

2011年11月24日上午，我们的车离开住地，直接开进了水俣窒素公司，今天它已经更名为JNC。我们想听听作为一个给人类、给日本、给水俣人带来那么大灾难的企业将如何介绍他们自己。

“窒素”——CHISSO，现在的英文名称是JNC株式会社，中文名称也从“窒素”改成了“智索”。常务执行理事大衡一郎接待了我们，工厂的大门口还挂上了中国国旗。在给我们每人座位上放的袋子里，我看到这样一页用中文写的“造成水俣病的企业之体验与反省”。在给我们放了一部这家企业于2006年成立100周年时拍的电视片后，大衡一郎拿出写好的一张纸念起来。他说，企业迄今为止的赔偿金额已经达到3 000亿日元。造成水俣病的企业负面形象，在企业的经营上，不仅成为重大的累赘，而且也成了反体制运动的攻击目

标，公司职工遭受暴力、业务上受到各种妨碍、有用人才流失等等，在经济损失以外的方面也蒙受了重大打击。

在“造成水俣病的企业之体验与反省”中有这样四条，让人看了甚至有些感动。这是窒素人自认为的教训：

1. 不管任何时代，不能过分相信科学常识；

2. 在已经发生的结果面前，任何辩解都是行不通的；

3. 担负的赔偿责任远远超过法庭的判决；

4. 公害绝对不能发生，一旦发生，公司不仅陷于死地，而且将蒙受比破产更重的灾难。

在这四条后面还写上了这样一句话：“以上几点教训，若能有助于各位进一步加深对环境问题重要性的认识，将感到十分荣幸。”其实这页中文，来自2005年9月作为日中经济协会访中代表团的成员之一的智索公司社长冈田俊一发表的演讲。冈田俊一在日本国内沉默寡言，但是，面对中国国家发改委等政府官员时，他通过进入智索公司40年间所真实感受到的教训，公司在物质上和精神上因水俣病遭受到的莫大打击，恳切地提出了以上四条总结。不知中国的官员听进去没有？

去“窒素”之前，为我们安排此次行程的田原真司先生告诉我们，“窒素”一般不接待参观，连环境省的染野先生都没有机会进入JNC公司呢！不知是不是因为我们是中国人，他们也希望扩大在中国的生意，所以答应接待我们。但我们最好不要提太尖锐的问题。

水俣和JNC是命运共同体

所以常务执行理事和我们讲了一席话后，我们就乘车由一位叫木户理江的中年女士带着在厂里参观。她说虽然保密的东西不多，但还是有一点，所以厂区里不能拍照。我们中有人问可以拍你吗？她笑着说拍得越多越好。

从木户理江的介绍中，我们知道了全世界手机、电脑等液晶面板生产中有一半以上来自他们的企业。从化肥到化妆品，从尿不湿到薯片的包装，可以说我们平时吃的、用的可能都有用这个企业所产原材料制成的商品。这两天我们听人介绍，在水俣的大街上有一句口号：“水俣和 JNC 是命运共同体。”我们找到了街上写有这句口号的大牌子。

当年受到伤害的人们就是在这里静坐和向工厂扔石头的

2010 年诺贝尔化学奖的一位日本得主曾两次到过“窒素”。木户理江说到这时脸上充满了自豪感。她说，这位诺贝尔化学奖得主得奖之前和得奖之后到厂里的待遇大不相同。她还说，每次在她的导游中都会讲到他们厂的沉痛教训，也希望来的人回去后能好好地讲讲发生在他们这里的故事。

木户理江也说道：现在电视里还老是播出他们厂以前的照片，这让她觉得很委屈，因为现在的工厂已经不是过去的工厂了。

在就要和木户理江告别时，我忍不住还是向她提了问题。我问她，“你在这样的企业工作，是觉得歉疚多，还是委屈多?”她说，“到这个企业来的人，都要继续为这个企业做过的坏事抱歉，这也是一种继承，所以企业也要不断发展，好偿还没有还完的赔款。”

我说，随着被认定的水俣病患者的增加，企业的赔偿也会更多。她说，这也是我们必须面对的。

说心里话，以往在中国和这样的企业打交道，他们说的话让我很难相信，可是今天，我有些相信木户了。特别是她说的，一个污染企业对社会的抱歉，当个人在这个企业时“抱歉”也要传承，要努力工作，早日还完赔偿。

如果如“窒素”人所说“担负的赔偿责任远远超过法庭的判决”，那么抱歉永远也不能挽回所造成的损失。

加藤女士和她的 Hot House

离开“窒素”，我们到了被我们称为“火热生活”（hot house）的一个NPO组织。在那里看到的，就是永远也无法挽回的人的正常生活的丧失。

NPO 组织——火热生活

加藤竹子女士出生于东京，她支援了数次到东京与日本窒素公司交涉的患者们，并参加过患者们的静坐示威活动。她通过这些活动，感受到自己享受了经济高速成长带来的富裕生活，而这正是建立在伤害了水俣病患者一生的基础上的。因此，她 23 年前从东京来到水俣，开始为先天水俣病患者能自立生存而工作着。这就促成了她成立“hot house”，这是以水俣病患者为中心建立的作业所，就在水俣市的中心地带。加藤女士还经常到学校进行水俣病的宣传工作。

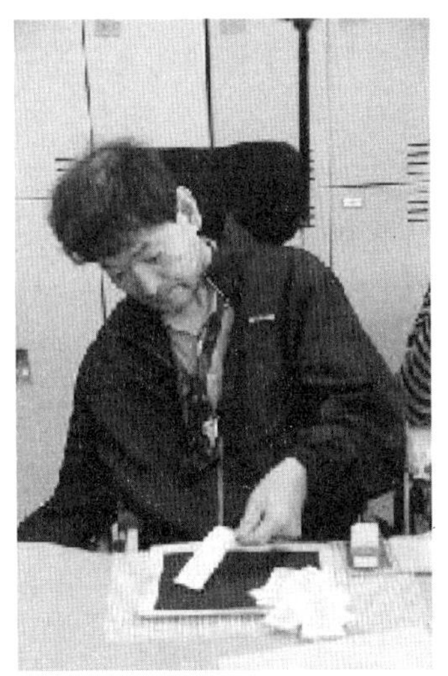

2 个小时盖了 10 张

加藤说，我在与这些水俣病患者一起生活的 23 年里，看着他们是如何生活下去的。那些当年只有 30 多岁的胎儿性患者如今已经 50 多岁了。在身体的极度不适中，他们没有消极，他们超越了歧视，他们为自己自豪着。与他们一起工作，我得到了喜悦，也为自己而自豪。

在这间小小的屋子里，我们感受着水俣病患者工作的艰难。不过我们知道他们的工作是有报酬的。我们也看到了加藤女士和她的伙伴们对水俣病患者的尊重与爱。能不能接受采访，要征得他们的同意，加藤对此的解释是：这里他们是主人。连进入他们工作的场所，加藤也是要先敲门的。

从去年开始，他已经站不起来了

这是水俣病患者松本幸之助下棋获得的奖状

加藤说：我常常会想，如果我是一个水俣病患者；我也会让来这里的中小学生这样想一想，假如我是一个水俣病患者。

我们常常说的换位思考，我想或许就是加藤在这里工作的动力。这一动力让她自己一干就是23年。这一动力，让生活、工作在这里的水俣病患者，有尊严地活着，有尊严地工作着。

加藤说：污染夺去了这些人的健康，但是夺不走的是他们的希望。55年了，还没有一个完善的体制，特别是对水俣病患者来说，还没有做的事太多了。他们自己在做，我们也和他们在一起做。

污染的海泥就置入此金属管中，填埋到4米之深的海中

相思社和水俣病历史考证馆

水俣病历史考证馆是由那些支援者们成立的，馆藏分为四个主题：“不知火海——兴盛之海与生活”、“水俣病——日本氮肥公司的犯罪”、“斗争——受害者们的路程”、“如今——我们的课题”。亲历其间的吉永利夫如数家珍地为我们进行了讲解。

这些当年抗争的人几乎都已因病而去了

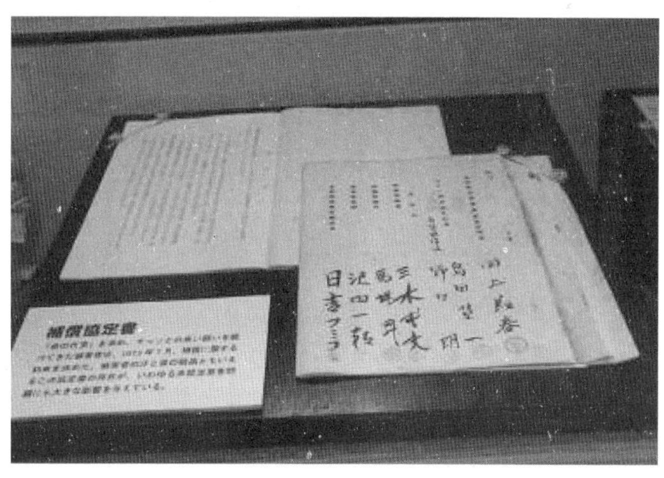

补偿协议书的签字

天皇到“窒素”，在这里注明时没有写天皇陛下，这在日本是不敬的表现

当年水俣病患者抗争活动中
举着的黑旗，写的就是一个“怨”字

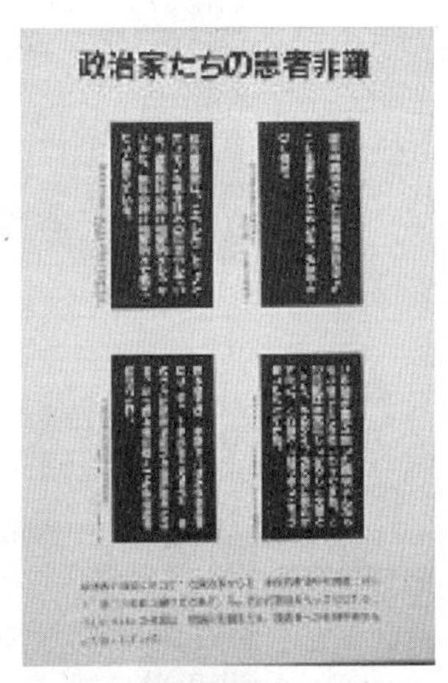

当时竟然有政府官员说：
受害者无非是为了钱，
是假患者，历史也
不会忘记这些人

在向我们介绍着相思社都做了些什么时，弘津敏男写了一黑板的数字：收入2 800万日元、物品销售3 000万日元、营业额5 000万日元、国家委托为患者办手续费4万~500万日元、导览3 000万日元。

专栏八　弘津敏男

弘津敏男是水俣相思社的现任领导。1974年成立的民间组织相思社，是为没有被认定为水俣病的患者提供支援的团体。与国家和熊本县有过激烈交锋的相思社一度是市民和行政人士畏惧的对象。相思社开设了以生活学校为名的共同生活实验场，以帮助受害者。虽然活动的方式随时代而改变，但当初的宗旨几十年来没有改变。弘津敏男从一个大阪的中学老师，进入水俣的相思社，一干就是四分之一个世纪。他说，虽然一直处于政治解决水俣病的漩涡中，却感受到了在处理理念与现实矛盾中的学习乐趣。

原来，相思社的生存，相思社帮助受害者的资金是这么来的。

弘津敏男说，他们没有企业捐赠，也没有什么大的捐款，一些捐款是来自老人的退休金，也有老会员每年捐1万日元的。曾经有一位来自神奈川的匿名捐赠，每月寄来3 000日元，寄了30年。可是今年6月捐赠突然停止，弘津敏男说：这让我们很担心他的身体。

患者也有捐赠。但相思社原则上不收患者的捐款。

随着人们开始接受这一现实，事情也过了这么多年，压力慢慢地也在减少，赔款在增加。现在申报自己为水俣病患者的人也增加了。相思社帮助这些人办申请，或叫“代写文书”，这是要收取一定费用的。2004~2010年，做一份“代写文书”收取6 000日元，现在收1万日元。这样的事政府虽然做不过来，但也没有正式交给民间做。政府官员能说的是，你们很便宜嘛。

在相思社看来，患者是上帝。歧视患者的一些人现在也在申报自己是患者了。所以相思社的人说，收1万日元代书费，我们心里是可以接受的。当然也有免费帮忙，那就都是真正的弱者。

我们不追求稳定的收入，弘津敏男说。为什么呢，有了稳定就多了依赖，多了懒惰。我们每年都要有新项目，这会鼓励我们创新，也会增强我们的活力。

弘津敏男的这种经营策略，让我们对日本民间组织发展方式有了另一种了解。其实，在我们绿家园这些年的发展中，被指责的常常会有：这么多年了都没有稳定的资金来源。在日本水俣的访问，让我们看到了这些年我们能不花钱也办事，少花钱也办事，一直在找最适合自己做的事，其实也是我们的特色。

水俣教育旅游 NPO：环不知火海计划

环不知火海计划的负责人吉永利夫不是水俣人。来之前看资料时我们就对他有了拜访的兴趣。当年他是要去鹿儿岛看朋友，到了水俣就留了下来。这位带着怒火的性情中人是个理想主义者，那时是白天在“窒素”门口和川本辉夫等受害者们一起静坐，晚上就到水俣车站前的酒吧打工。

专栏九　吉永利夫

1951 年，吉永出生于静冈，家境贫寒的他在八个兄弟姐妹中排行老七，一边打工一边读夜校。在他读高三时，东京大学安田讲堂事件爆发，“只要齐心合力就能改变这个时代”，成为吉永怀揣的小小梦想，因此多次参加了在静冈的游行，也曾与同学商量，到南方的小岛上建立一个公社。在

1972 年 1 月，时年 20 岁的吉永高中毕业，准备去鹿儿岛探访朋友，途经水俣，在水俣站口，他看到了窒素公司正门前静坐示威的水俣病患者家属——川本辉夫等“自主交涉派”，他们希望通过与窒素公司直接交涉争取赔偿。那时的吉永虽然完全不知道什么是水俣病，却参加了一周的静坐集会。他白天参加静坐示威，晚上就在水俣车站前的酒吧打工，他在水俣的日子也从 1 周变成了 10 天，从 10 天延长到了 1 个月。这个怀揣着理想的愤怒青年，最后成为水俣病患者的支援者之一，与土本典昭、原田正纯、川本辉夫们并肩战斗，参与相思社工作，组建自己的社团，是今天与水俣相连的重要人物。

在相思社当负责人时经历的一件事让吉永自己又成立了一个新的非营利性组织。那是一件什么事呢？为了能有活动经费，本来相思社种的柑橘被都是无农药的，可是那年由于缺货，用过农药的柑橘被掺进销售中了。

吉永说，当时他被人骂，在电视上道歉。现在看到电视上有人道歉时，他就会觉得那道歉者仿佛就是自己。那件事能让他记一辈子。

如今，吉永做的事是修学旅游。他为人们讲解什么是水俣病，并去海边填埋地和资料馆等现场亲身感受；和你一起参与垃圾分类，与胎儿性患者交流（收费）；加工废旧瓶子，做成工艺品风铃和插花杯。还有其他一些收费活动：如旅游项目轮椅解说，一次收费15 000日元；导览护岸收费12 000日元。

吉永的NPO组织现在有成员七人。有人这样形容现在还在执著地为水俣病患者服务的人：外地人、傻瓜、年轻人。吉永说他是前两种。

听吉永说他的活动这个收多少钱，那个收多少费，我们猜想是不是挺赚钱的呀，不然他为什么要成立一个新的组织。可是他告诉我们，十年来他已经亏损了700万日元。为什么会亏呢，吉永说他的脑子里自己还是个战士，老想着如何与破坏环境的人斗争。就比如说接待到岛上生态游吧，他要先组织考察，这些花销就要自己垫了，不过这些并没有阻挡他继续做自己想做的事。

吉永还干了一件性情中事。在他的斗争中，结识了一位美丽的姑娘。他果断地和原来的爱人分了手搬出家，等着本来也有家庭的这位志同道合者。我们在做废旧瓶子加工成工艺品的小商社里见到吉永的妻子时，他说，她是当地第四大美女。可是，他也告诉我们，他妻子的父亲是因水俣病去世的，因水俣病去世的还有妻子的爷爷、奶奶。妻子也是水俣病患者，常常会觉得累和这痛那痛。

吉永现在最大的愿望是把目前政府办的水俣病资料馆接过来，自己当馆长。是啊，在水俣历史考证馆，他的解说发自曾经参与者的内心，每一物品、每一事件、每一人物都在他的脑海中，那是别人学不来的。他说，只有真的关心这件事的人，什么都不怕的人，才能做好这份工作。他希望我们支持他。他说，不然20年后，就无人照顾水俣病患者了。

我们能怎么支持吉永呢。挑灯夜战，为了每天把当天访问的内容让更多的关注环境、关注发展的人看到，少睡点觉是我能做的。

六、少数人的不幸福不一定能让大多数人快乐

日本水俣病的发现是对中国的贡献，也是对世界的贡献。这是清华大学CIDEG课题组在日本考察水俣病发生地时，水俣所在的熊本县知事（省长）蒲岛郁夫说的一句话。

熊本县政府

我们一行人是在访问的第五天，在已经采访了水俣病患者、最早为水俣病患者奔走的医生、一直为水俣病受害群体呼吁确认的教授、记者、为水俣病患者提供服务的民间机构，以及水俣病制造者JNC公司（原窒素氮肥厂）和水俣环保局之后，接受熊本县知事会见的。

应该说，蒲岛郁夫知事给我们的印象不错。他从一开始就承认这一事件中，政府应负不可推卸的责任，承认是政府的失职致使水俣病蔓延酿成这么大的灾难。

与熊本县知事蒲岛郁夫会谈

在与我们的交流中，蒲岛郁夫一再强调，他最关注的是在这一灾难中受到伤害的人，是弱者。有些救助水俣病患者的政府决策还是他第一个提出的。

听他说了这些后，同行的中国商联新能源商会秘书长曾少军问这位知事：当时水俣正在飞速发展中，水俣市内至今大街上还写着“水俣和‘窒素’是命运共同体”。水俣病被确认的患者只有2 273人，在这样的背景下，你怎么看少数人要服从大多数人的利益？如果你把关注点放在少数人身上会不会丢失选票？

蒲岛郁夫知事说：少数人的牺牲不一定就能给多数人带来幸福，况且少数人和多数人也是会有变化的。今天大多数的受益者，或许就成了明天受害的大多数，而大多数利益获得者又成了少数，也不是没有可能。所以不能简单地判断大多数与少数。

后来我在微博上贴了这位日本官员说的以关注弱者为工作重心、他认为的应如何看待少数与多数人的话后，有人跟帖：关注弱者，这是政治家手中的一把

利剑。

在会见中，蒲岛郁夫知事还说：政府应该做的是尽快救济受害者，行政权力不能禁止老百姓吃鱼。政治家能做什么，我就职后叫停了一个很受争议的大坝。因为我认为虽然能源很重要，但要对生态有影响就不应该建。

在和这位大官会谈时，他也在拉我们的选票。他希望我们支持的倒不是继续任职，而是他明年在水俣召开国际水俣大会。他认为水俣的教训对全世界来说太重要了。

对一件事的判断，每个人难免站在自己的视角下结论。而对事件认知的程度，也会决定一个人的选择。在我们从熊本政府大楼出来议论时，大多数人认为这位日本官员说得不错。可是，当地的记者和为我们安排此行的田原先生与我们的想法有出入。

有关水俣病的社会问题还有那么多没有解决，还有那么多受到伤害的水俣病患者至今得不到认证，就在水俣召开国际会议，真是为了让世界接受教训，还是要标榜自己，往自己脸上贴金？这是《熊本日日新闻》记者在采访清华大学 NGO 研究所所长王名时说出的疑惑。

这一番评论和我这几天听到的那些陈述碰撞后，我这样对自己说：一名成熟的记者，对任何事情的判断，都不应在你对这件事的了解还在继续中时作出。我也再次想起对水俣的报道已有 30 多年历程的高峰武记者的一句话：不懂装懂就制定政策并加以执行所带来的结果是最坏的。

而这个坏，因其地位和权力的不同，带来的影响也会有着巨大的差别。错误的判断，普通人会在普通人的范围内产生影响，记者的影响会在公众中传播，而官员的影响，则在他的执政之中，并决定着他所管辖范围内所有人的命运。

蒲岛郁夫知事的一句提醒，我们大家也记住了：信息传递中，政府在哪些方面做得不够，公众看得最清。日本已经在经济高速发展的昨天，很多国家正处于今天的发展中，我希望贵国不要再犯日本已经犯过的大错，那样的灾难不应在中国再发生。

因水俣病而产生的经验及教训，应该是中日交流的重要内容。我们采访到第五天时，特别是听了知事的一席话后，同行人开始有了较为清晰的想法。中国能不能接受日本水俣的教训，交流就不会只在政府，也在民间。

2011 年 11 月 25 日，熊本县环保局审议官内田告诉我们，日本水俣病发生后的环境恢复已有13个年头，花费的经费为485亿日元。

我们问内田，水俣病发生这么多年了，潜在的患者高达6万人，可认证的只有2 273人,而受害人群高达20万人。56年了，为什么还没有做过一次全面的普查?

内田的回答是：首先，发病后的50年来，我们还在考虑有效的调查法；其次，从医学上考虑，这样的调查需要1 000位神经科医生、护士，我们没有那么多。

内田说：我们现在全力以赴在做救济。时间在一天天过去，患者在老龄化。此外，我们也希望水俣的昨天，能让周边国家环境政策产生变化。

知事要开国际会，环保局审议官希望教训能影响到其他国家的政策。人家吃一堑，我们能长一智吗？这些其实也是我们回国后要努力去告诉更多人的。

摄影家盐田武史

2011年11月25日下午，拍了大量水俣病患者的摄影家盐田武史，向我们介绍他拍摄水俣病患者的经历。熊本学园大学的会议室里，挂着一幅幅让人伤感、让人感悟的照片海报。

专栏十　盐田武史

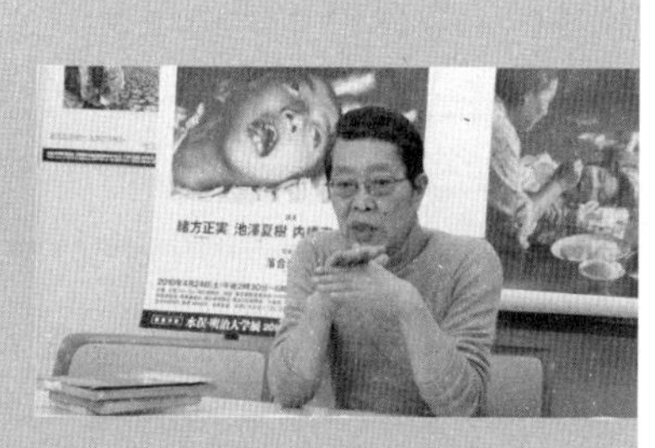

1945年出生于香川县高松市。毕业于日本法政大学社会学部。在学时隶属摄影部，他在1967年夏天到长崎参加原子弹爆炸后展览而路过水俣，当时还没有人专程为支援水俣病而在水俣定居。1968年，他进入水俣，见到了病症最严重的患者，“从户外一进入昏暗的室内，我看到了他，所受到的冲击无法用一两句话来表达，仿佛魔咒驱使，只要是看到了就一定要负起责任来。我想要知道事实真相，我想帮助他们，最终我决定了在水俣生活。”盐田在他的《镜头下可爱的水俣》前言中这样说。作为摄影师，把水俣病患者看成是自己的事情，与水俣结下不解之缘，在水俣度过了16年。这16年间，盐田拍摄了5万多张照片。1970年以“朝日图片”为中心开始发表照片。1971年在东京银座尼康沙龙上首次举办个人展览。1973年出版了“盐田武史写真报告水俣‘68－72’深渊”（西日本新闻社）。1985年以后在熊本市经营写真企划相关的公司。

胎儿性水俣病的孩子，照片题为“哭泣相扑”

盐田告诉我们，他拍这些患者费了不少工夫，因此还收到了一位生活在医院里的姑娘——水俣病患者给他写来了情书。他们的身体有病，并不影响他们对爱情生活的追求。

一般人拍水俣病患者，总想把最惨的一面记录下来。而我发现，盐田先生拍的表现年轻女孩爱美的照片有不少。

梳妆打扮

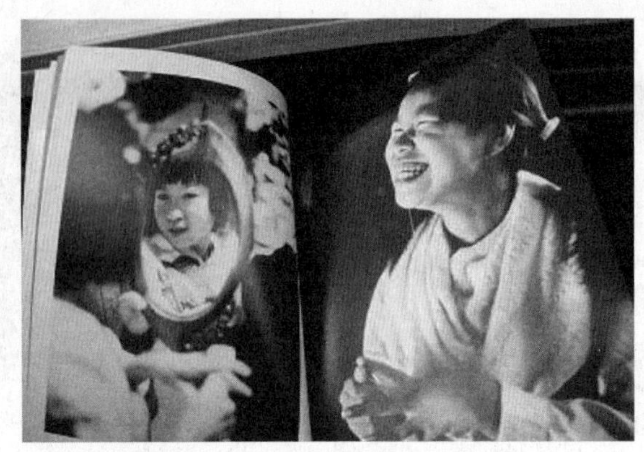

照镜子

在拍摄水俣病患者的摄影记者中，有的会到住有水俣病患者的医院拍摄，来去匆匆。他们或许会对工作人员说，让我进去吧，还有两分钟我要乘的车就要走了，进去拍两张就走。盐田先生说，我不会这么做。我拍照片，是要得到水俣病患者的信赖，成为他们的朋友。

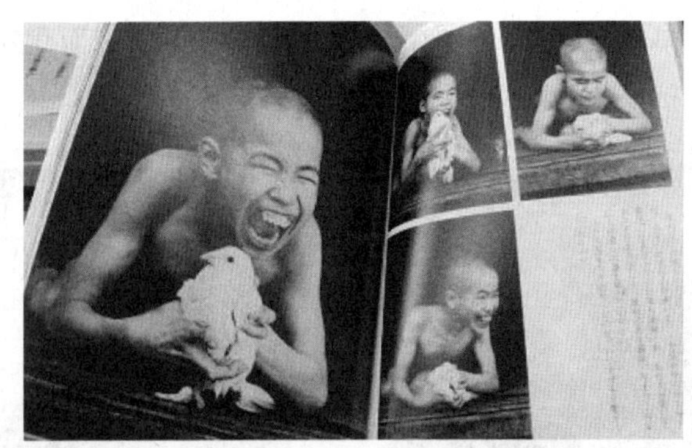

半永一光的生活秀

这几张照片里包括多种信息，盐田说。口水流出来没有人帮忙擦，孩子的父母都去世了。脸上的笑容，是孩子在面对她的人生时的一种精神状态。小男孩爱鸽子，见到鸽子他能高兴成这样。盐田说，也有人看到这张照片后问他：这孩子是想吃鸽子吗?

盐田说，提这样的问题是对水俣病患者太不了解了，我拍照片的目的也是让人们了解水俣病患者的精神世界。

抱鸽子的小男孩养狗，他的手不好使，就用嘴喂狗，而他哥哥养鸽子。第一次抱鸽子时，男孩和鸽子双方都紧张，慢慢地就好了。

这些孩子因水俣病视野很窄，但他们面对生活的坚强与乐观却是我们常人难以想象的。

“我在拍他们时，第一重要的就是要尊重他们。所以我在拍他们时，从来没有遭到过拒绝。我们都是朋友，那些孩子们见到我都高兴极了。我拍照时，追求的是与他们的平视，所以好多照片我是趴或跪在地上拍的。有时为了不打扰，也会用长焦拍，为了让他们高兴，也会做一些怪怪的事情，比如从窗户爬进去。患者们发现我能做一些他们做不了的事情，就特别高兴。”

“拍照时有没有沟通，是不一样的。有沟通的拍下来，和没有沟通的会有不同。很多人拍照时，是过去就拍，我会先走过去问他们要撒尿吗，这样我们就能比较容易地达到一种默契。经常在一起，慢慢地发现你要记录的内容。”盐田这样说。

我们中有人问盐田，对于那种比较惨的镜头你一般如何处理，看你的照片中患者很多都带有笑容。

盐田的回答是：有些摄影师追求越惨的照片越有冲击力。我不是。我也拍到过一些水俣病患者比较痛苦的画面。发表时我会注意，不刻意地去强调刺激和不美的一面。我想把水俣病患者内心的一些东西拍下来，让公众了解他们，帮助他们度过生活难关。包括动物也一样，我拍了海边全是猫的尸体的画面，始终没有发表。用这样的照片我有度。

盐田说，我拍母亲给女儿智子洗澡的照片时，本来孩子是光着腿的，看到我进来，母亲顺手就拉过一块澡巾把女儿露出来的腿盖上了。尽管女儿有病，母亲就是母亲。

我问盐田，如果碰到很好的题材，但人家不同意拍，你怎么办?

盐田说，拍给孩子洗澡的照片，母亲说很讨厌，那是因为有的记者闯进来就拍，还问，这是谁，那是谁。人家没办法，只好让他拍。盐田说，他在拍水俣病患者时常常很紧张，会冒汗。

盐田说，他在拍摄中相信运气，也顺其自然。他的追求是把这些照片留给后人。一共拍了多少水俣病患者，数字不好数，因为有些是合影，有的是两三人照，有的是单照。遗憾的是他们中的60%都已经去世了。

盐田拍的第一张水俣病患者的照片发表于1968年。

盐田说：水俣病的问题得到解决要有过程，需要各方参与，其中摄影作品的冲击力非常大。

盐田拍了我们在萤之家看到的坂本一家等四个患者的照片。他说，坂本忍与她的母亲都很聪明，都很坚强。

是啊，盐田不仅是摄影师，还是参与水俣病运动的一分子。1970年川本辉夫等人参加股东大会，不仅有土本典昭拍摄的纪录片，也有盐田武史拍摄的照片。1972年坂本忍等一起到斯德哥尔摩出席会议，盐田拍摄的照片记录了那个过程。

还是小姑娘的坂本忍

这样大的时候她已经开始参加国际会议

很遗憾，那天我们没有和坂本忍进行语言交流。1972年6月7日，坂本忍在15岁时参加了斯德哥尔摩召开的联合国人类环境会议，盐田武史的照片记录了在这个会场上发放“被污染的日本”英文版宣传单的坂本忍，他们通过水俣病患者，让全世界首次意识到了环境污染的恐怖。坂本忍写的诗我们也是在采访盐田后才看到的。日本朋友田原真司和清华大学王名教授把诗句翻译成中文，我又对这些诗句进行了一点润色，然后用我做广播主持人的语气朗读了一遍：

这是我的人生

两年前是水俣病的五十年/我一个人走着，就我一个人/我不怪谁，我原谅，因为我也有我的错/我要按自己的想法生活，请不要歧视，也不要另眼看待，我们残障，但不特殊/水俣病，不应另眼看待，我不要孤单，我要偕手/我，好想成为一只鸟；我，好想跑一跑；我，好想披上婚纱；去爱我爱的人，还要大胆地说出来/我是认真的，我傻，我不懂，可我真想爱，全身心的，尽管没有任何结果/我和所有的人一样，要活，长长的活着/不孤单，和你一起，和你们一起/我，我，我……/只是如果，只是如果/这就是我的人生，今天，永远，沿着这条路，这条路，我将走下去/

坂本的这首诗得了 MOYAI 音乐节优秀奖。有人也把这首诗谱成了歌，这是一位水俣病患者的心里话。读了它也难以评说，只想慢慢地琢磨，琢磨。

七、柳川美，美就美在柳川水

“太湖美，美就美在太湖水”，是人们当年都会唱的一首歌的歌词。这歌词也正是来自人们对太湖的赞美。可是，2007 年太湖边的城市无锡曾发生了轰动全国的水污染事件，美就美在太湖水的水，成了人们打开水笼头出来就是一股恶臭的水。如今站在太湖边时，很难让人把这“美就美在太湖水”唱出来了。

一到柳川，“太湖美，美就美在太湖水”这句歌词，就让我一下子用在了柳川。

生活在柳川

柳川人家

日本西南部的福冈县柳川市，位于筑后川河口附近。柳川的历史与水不可分割。大约两千年前，有明海的滩涂变成陆地，人们开始修建沟渠。到公元七八世纪，整备了格子形的田间小路和水路，在此基础上建造了近代的城下町。到16世纪中叶，当时的柳河诸侯对矢部川等河流进行水利改造，又进一步新建水渠运河，使得几层护城河围绕在城堡四周。河水起到了防灾、蓄水、自净的功能。今天的柳川依然保留着古朴与自然，实为水乡。1952年4月1日，柳川正式成立为现代城市。

柳川的著名主要还是缘自她长度为450公里的运河系统。

“柳川”一词意味着柳树河。如今的柳川运河两旁长着一棵棵错落有致的柳树。这里昔日曾是“城下町”，繁盛一时。沿着垂柳投影的旧柳川城，小船优哉游哉地顺流而下。

小船穿过的旧柳川城周围的护城河，川边的老屋和岸边的柳树在水中留下扭着“腰”的倒影。由于船慢慢进入下游，坐在小船上，可尽情享受早在20世纪就建造的传统日式仓库并仓的红色砖墙以及大树、小花在水边红绿相间的水景。

在船上眺望沿岸这样的观光享受，在柳川一年四季随时可行。那里有菖蒲和波斯菊盛开的季节，也有秋色的火红在“燃烧”。到了冬季，坐在小船上的被炉（日语加热设备）里，一边取暖一边观光。

乘船，大约60分钟。船夫们边用长竹竿撑船掌舵，边解说柳川的过往及街道特色，还会用不太高亢但韵味十足的船歌让你感受柳川的文化。为我们撑船的船夫是每过桥必唱，他一定是喜欢桥下那歌声的回响。

柳川，也是北原白秋，一位明治时代的诗人、作家和儿童歌曲家的诞生地。每年为期3天的电影节，会在柳川举行诗歌朗诵会、焰火以及音乐演唱。

每年的3月3日，是柳川的女童节。在此期间，一些当地居民会打开自家的园子，让人们来参观他们的精心装饰，显示特有的保持至今的柳川文化。

截至2011年4月30日，全市已估计的人口是71 848。

我们在柳川的周末“乐水行”，欣赏那里的美的同时，另一感受就是在那悠悠的河边看到人与自然得到了完美的和谐。

不过，这一切并不是必然和轻易得到的美。在20世纪60年代，柳川如同其他地方的日本城镇，乘上了经济高速发展的列车，原本靠运河生存的柳川人开始享受现代化生活方式。纵横交错的运河成了垃圾填埋场，终日弥漫着令人作呕的臭水沟味道；汽车多了，就需要道路，运河天然成为现代交通的敌人。

柳川市无法在如此恶劣的环境下"发展"，因此地方政府向中央申请改造旧城的资金，并获得批准拨款。这一旧城改造方案就是在运河上铺设水泥板，把运河变成下水道。柳川市政府一位地位低下的职员——城市下水道路段主任广松传却不这么认为，他说，日本是与水很亲的民族，我们的祖先几百年前那么聪明地修筑了运河，柳川人都按时辰在河中汲水，洗涮，撑船行走，我们应该把这笔中央划拨的资金用于恢复运河的功能，柳川人自己参与重建家园。他把自己的意见写下，刻蜡版印了500张传单，很快发完，再印。一次次求见市长古贺杉夫去说明他的道理。不过，中央财政的拨款也是"打酱油的钱不能买醋"，要改变方案去恢复运河实在太难了。但是广松传却横了心，顽强坚韧执著地去宣讲自己的理念和方案。最后的结果，就是我们今天看到的柳川，它的美景失而复得，为世人留下了如此令人心醉的桃花源。

东京旅馆的桌上放着一页纸，上面写着"绿色环保服务项目——一个考虑环保的选择"，怎么回事呢？就是你在这家宾馆住两天以上，你可选择一到两天不用打扫卫生。这张纸上还写着，如果你选择了这一天不打扫卫生，你就可在当天下午5点以后去前台领取500日元的"馆内利用券"在宾馆的便利店里买东西。

当人们的环保意识还需要加强的时候，这样的奖励举措和小小的刺激，一定比宣传教育管用，我想。

当我们觉得全球气候在变化，当我们觉得环保是政府的事，当我们觉得就我一个人环保了有什么用时，日本的这些小举措在告诉我们怎么做。其实，很多事要做不难，关键是做起来要方便，做起来要容易。日本的智慧用在这上面了，我们应该借鉴。这也是环境保护从我做起，个人能做的。

八、水俣事件被告是国家，环境是人们生活的容器

拜访寺西俊一教授

2011年11月28日，CIDEG组织的一行专家、记者和NGO人士，来到东京财团驻地，访问日本一桥大学教授、环境经济学者寺西俊一时，他给我们算了一笔账。

专栏十一 寺西俊一

1975 年毕业于京都大学经济学系，1980 年获一桥大学大学院经济学博士学位，留校任教，负责《环境经济论》；1985 年被聘为副教授，负责《环境经济研究》；1992 年升任教授，1998 年任经济学研究科教授；2008 ~ 2009 年，任一桥大学亚洲环境项目代表；2009 年任一桥大学自然资源经济论项目代表。此间曾先后担任环境经济和政策学会常务理事、副会长、环境法政策学会理事、亚洲经济研究所外部研究委员、日本学术会议环境委员会委员、日本环境会议事务局长、季刊《环境与公害》（原称《公害研究》）主编。

寺西俊一教授说，我们不算水俣病给日本环境的破坏带来多大损失，也不算受害者的损失有多大，我们只算一下施害者的损失。窒素公司当年如果对排放的污水采取治理措施，花费会是 200 万日元；而污染事件发生后，他们付出的赔偿金额是多少，2 000 多亿日元。

这笔钱窒素公司根本付不起，要靠国家与他们一起付。国家的钱哪来的，纳税人的钱。

对一家企业来说，他们节省了小钱，付出的却是这样昂贵的代价。

这还只是算的这家污染企业付出的代价。如果再算一算环境付出的，受害者付出的，都折合成钱，又会是多么大的一笔钱呢？

寺西俊一教授说，这就是日本在水俣污染事件中，让我们看到的什么是不划算，什么是太不划算。遗憾的是，这笔账从水俣病被确认到今天，算了整整 56 年，却并没真正算清，而且是永远也算不清的。

寺西俊一教授说，环境是人们生活的容器，我们把容器弄脏了，还要在里面生活，那会是一种什么生活？水俣发生的污染事件，在让人们看到水俣病给当地人和当地家庭带来的巨大痛苦的同时，也让人们看到了破坏容器带来的社会成本和经济成本。短期的获利波及的是社会、经济的长期和未来。

绿色经济的重要，要说日本人应该是有切身体会的。然而，他们的教训不仅在全世界的很多国家重演着，就连他们自己，也还在 2011 年 3 月 11 日发生的福岛核事故中重演着。

这就是今天全世界都在面临着的现实。

寺西俊一教授告诉我们，他对此提出的对策是：

□ 对水俣受害者全面监测；

□ 信息透明，向日本国内，向亚洲，向世界；

□ 灾情不要微缩其范围，救济要公平，赔偿不应分等级。

□ 进行绿色投资。

寺西俊一说，1983 年，他就参加过上海市政府与日本经济合作方面的研讨会。1995 年他去过吉林中日联合企业，受到当时国家环保局的热情接待。可让他遗憾的是，前几年，他再去吉林时（因为那里也发生了与日本化工企业同样的问题），吉林地方政府对他们的监视，使得他们的调查没能进行下去。

现在，寺西俊一教授说他们与中国江苏嘉兴政府的合作是愉快的。今年 12 月，他们还会请嘉兴的专家与官员到日本进行考察与研讨。届时将就地方环境管理与政策进行研究，重点是对长三角、上海、嘉兴三地进行调研与研究。

寺西俊一说，他们也希望把发生水俣病后日本经历的四个阶段与更多的人一起分享：相互交流、相互理解、相互信赖、相互合作。

全国工商联新能源商会秘书长曾少军问西寺俊一教授：福岛核电事故，对全球核电产生了重要影响。对日本来说，福岛核电事故已被认为是水俣病的重演。不知现在那里的情况如何？

寺西俊一教授说：福岛核电站让日本的两个神话已经崩溃：

一是，核电安全神话的崩溃，核电在日本无法继续发展；

二是，核能廉价原则的崩溃。

这两个神话的崩溃，让日本面临的是今后将如何发展可再生能源（日本叫自然能源）。

参与公害诉讼的律师

11 月 28 日，我们在东京与铃木尧博、尾崎俊之两位律师进行座谈。其中的尾崎先生，是鹿儿岛发生新潟水俣病负责诉讼的律师。为此，尾崎先生从东京去了 400 多次鹿儿岛。在尾崎先生 36 年的律师生涯中，三分之一的经历是从事公害与药害方面的案件，主要是为受害者讨回公道，求得救济。

尾崎俊之律师

铃木尧博律师

铃木尧博是一位有着40年从业生涯的律师。在他的职业生涯中，三分之二的案子和环境公害有关。

铃木律师认为，水俣事件仅靠熊本县不能解决全部问题。如果让政府承担应该承担的责任，需要舆论的支持。要让国会与政府改变他们的态度，承担责任，在东京提起诉讼，波及效应能扩散到全国。

在东京提出诉讼，按照日本法律需要找到原告。所以，当铃木和尾崎律师听说驳回认定的部分患者住在东京附近时，就开始寻找住在那里的水俣病患者，请他们提起诉讼，将行政当局作为被告。为此，1984年8月，创立了全国律师团联络会。

1984年12月，鹿儿岛的66名原告正式向行政当局提起诉讼。

1990年，东京地方法院提出了和解劝告。被告当中，熊本县与氮肥公司同意以和解方式解决。

进入21世纪以来，水俣病患者和帮助他们的法律工作者们的诉讼还在继续。

作为诉讼团的团长，尾崎律师认为随着时间的推移，水俣病患者的年龄在增长，有些患者的症状愈加明显，有的还新发现了一些症状。

尾琦律师说，在早期诉讼时，有一位患者由儿子照顾。第二次诉讼时，父亲已经不在，儿子又来了。尾琦律师问他，你为什么还来参加水俣病申请？这位当年的年轻人说：当时我万万没想到自己也是水俣病患者，现在在自己身上发现的症状与周围水俣病患者的一样。

2004年，经过艰苦卓绝的努力，日本最高法院作出了判决。这个判决认可了中央政府与熊本县政府的责任。

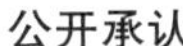
公开承认

政府的态度

尾琦律师说：在日本，这一判决具有划时代的意义。

在与我们的座谈中，铃木和尾琦律师告诉我们：他们都认为，国家应该采取措施来解决水俣病的问题。

中央政府的想法是：制定法律，通过法律来解决。患者与原告也应该依据法律行事。

原告们却说：我们的问题应该遵循法律来解决，我们完全不能信任政府部门。

尾琦律师说，最后各方绞尽脑汁，中央政府给自己找了个台阶，创立了第三方委员会，替代法院判决的解决方法。

第三方委员会由患者推荐两名，中央推荐两名，第三方推荐一名，还有两名公众。

这以后，中央政府终于第一次同意了以和解方式解决问题。

铃木律师说：这又是一次划时代意义的事件。

两位律师都说：通过水俣事件案子的判决，人们学到的是发生问题后第一时间一定要进行彻底排查，整体了解灾难的状况与影响。

面对当今世界在发展中还不时发生的污染事件，两位律师认真地说：凡是从事过水俣病工作的人，对福岛事件要说的话是：事件发生后，第一时间就要进行彻底排查，掌握情况，作出报告。

同行的中国国际民间组织合作促进会的黄浩明问两位律师，律师团的经费来源如何。得到的回答是：律师团收费，按照诉讼标的额的5%，收第一次预付款。胜诉之后，胜诉额的10%作为律师费用。不过打这一公害案子时，因原告太穷，11年律师的预付费，都是由律师自己垫付的。胜诉之后，从团体补贴中提取垫付的费用。尾崎律师去了400多趟鹿儿岛，费用全部是自己垫付的。

铃木律师说：一般来说，公害与环境诉讼，律师很难得到报酬。但是我们当时有强烈的愿望，公害问题应该得到解决。我们就是要通过公害诉讼的方式推动日本灭绝公害问题。

在和两位律师一起探讨这一官司时，我们还得知：在东京附近，在鹿儿岛，他们挨家挨户去访问，问是否愿意加入原告诉讼团。很多受害者听说被告是国家，认为这个事情太大了，不敢加入。而当他们以诉讼的意义是造福后人来说服受害者时，不少患者才加入了诉讼团。

11 月 28 日下午的访问中，我们还得知：有关水俣病的诉讼，在律师团签名的律师有几百人，但出庭的只有 30 位。铃木律师说，在患者面前，医生与律师一样，出于使命感。

在我们的访问中，财新传媒的记者贺信的关注点是：法官受律师团队的邀请走入患者家中，是法官的法定义务吗？窒素公司是否也可邀请法官？法官们是否会受到相关压力？

回答是：公害诉讼，最好是第一时间去现场。法官查证现场，公害诉讼让他们去看，是我们常规的做法。能不能拒绝，采用不采用，都由法官裁量。公害诉讼，不看现场，可能不会作出正确的判决。

贺信说：法官也需要勇气。

回答：是，法官撰写判决也需要勇气。窒素公司是当地最大的公司，为当地作出了很多贡献。一旦提起诉讼，会面临很大压力，包括渔民们捕的鱼卖不出去了。而在熊本的第一次诉讼，律师们成功地获取了证人证言。

日本市民运动全国中心

2011 年 11 月 28 日，我们访问的还有日本市民运动全国中心。这家中心现在有亚洲环境信息中心，有中日韩三国环境信息网站。中心现在每两年轮流在其中一国举行市民会议。2008 年的主题就是新潟水俣病。会议请了日本新潟的小朋友，他们向中国的孩子们讲述了日本孩子眼中的环境公害。

现在，日本市民运动全国中心与中国 41 家 NGO 组成的绿色选择联盟合作，促进高科技电子企业的整改。绿色选择联盟写给日本驻华企业的书信，中心会协助发送到这家企业在日本的总部。

中心的一位工作人员告诉我们，浙江台州有一家日本企业，生产过程中会产生一些影响人类健康的垃圾。他们促成了让企业为当地人做健康体检。中心的工作人员说，让他们没有想到的是，有一次当他们拿起一块废弃的电子垃

今天对核电的抗议

圾——电路板问一个孩子这是什么的时候，孩子竟然说是挣钱的东西。

在与中国的合作中，中心的大塚健司先生说，中国越来越严重的不是大海里发生水俣病，而是河流里发生水俣病的可能性比较大。中国水污染的问题，有的就是日本企业造成的，也有韩国企业的问题。所以中日韩三国一起举办市民会议，官方渠道看不到的事，可通过民间去发现，去解决。四种力量：政府、职业工作者（学者、医生）、NGO、媒体的合作，才能使复杂的环境问题有解决的合力。

九、油门和刹车在一个档上怎么走

拜访环境省顾问小林光

2011年11月29日，访问日本环境省顾问（上席参与）小林光，这是我们此行采访的官职最大的一位官员。

小林光曾是日本环境省副大臣。他一上来下的论断和接下来的分析让我听着挺新鲜。

小林光说：保护环境是不是给经济造成损失，是不是真的拉了经济和社会发展的后腿，从水俣事件可以清楚地看到答案。

“窒素”当年如果治理污水，其花费仅是后来赔偿的十分之一。当年要是治理，花费是200万日元。而到目前为止，他们赔偿的钱已经相当于400亿美元。

小林光说：56年前“窒素”水的污染，导致水俣病的发生。从那时起直到今天，他们不但影响着自己企业的发展：生产力降低、投资萎缩、成本上升、物价上升、为治理环境花了更多的钱，还一直要背着巨额赔偿的重负，所以说，没有公害对策与公害治理，企业会蒙受损失。这些带来的经济萧条，也直接影响着整个地区的发展。水俣曾在日本的发展中走在前列，现在的水俣，在日本是落后地区了。

小林光说，日本近年来的经验表明，为治理环境花钱，会正面提高 GDP 的增长。越早治理，越能减少受害损失。不为治理污染花钱，会让更多的钱投入消除负面影响中。

小林光说，与以往相比，2010 年日本节能 26%，成本降低的同时，利润也有了提高。

听到这时，我问小林光，这个事实在我们的发展中是显而易见的，可以举出无数的事例。可是在中国，人们还是在说要先吃饱了再环保。在日本有多少人赞同保护环境不应在发展之后，保护环境不会拖经济发展的后腿呢？

小林光说：很少。他自己的这种观点在日本也是少数。大多数人还是认为要先发展，保护环境会影响经济发展。但这并不影响今天的少数人，还在努力让公众和决策者们看到经济学家们算的这笔账。

小林光说，产业部门要和环境保护分开。油门和刹车在一个档上怎么走？预防原则说来容易做来难。日本目前产业与环保没有分开的就是福岛，结果出了这样的灾难。

当年日本公害发生时，环境厅就考虑要成立国立环境研究所，应该行政与学术分开，防止发生错误，建立独立的学术研究。

我们一行中也有人问：在我们的访问中，听到不仅水俣病受害者也包括学者都在说：千万别相信政府。小林光先生怎么看这个问题呢？

作为官员，小林光没有正面回答这个问题。他说，我曾访问水俣病发生地 70 余次，大约在 100 天左右。我认为光补偿不行，现在患者越来越老了，护理是个大问题，福利一定要跟上。如何补偿，范围和金额一次一次地变，已有了三次。这等于是对已经做出的认定补偿再进行了一次又一次的否定。鸠山首相去了水俣，是去看望，更是去道歉。政府的态度也在转变着。

我坚信环境好了才能赚钱。否则今天不赔，明天也会赔，会大赔。小林光先生说。

小林光还认为：日本很多产品现在在中国生产，所以希望推动制定生产过程的国际标准和机制。让企业的生产方式与环保标准有国际公约的限制与约束。

在访问小林光时，我发现有一点我和小林光的观点极为一致。

在中国，人们说到 NGO 总会认为没钱，找钱是最大的事，没有钱怎么做事呢？我走哪儿都在卖我们出版的书，为穷孩子们建阅览室，很多人都认为靠这样找钱不行。

其实，我卖书并不完全是为了钱，也是在找人，在找那些愿意把钱花在保护环境、保护弱者的人。我认为这样找到的人，就是我们潜在的力量。这些人是真正关注环境的，是真正不仅关心自己的今天，也关心未来，关心我们后代的人。而小林光说的同样是，环境省不要钱，要人。有了我们要的人才能做我们要做的事。

连日本这样一个经济高度发展、社会民主化程度很高的国家的政府官员，也在为自己要做的事找人。我一下子觉得自己不仅不孤独，而且做的事是极具挑战的，是值得坚守的，并会为之永远地努力去做。

拜访环境公害法学专家淡路刚久

2011 年 11 月 29 日晚，我们走进了早稻田大学法学教授淡路刚久的办公室。

专栏十二　淡路刚久

日本著名环境法学家淡路刚久是环境权利理论、环境法学的先驱者之一。

1964 年毕业于东京大学法学部，1964 ~ 2006 年任教于立教大学法学部，先后从讲师升任为教授，并任法学部部长、法务研究科长等职务。

2007 年从立教大学退休，任早稻田大学大学院法务研究科客座教授。

主要著作有《公害的法律商谈》、《公害判例的研究——生成与展开》、《公害赔偿的理论（增补版）》、《环境权的法理与裁判》、《连带债权的研究》、《企业的损害赔偿与法律》、《侵权法中权利侵害与损害的评价》、《民法Ⅱ—物权（第 3 版）》、《环境法（第 3 版）》。

淡路刚久还出任不少社会公职，包括日本交通法学会理事、日本私法学会理事、日本环境会议理事、日本社会学会理事，等等。

淡路刚久教授给我们举了一个例子。明治时代，日立公司开发矿山，上游有个村落位于松木谷地区。到了1890年左右，矿山、炼铜厂产生一种亚硫酸气体。谷中村在山谷，早上吹暖风，亚硫酸留在大气中，山上有些树木枯了，石头裸露，全村无法居住，只剩下墓地，当时的医生没法证明矿山对健康的危害。在英国留学的技术人员回来后做了一些预防措施，修建高高的烟囱，后来又将有毒气体排到海边，而不是留在山坳里。这被认为是有良知的企业。众议员田中正造站出来，开展并领导了守护谷中村运动。解决矿害问题，将矿沉在水里，全村淹没，去国会要求赔偿。考虑到当时几乎没有人知道公害是什么，我们就能知道足尾矿毒事件对于日本公害运动的巨大意义，对公害赔偿制度的建立的贡献非常大。这一斗争成为日本公害运动的原点，对于思索水俣污染问题具有重大意义。

我们同行中的杨丽向淡路教授表达了对此的异议。杨丽说：我觉得排到海边还不能算是有良知的企业，如果能够进行无害化处理方面的投资则更好。

听到这个不同意见，淡路刚久教授笑了，他说那是100多年前的事。当时企业也试着建了一个矮烟囱。结果烟倒是没有去污染周围的农田，而是“肥水不流外人田”全留在了工厂里。工厂里滚滚的浓烟让工人们别说干活了，眼睛都睁不开，后来人们管那个矮烟囱叫：傻帽烟囱。

在和淡路刚久教授座谈时，清华大学教授王名问：这么多年来，为什么一直没有对水俣受害地区的人民进行健康体检？

淡路刚久教授说：通产省当时否认致害原因，化工协会也否认窒素公司是致害企业，有人甚至说是二战时留下的炸弹等等。含糊其辞的12年期间，当然不会给受害者进行体检。政府不作为，民间很难去做。经过的时间越长，症状体现越不典型，原因越难查明，甚至被认为是假患者。这些都对不知火海地区居民进行全面健康体检形成障碍。

中国国际民间组织合作促进会秘书长黄浩明问淡路刚久教授：1973年判定了污染企业的责任，2004年确定国家与熊本政府的责任。是否能够追究首相、熊本行政长官的刑事责任？死亡的人是否可以获得赔偿？

淡路教授说：窒素公司的社长承担了刑事责任，并判有罪。国家，因为不是指定的，所以要追究刑事责任很难，不存在杀人意识，只能追究行政业务过失。

黄浩明又问：是否可判间接犯罪或渎职罪？

淡路教授说：不能。要判得符合构成要件。

对死亡人的赔偿，由继承人继承。

财新记者贺信的问题是：2004 年的判决，国家责任是不作为，但我没有看到具体是哪些方面不作为？看到的是政府不承认患者身份，行政不承认司法判决。

淡路教授说：最高法院，只是对高级法院的事实进行认定，并不是直接认定事实。认定方法最高法院不加评论，只是说国家与熊本县有行政不作为。之后就属于政治判断了。如乙型肝炎等，最高法院依据症状，从防疫学角度进行综合判断。想从法律上将官司打到底，可以做，但高级法院已经认定了。

访问东京的 NGO 组织——水俣病论坛

我们在世界十大公害之一水俣病故乡最后一天的访问还有日本水俣病论坛。它不是一个患者支持组织，而是一个以市民会议为组织的 NGO 法人。应该说，它也是日本现在关注公害的最大一个 NGO。起步于 1996 年水俣病东京展，此后在日本各地举办的“水俣展”，包括用影像和实物资料等来展示水俣病事件的发展过程，此外还举办拍摄过水俣病的每位摄影师的个人展。发起人实川悠太是从一个编辑的角度去观察患者运动。一边做自由编辑，一边做调查工作，已经坚持了 30 年。

日本水俣病论坛实川的观点是：市民应该抓住机会，吸取教训，不能让污染事件的教训就这样白白地过去了。

当时听到“白白”两字时，我一下子想到了我们在保护江河时也常常听到“白白”这两个字。而说这两个字的人是把“白白”用在江河的水要不开发，要不用来发电就白白地流走了。尽管我们已经呼吁了多年，江河并不只为我们人类而存在，江河养育着的还有大自然中的其他生灵。不能让江河的水白白地流走，仍然是今天的主流认知。

不能让教训白白地付出，不仅国人要从中吸取教训，也要告之世界，告知渴望发展的国家，这几乎是我们此次在日本听到的最多的警示。

实川说：在他们的行动中，没有参加过市民运动的人会抱有一种偏见，参加过的人抱有另外一种偏见。参加过的人认为不参加的人觉悟比较低，对污染的危害认识不够。没参加过的人认为参加的人没事找事，或是多管闲事。而我们就是要通过市民会议，扭转人们的观点。

水俣病论坛收集到的有关水俣病的书

水俣病论坛的会员每年交6 000日元的会费，在日本是一个中等规模的机构。现在有些政府官员和大企业的员工也成了他们的会员。实川告诉我们，老家在水俣的人，包括窒素公司的员工及家属，也在加入中，这在以前是没有的。

实川现在大部分时间到各处做收费演讲，讲水俣事件。

我在听了实川先生的演讲之后，向他提出了我的困惑：

来日本，是为了学习日本人在面对水俣病时好的做法与经验。现在听来，这么多年了，问题竟然还没有解决。从知事到民众，都说要吸取水俣病的教训，但福岛事件表明日本自己都没有接受教训。特别是访问的几位教授都特别强调福岛在重蹈水俣病的覆辙。为什么？像日本这样信息比较公开、公众参也较为广泛的国家还这样，那希望在哪？

在我们的访问中，一批大知识分子都在做很小的事，开个诊所，办个患者服务中心等。这些事情都是很有意义的，但对政策的影响和改变，是否太小了点？这是不是他们在各种尝试之后的无奈选择。实践先于理论，理论反过来指导实践。但我觉得听来听去，水俣病后的日本好像没有前进，而是在转圈圈？我每天写一篇在《绿家园江河信息汇总》上刊登的文章，开始抱很大的期望值，现在开始写日本人在上电梯时认认真真地排队，写垃圾分类能分出几十种，写广告中如何关注穷孩子等等，也在关注小事了。

实川说：他本人对政府行政部门讲的教训不感兴趣。如果要说教训的话，我们应该认识到：走了这么远，还是失败。日本从明治时代失败，水俣病失败，福岛又是失败，总是在失败。从欧洲开始的现代化，已经达到了极限，不会再有大的起色。中国是否能够变成如欧洲一样的富饶国家，我也不感兴趣。但是我觉得，欧洲没有总结出的一些哲学方面的认知，也许中国能总结出来一些。现代化、工业化的反思与失望，这些或许才是出路。

实川先生的一席话，我们在座的中国人虽然还难以产生共识，却很让我们思考。

什么是现代化，什么是出路？日本的水俣事件也好，日本的福岛核事故也好，日本人今天的修养也好，十天的日本之行，我们看到的、听到的、想到的和我们未来要做的关系是什么？又会产生什么影响？除了以记者的身份把这些写下来，我也会以环保“发烧友”的身份，把在日本体验的、感受到的，用在中国环境保护的行动中。

海外特稿

Special Feature

Comparative

重大不确定性下的协调

对福岛核电站灾难的分析

青木昌彦　杰弗里·罗思韦尔

三次核电站危机：三哩岛、切尔诺贝利与福岛

2011 年 3 月 11 日，日本东北地区发生了科学观测史上第二大地震——里氏 9.0 级地震，并引发了浪高超过 12 米的海啸。地震与海啸触发了东京电力公司下属的福岛核电站核反应堆（福岛第一核电站的 6 个蒸汽反应堆，以及福岛第二核电站的 4 个蒸汽反应堆）即刻关闭。然而，几天之后，第一核电站核反应堆由于没有足够的电力驱动水泵进行冷却而发生了氢爆炸与堆芯燃料的熔化。这一灾难虽然没有像原子弹爆炸那样导致直接的人员伤亡（死于海啸的 20 000多人中，大多数人是溺死），但是发生了 168 倍于广岛原子弹爆炸产生的放射性污染物铯泄漏，因此这场灾难导致了至今犹未可知的公共损失。

这一灾难不仅引发了关于核电站社会成本与收益的全球性公开讨论，而且提出了严峻的工程设计与社会科学研究问题。本文关注的问题是，福岛核电站事故的程度是东京电力公司声称的自然灾害超过了“可预见的假设可能性”所导致的必然结果，还是日本核电行业的内在矛盾放大了自然灾害冲击的程

---

* Masahiko Aoki，斯坦福大学荣修教授，国际经济学会（IEA）前主席，东京财团比较制度研究中心主任。Geoffrey Rothwell 任教于斯坦福大学经济系，斯坦福大学公共政策项目副主任。由于篇幅所限，本文略去了参考文献，特向作者和读者致歉。需要的读者可向《比较》编辑室索取：bijiao@ citicpub. com。——编者注

度。然后，我们提出的疑问是，如何对这一行业进行结构调整，以使它在应对极端冲击时更稳健、更具创新？

我们的理论框架是比较分析，因此我们的论述不仅与日本当前形势相关，而且与公共风险管理、一体化垄断（integrated monopolies）及替代能源的创新有关。为了实现这一比较研究方法，我们首先简要描述三次主要核危机发生的原因以及人们的应对措施，这三次大的核危机主要是三哩岛、切尔诺贝利与福岛。

1979 年 3 月 28 日，机械故障以及沟通不畅导致了美国三哩岛核电站 2 号反应堆燃料的熔化，2 号反应堆是三哩岛核电站于三个月前刚刚投入商业运营的轻水加压水反应堆（PWR）。这一反应堆在 100 小时内得到了控制，没有发生氢爆炸与外部污染。所以，美国总统吉米·卡特于 1979 年 4 月 1 日访问三哩岛，目的是给这个紧张的国家提振信心。他并没有干涉救援，作为一名前核潜艇军官，他希望告诉世人没有什么可以惧怕的。1975 年 1 月 19 日美国核管理委员会（Nuclear Regulatory Commission，NRC）在建立之初，就设定了美国总统与三哩岛核电站管理人员之间的职责范畴。吉米·卡特没有干预三哩岛核电站救助措施的制定，也没有干预对此次事件起因及其社会后果的调查。

1986 年 4 月 26 日，苏联切尔诺贝利核电站 4 号反应堆的操作员正在测试反应堆在低能量下的运行极限，4 号反应堆是一个自 1984 年 3 月就开始运行的石墨减速/轻水冷却反应堆（RBMK）。然而，为了进行这一测试，一些安全系统被关闭，而且操作员错误地将能量降到了 1%。在如此低的能量下，反应堆开始变得不稳定，致使能量波动超出了正常水平的 100 倍，导致 01：23：44（GMT +2）发生了蒸汽爆炸，将反应堆的顶层炸飞。苏联共产党最后一任总书记（1985 ~ 1991 年）戈尔巴乔夫在事发当天的早晨下达一连串命令，永久封锁一切有关事故损害的信息，18 天后才打破沉默。这一封锁在所有前苏联国家持续进行，苏联共投入了 50 万名陆军预备队员将高放射性石墨铲出切尔诺贝利，他们的健康状况并没有得到评估，事发当天住在切尔诺贝利的居民，吸入了爆炸所产生的放射性物质，但这些居民的健康状况也没有得到评估。

与之前的两起核事故相比，日本福岛危机是由自然灾害引发的。2011 年 3 月 11 日，在发生里氏 9.0 级地震之后，东京电力公司在福岛第一核电站的 1 号、2 号、3 号和 4 号沸水反应堆开启了系统自动关闭（5 号和 6 号反应堆由于添加燃料已于之前关闭）。在关闭模式下，冷却水本来应该可以降低反应堆残存的余热。然而，人们很快发现不仅通过输电网输送的电力由于地震的破坏无法正常传送，而且核电厂内部的备用柴油发电机也因海啸而无法运行。此外，各级员工都被迫在处理核后果的同时。

人们当下所面临的问题是："在这关键时刻，谁拥有最终领导权，并担负最终责任?"首相菅直人在核电站管理人员吉田昌郎的陪同下视察了福岛第一、第二核电站的10个沸水堆，吉田昌郎给首相提供了他对核能的第一手经验（基于自己从公民活动中获得的职业经验，以及东京电力公司在2002年被发现对福岛第一核电站1号反应堆的防护罩质量撒谎，首相已经不信任东京电力公司)。东京电力公司的两位最高管理人，会长胜俣恒久与总裁清水正孝在地震发生后20小时内都不在东京，也不在东京电力公司总部。东京电力公司不同的利益相关者，包括首相及其幕僚、原子力安全保安院（NISA，参见图1)、东京电力公司总部以及福岛核电站，争执不休、相互猜忌，迟迟不敢披露对他们不利的负面信息或采取果断措施；菅直人在辞去日本首相一职后将当时的情形描述为一场"语言游戏"。在迟疑不决之际，1号反应堆的燃料熔化(3月11日19：30)，1号反应堆发生氢爆炸（3月12日15：36)，3号反应堆燃料熔化（3月13日09：00)，接下来2号反应堆燃料熔化（3月14日20：50)；相关大事记可参阅原子能机构（NEA，2011）与维基百科（Wikipedia，2011)。

3月15日05：30，首相、内阁成员与东京电力公司官员举行了一次会议，就在会议期间，两次氢爆炸损毁了2号反应堆（06：10）与4号反应堆(06：14)的房顶。我们并不知道东京电力公司官员在会议开始时是否知道熔化的反应堆的状况，但是，随着会议中电视直播的氢爆炸新闻，首相变得极为愤怒，并派遣经济产业省大臣前往东京电力公司总部，同该公司会长胜俣恒久共同主持危机管理委员会的工作。随着3月15日会议后利益相关者之间的信息共享有所改善，日本惯用的决策方式在2011年3月失效，公众指责日本首相未能有效动员和协调一切可用资源来应对并控制灾难的影响，菅直人面对如山的指责，于2011年9月黯然辞职①。

---

① 对于福岛核电站在地震与海啸中发生的事情，以及随之而来的一系列人为失误正受到菅直人政府所指派的"福岛核电站事故调查委员会"（Investigation Committee on the Accident at the Fukushima Nuclear Power Stations）的调查。该委员会由一个擅长于危机管理的大学教授领衔，委员会成员包括律师、工程师、地理学家以及其他方面的专家，这些人在该行业中没有任何经济利益，也没有任何政府职务。

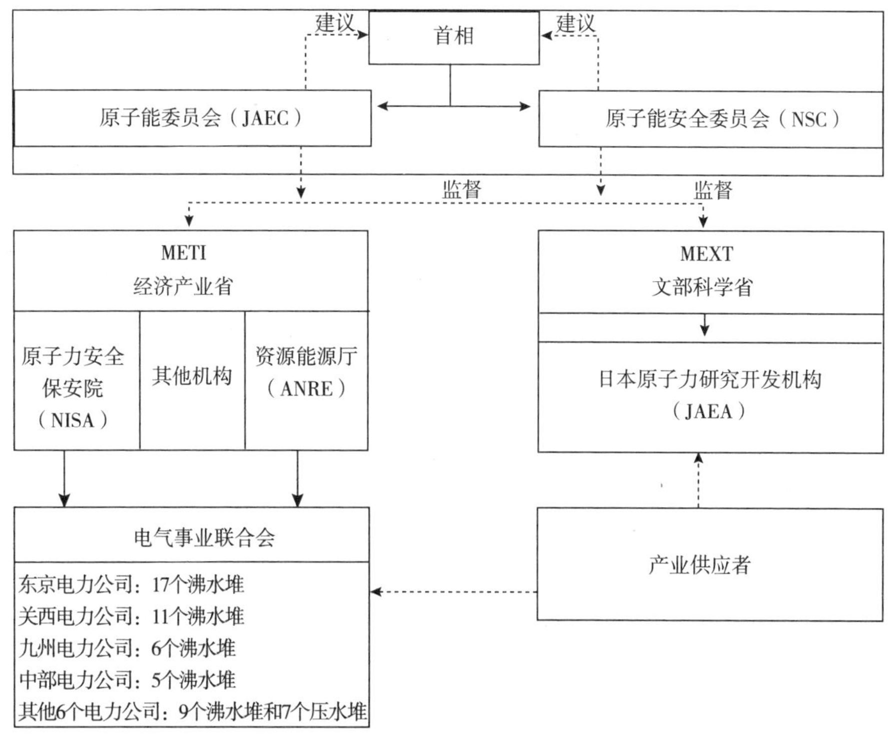

图1　日本核工业联合体组织结构图

资料来源：http://www - pub. iaea. org/MTCD/Publications/PDF/CNPP2011_ CD/countryprofiles/Japan/Japan2011. htm。

三种典型的组织架构

上述三起事件可能被认为是极端环境下发生的偶然性事件，但是每一起事件都说明了三个核电站内部和外围特定的嵌入式信息架构，以及应对极端事件的相关模式。为了理解它们不同的特点，设想一个由许多单元组成的系统，这些单元有不同的任务或功能、不同的连接模式。我们可发现系统结构的三种模式：（1）“开放的基于接口规则的模块化”模式；（2）“自上而下”的，或者说“垂直控制”模式；以及（3）“水平协调”模式。

第一种模块化模式的一般形式，是一个由许多单元组成的系统；每个单元都有某一特定功能，不同单元根据事先设定的接口规则连接在一起。只要遵循这些事先设定的规则，每个单元就可以在不受其他单元干扰的情况下行使自己的功能。这一模式的信息系统化特征已经被克雷默（Cremer，1990）和青木（Aoki，2011，第四章）所研究，并且被鲍德温和克拉克（Baldwin 和 Clark，2000）应用于解释信息通讯产业的后 IBM 产业组织。模块化理念可以被应用于不同的层面：工厂的工程设计、组织架构以及产业组织。在核电站设计层面，一个压水反应堆可以被视为一组嵌入核级（nuclear-grade）水泥结构的设备模块。这些模块包括：（1）反应堆；（2）蒸汽产生器；（3）涡轮—发电机—冷凝器；（4）转换器与电力设备；（5）冷却与排水系统。在基于海军舰船反应堆的小型模块化反应堆的设计中，反应堆与蒸汽产生器被整合为一个单一模块，小型模块化反应堆（45～200 兆瓦）可以扩容，以便更接近当地的需求水平（Rothwell，2011）。

模块化模式一个可知的优点是它可以自行组织创新。鲍德温与克拉克（2000）解释了追求相同功能的多个模块可以通过演化竞争选择表现最优的模块。在不确定性非常高的环境下，如果有一个机制能够允许模块根据开放的接口规则进行复制、替代与分割或增加，就可以创造很高的选择权价值（option value），尽管为此需要支付复制成本。它类似于可能的实验产出高度不确定性时，多重实验所带来的好处。与之相类似的一种模式是在核电站设计中的纵深防御（defense-in-depth），也就是说，把纠正工程故障的备用装置植入整个结构，它们的运行会根据事先设计的规则连续启动。接下来，我们将模块化的概念应用于企业与产业层面，讨论它对核电站安全与效率的重要性。

第二种"垂直控制模式"是经济学家和组织理论学家最熟悉的一种模式。其定义是系统的组成单元以树状结构联系在一起，信息（命令与报告）只在垂直方向上传递，而很少在水平层面上交流。由于稀缺的信息处理能力集中在命令的顶端，这种模式通常被认为在低不确定环境下表现较好。然而，正如我们在切尔诺贝利爆炸之后所看到的，当现场信息的迅速使用十分关键的时候，对于这种模式的严格应用可能并不有助于危机的处理。

第三种"水平协调模式"的最一般形式是，有关环境演化的信息在具有互补功能的组成单元间分享，它们之间就各自的产出水平决策进行持续的调整与协商。关于这一机制的理论特征，青木（1986）、克雷默（1990）、阿隆索等人（Alonso、Dessein 和 Matouschek，2008）以及其他一些人都曾作过分析研究。通过研究我们可以知道，在环境发生持续变化而非剧烈变化，且模块功能在技术上互补的时候，这种模式的表现要优于垂直控制模式的表现。青木

（1990）曾指出："另一方面，如果环境极不稳定或极不确定，（水平协调模式）适应环境变化可能产生高度不稳定的结果。"

罗思韦尔（1996）从经验研究的角度分析了核电站水平协调模式与垂直控制模式之间的相对表现，他发现前者发生电力断供的故障率要低一些。由于发电厂运行的时间占大部分，所以在没有危机的时候，水平模式从整体上来说更有优势。罗思韦尔分析了49个核电站（大多数为美国的核电反应堆）在1976年1月至1985年12月的运营与电力断供数据，并根据奥尔森等人（Olson等人，1984）的《最终安全分析报告》（Final Safety Analysis Reports，FSARs）中的核电站组织图，构建了一个等级指标，《最终安全分析报告》是美国核管制委员会要求的。罗思韦尔估计的变量支持水平模式同较长的运营时间相关联，而垂直控制模式则与较短的电力断供时间相关联的观点。

3月11日，日本水平协调模式在福岛失效

东京电力公司是一个一体化区域垄断企业，在2010年占日本电力总供应的29%，向东京都会区的2 400万个家庭和200多万家企业供应电力。它在福岛和柏崎刈羽拥有17个核电机组、火力发电厂以及传输与配送电网。不同的发电厂、传输与配送系统之间存在着"无缝"的水平协调，以满足管制价格下的电力需求。因此，东京电力公司以"电力供应的质量"为傲，例如，面对季节浮动需求发生电力断供的可能性极低。然而，在该一体化系统内部，东京电力公司的核电站发生自愿或非自愿电力断供的时间是较长的，例如，2007年7月16日柏崎刈羽地震发生后，对发电站造成的破坏非常类似于2011年3月11日地震对福岛核电站的破坏①。这表明，东京电力公司有大量的闲置产能来履行其承诺的电力供应质量。3月11日，随着灾难的爆发，一系列核电机组由于设备故障、预防性操作中止和定期维护等原因而随之关闭，东京电力公司的总电力供应产能因此缩减了25%，但预期的能源短缺在2011

① 地震给柏崎刈羽核电站（世界最大的核电站）造成的破坏主要包括反应堆建筑物中的水泄漏，反应堆核心冷却系统中的水泄漏，反应堆核心冷却系统泵的油泄漏，转换设备中的油泄漏，转换设备起火，进出转换设备的电力中断，备用电力设施漏水，液体废料处理系统断电，冷却水进水系统崩溃，放射性污染水泄漏，反应堆所在的位置发生不均匀的液化。自2007年7月16日以来，柏崎刈羽核电站的7个机组，只有两个还在运行。

年夏天并没有发生，产能使用几乎没有超过90%（这得益于广大日本民众共同的牺牲）。

尽管水平协调模式在正常状态下的表现有目共睹，然而在企业与产业层面上应对自然灾害时，水平协调模式则未能将灾害的影响限制在一个更为合理的水平。决策制定核心的模棱两可以及利益相关者之间持续的协商失败，在用海水来冷却反应堆的决策制定上可以清楚地表现出来。《纽约时报》（2011）发表了如下报道：

> 3月12日晚间，福岛第一核电站最老的反应堆遭遇了一次氢爆炸，整个反应堆有完全熔毁的风险。首相管直人要求助手衡量用海水冷却反应堆的风险。在这重要时刻，怀疑日本产业与官僚相互串谋的首相行动毫无头绪……东京电力公司则揣摩首相办公室的态度，并据此命令发电站站长停止（注入海水）。但是站长（吉田昌郎）做了一件令日本企业界难以置信的事情：他违抗了命令，悄悄地继续用海水冷却；专家们认为，几乎可以肯定地说，这一决定阻止了反应堆发生更严重的熔化，吉田昌郎也因此意外地成为英雄人物……上周，东京电力公司对吉田先生违背指令的行为给予了口头批评的最轻惩罚。

当核电站遭受意外的外部冲击时，必须在现场采取正确而又及时的行动。我们可以将哈特（Hart，1995；Aoki，2010，第2章）提出的人力资产重要性（human-asset essentiality）这个一般概念更具体地应用到这里，也就是说，在一个始料不及的重大冲击面前，核电站现场的人力资本是“必需的”（或者“无法替代的”），因为如果只有实体资本的垂直控制而没有相应的局部人力资本的补充投入，最高管理层的指令的（边际）有效性就无法提高。如果这一条件成立的话，那么在最高管理层层面与发电站层面的人力资本就是相互必需的，在面对意外冲击的时候，每一个层面特定的信息处理任务与决策必须是不同的，它们之间的相互作用模式必须在事先得到清晰的界定。这样的话，公司与发电站层面的专家在处理危机时可以更好地协调，不会拖延，也不会和其他领域的专家相互干预。实际上，这就是高度复杂的系统在面临高度不确定性的环境时，模块化所发挥的力量。如果最高管理层有能力设计必需的接口规则，发电站层面能得到必需的专家，模块化就有可能发挥作用。利益相关者在紧急危机时期的临时协商放大了2011年3月11日灾难的影响，因为利益相关者中的一些人缺乏核工程的专业知识，或者缺乏现场信息。

从正常情况下的“及时”协调来看，水平协调可能更有优势，但从“以防万一”（“just-in-case”）的角度来看，则并非如此。那么有无可能将水平协调（不同机组间保持持续的信息交流与协商）应用于正常状态，而在大冲击出现的时候转换为模块化协调模式？这是不太可能实现的，因为公司组织的构成单元的行为是基于它们对其他单元在正常情况下的预期和行为的共有信念（shared belief）之上的（参见 Aoki，2010，第 2 章论“企业文化”作为企业内部博弈的一般框架）。这样一个预期矩阵在面对意外冲击时，是很难改变的。正如 2011 年 3 月 11 日灾难发生后，利益相关者之间杂乱无章的交流一样，他们倾向于按照正常情况下的行为来采取行动。这样的话，在危机情况下又如何能将模块化协调模式的特点融入一体化垄断且长期依赖水平协调的日本能源行业呢？只有通过将模块化理念更广泛地应用于产业组织与监管，从而引发一场根本性的制度创新，才有可能将模块化协调模式融入日本能源行业。

对一体化区域电力垄断企业的三种功能进行分拆

日本电力行业可以运用模块化，为此，需要根据电力行业的功能——发电、传输与零售配电，将一体化的区域垄断组织分割成单独的法人实体。更具体而言，将拥有输电网的独立系统运营商（Independent System Operator，以下简称 ISO）设立为一种重要的基础设施，只要潜在的电力供应商以及零售商与具有独立发电机的大型企业客户遵循 ISO 设定并执行的规则，他们就可以公平地使用这一基础设施。为了避免发生 2000～2001 年加利福尼亚电力危机那样的事件，并提供投资（如果可能的话，包括对更安全的核电站的投资）激励，ISO 需要借助信息技术，谨慎设计并执行匹配和安全监督规则，对于信息技术，我们将简短谈及。我们首先说明推动这种产业结构重组的可能方式。对于分拆发电与传输的可能性，20 世纪 90 年代末至 21 世纪头 10 年，经济产业省内部曾有过一些讨论。然而，东京电力公司声称这对“电力供应质量”来说并无益处，由于东京电力公司强大的政治抵制，这些讨论最终没有变成现实。2011 年 3 月 11 日的灾难发生后，形势发生了急剧变化。为了偿付不断累积的福岛核电站债务，以及弥补福岛第一核电站 1～4 号机组退役的成本，东京电力公司必然缺乏资金，它的净资产甚至也有可能变为负值①。然而，如果通过正式的破产程序来解决当前的状况，就会导致与电力供应稳定和金融市场稳定（东京电力公司是日本最大的债券发行商之一，截至2011年3月31日，其未偿付的长期债务总额为11.3万亿日元，净资产为1.6万亿日元）相关联的公共福利的巨大损失。因而，公共基金注入东京电力公司是不可避免的，为此2011年9月成立了“原子力损害赔偿支援机构”（Nuclear Damage Support Organization）。据估计，该组织可能需要支付5万亿日元。

然而，公共支出无须也不应该用来帮助东京电力公司摆脱可能破产的困境，让它能够完好无损地保持法人形式。日本政府可以购买（一部分）东京电力公司的输电网，将股权和管理交给一个类似ISO的新法人实体。② 如很多欧洲国家所做的，日本可以创建一个公平接入的公有输电网。输电网的公有制主要是基于电力行业放松管制的经验，与发电厂不同，输电网具有自然垄断性质（Rothwell和Gomez，2003）。各种类型的电力公司（可能包含通过压力测试的现有核电站）和地区零售供应商也许可以组成独立的股份有限公司。供应与需求可以通过ISO管理的现货市场进行匹配。然而，为了避免出现2000～2001年加利福尼亚电力危机那样的故障，同时为发电站资产的投资提供激励，可以通过以下三种措施来扩大现货市场。

首先，零售经销商与大消费者可以同供应商签订长期固定成本合同，限制供应商操纵其“短期”市场势力。在能源行业，如果只是使用现货市场的话，供应商可以通过故意关闭发电厂进行不定期维护制造人为供应短缺来获取垄断

---

① 菅直人政府设立的“东京电力公司管理与财务状态调查委员会”在2011年10月3日公布了最终报告。该报告估计，福岛1～4号反应堆退役的成本为1.081万亿日元，2011年一次性损害赔偿为2.61万亿日元，2012财政年均赔偿为1.24万亿日元，之后为0.90万亿日元（退役成本的估计是根据三哩岛核电站的退役费用折算为4个机组的退役费用，再加上净化冷却水等相关费用。关于三哩岛退役成本的研究请参见Pasqualetti和Rothwell，1991）。根据特别工作小组的类似研究，东京电力公司在核电站停止运营以及不提高电价的前提下，其净资产将在2013年变为负值。调查委员会的职能也被纳入2011年9月成立的原子力损害责任促进基金（Nuclear Damage Liability Facilitation Fund，NDF）。

② 东京电力公司是日本九大区域垄断组织之一。一个独立运营商首先可以在东京电力公司的领域内设立，视其成功情况，其他地区也可以仿效。

势力（Bornstein，2002；Wolak，2003b）①。

其次，从消费者方面来说，消费者可以同能源供应商签订按某一固定价格购买规定数量的合同，如果超过规定数量，则支付现货市场价格（例如，前一天的价格），而未使用的数量可以像手机服务那样累积（Bushnell、Hobbs 和 Wolak，2009）。这一动态定价机制可以借助联网智能电表来实现。它无疑可以调动消费者灵活应对供给变化。在目前形势下，东京电力公司有义务满足管制价格下的未来消费者需求，如果这样，它就不得不维持额外的产能，以避免断电。

这些供给与需求方面的合同安排决定了每个市场参与者的初始头寸，这是因为多头消费者可以在现货市场释放一部分合同规定的数量，而多头供应商则要履行某些承诺。

第三，在给定这些条件下，通过先引入"基于成本的调度"（cost-based dispatch），就可以实现电力供应的竞争（Wolak，2003a）。在一个基于成本调度的市场上，模块化发电公司向 ISO 提交其启动成本、空载成本与可变成本，或者是随现货市场价格而定的供应计划。然后 ISO 要求发电公司提供其发电资产每小时发电的情况，目的是最小化满足电力需求的成本和最大化满足电力需求的可靠性。因而，ISO 可以在基于边际发电成本的现货市场上，促进电力交易。如此一来，电力公司的竞争也就可以在基于边际发电成本的现货市场上实现。现货市场的出清价格等于最后被调度的单位电力的生产成本。拉丁美洲就应用了基于成本的调度（Falconett 和 Nagasaka，2009）。给定当前的信息与通讯技术，在日本运营这种智能电网应该是可行的。

此外，非一体化的模块化结构是创新型的，同时也是环境友好型的。有了电力/信息传输系统这样一个具有自然垄断性质的基础设施，各种各样的发电厂，包括核电厂、热电厂、水电站、太阳能发电厂、风力发电厂、地热发电厂以及其他可再生能源发电厂，都可以作为独立模块（也即作为独立的法人实体）实现互联互通，并以公平竞争的方式，来吸引投资者的注意。作为一个

---

① 2000～2001 年加利福尼亚州电力危机的一个重要原因是由安然公司在 2001 年 9 月宣布破产之前策划的人为制造的供应短缺，以及太平洋西北部地区由于干旱造成的水电短缺。这导致了电力的批发价格在 2000 年飙升了 800%。参阅 Wolak、Nordhaus 和 Shapiro（2000）。同时，对电费施加了一个最高限价。因此三家地区性电力垄断企业在批发市场上导致了巨大损失，批发市场是由加利福尼亚独立系统运营商（California Independent System Operator）运营的，三家地区性电力垄断企业中的一家，代阿布洛峡谷（Diablo Canyon）核电站的拥有者与运营商——太平洋煤气电力公司（Pacific Gas & Electric）于 2001 年 4 月宣告破产。

整体的系统就可以通过演化选择（evolutionary selection），而不是通过企业总部的事先规划，来自行组织创新。如鲍德温与克拉克（2000）所认为的，这种创新方面的模块化竞争可以创造选择权价值，而层级制公司控制的创新模式则不可能创造出这样的价值。此外，模块化竞争对每一模块都有正面激励的作用，而在一体化的企业体制内，则不可能产生这样的激励，原因在于额外的创新努力提高了发现最佳技术的边际可能性（Aoki 和 Takizawa，2002）。读者也许注意到，信息通讯行业和制药行业在过去几十年里惊人的创新速度很大程度上源自模块化产业组织的发展（Powell 等人，2005）。通过日本电力/信息传输系统将供应者与消费者竞争性地连接在一起，可以有效地激励能源节约以及替代能源开发和能源储存。游离在传统电力部门之外的企业可能变成积极的参与者，例如信息技术、插电式汽车、建筑设计与建造，以及新一代电池与电力设备制造等行业的企业。熊彼特将创新定义为“创造性毁灭与重组”。将日本私营的、区域垄断的一体化发电、传输与配送体制分拆，然后将这些模块中包含的人力资本与实物资本重组成一个有着电力/信息传输系统的自我监管市场，这也是一种制度创新。

从这个角度来说，有人可能认为，在一个非此即彼的选择框架下讨论日本的核能源问题并不恰当，因为可能还有一条中间道路，它既可以发挥模块化优势，又可以更有效地监督核能发电与发展。一组核电站（或热电站）可以被模块化为拥有高质量人力资源的独立法人实体，遵循由独立监管机构设定的透明的规则。这样的模块化系统，因为相互之间有潜在的互补性，所以有助于提高发电厂、公司法人以及行业层面的抗冲击能力、操作效率，并培育创新。然而，除非模块化能在监管层面得到应用，否则其潜在效益就难以实现。

在日本目前的一体化区域垄断体制下，核电站处于公司法人管理者与监管者的双重控制之下。东京电力公司的 CEO 从来都不具备初级核工程知识，而是精于处理政府关系与企业谈判。东京电力公司不仅是电力供应方面的受监管的垄断企业，还涉足一系列市场，如工业设备、燃料、金融服务、房地产与广告等，因此它有强大的市场势力。它们可以将成本压力转嫁到受管制的电价上，导致日本的电力价格比美国与韩国要高 50%。东京电力公司最高管理层主要考虑如何保持公司的区域垄断地位，并攫取垄断收益。另外，作为政府安全监管机构的原子力安全保安院是经济产业省下属的一个部门，而经济产业省积极推动核能源的发展（参见图 1）。原子力安全保安院不应该既自主地监督核能发电的安全，又鼓励核能源的发展。监管者与被监管者之间存在着或明或暗的共谋，使双方组成了一个自我促进的“核工业联合体”，如图1所示。

我们认为，控制核电厂危机风险的一个重要因素是进行“纵深防御”准备，也就是说事先安装模块化设备，当某个设备出问题后，备用设备可以依次启动。放大此次自然灾害所造成影响的一个人为因素是，尽管存在可能发生海啸的风险，但是备用发电机依然被安装在接近海平面的地方。随着2011年3月11日灾难的发生，东京电力公司坚称海啸的程度超出了设想的水平。然而，日本可能发生如此大灾难的警告早就有公开资料可查。一份历史文献，即编写于公元901年的《日本三代实录》，就记录了公元895年在日本东北地区发生了程度相当的海啸灾难，现称为“贞观三陆”（Jyokan-Sanriku）地震（据记录，那次灾难造成的死亡人数超过1 000；公元1000年前后，日本总人口不超过700万人）。日本政府与产业官员将这一历史数据以及其他历史数据视为历史叙述中典型的夸大之词，而弃之不顾。近期的地球物理学研究证明，在过去6 000年间，由超过里氏8.0级地震引发的海啸在日本东北地区发生了6次。

基于上述历史与科学研究，在经济产业省组织的讨论福岛核电站安全监管的官方会议上（sogo shigen enerughi chosakai，2009年6月和7月），与会人员表达了对海啸防御不足的担忧。但是，这一警告并未有效地反映在东京电力公司的中期报告中。根据由日本政府指派的调查此次危机成因的委员会近期的一份报告，东京电力公司在福岛核电站对浪高10~15米的海啸可能造成的影响进行了模拟研究，并在2011年3月11日灾难发生的五天前向经济产业省提交了研究结果。这一报告及其对东京电力公司公信力的影响目前还没有向公众公布。

将监管机构置于经济产业省管辖之下的缺陷在此次危机之后基本上得到了日本各界的认同。政府的一份提案（在2011年底提交国会讨论）规定，在环境保护部下新设一个监管机构，该机构将合并原子力安全保安院的功能以及经济产业省的部分功能（参见图1）。然而，将监管机构置于政府部门之下，机构领导对某大臣负责，这种设置仍然是有问题的。这是因为安全监管者的决策将受到利益集团政治的影响，同时由于日本保守的行政管理人事规则与实践，聘用精通核工程的专业监管者并非易事。日本需要一个真正独立的监管委员会，不会受到来自任何利益集团的压力，包括东京电力公司。如果没有这一监管功能模块，安全可靠的核能发展在日本几乎是不可能的。

总结：两个主要因素

我们描述了导致2011年3月11日发生在东京电力公司福岛核电站的自然灾害恶化，并导致其最终转变为一场大灾难的一些基本人为因素。其中有两个重要因素：一是行动迟疑不决，如开放排气口释放反应堆内部压力以避免氢爆炸；二是反应堆冷却系统失灵，这导致反应堆核燃料的熔化。利益相关者之间混乱无组织的信息交流与协商，缺乏专业知识、现场信息以及清晰明确的决策权威，对第一个因素负有不可推卸的责任。第二个因素则源于错误估计可能发生的自然灾害风险，以及随之而来的应对巨大海啸的纵深防御。就此而言，真正的罪魁祸首是盘踞在日本核工业联合体内部的区域垄断电力公司，它们为追求利润最大化损害了公共安全。

这些问题的本质可以说来源于日本产业组织内嵌的协调机制，即水平协调模式。在这种机制下，利益相关者或系统的组成单元，无论是在发电厂、企业、行业还是监管层面，通常共享有关其互补利益（complementary stakes）的信息，并就这些问题进行持续协商。这一机制在连续温和的变化环境下，通过微调反应，能够较为平稳有效地运行。然而，理论分析和福岛灾难这样的事件都清楚地表明，水平协调模式在重大的意外冲击事件中可能失效。一个可能的替代协调模式是模块化模式。在这种模式下，具有各种特定功能的模块可以按照事先设计的接口规则相互连接起来。我们从以下几个方面讨论了模块化模式可能表现更好的原因：（1）纵深防御；（2）应对重大的意外局部冲击；（3）在电力与信息技术等网络化产业中，有效的产业组织；以及（4）创新的自我组织。

我们的问题是，日本能源行业能否朝着将模块化模式融入其传统水平协调模式的方向进行改革。我们主张，对于因自然事故与人为失误造成的东京电力公司的财政困难，一个解决方法是首先将东京电力公司的输电资产出售给日本政府，将模块化引入电力行业。具有自然垄断性质的公有制输电网可以作为一种基础设施，引入并发展产业组织的模块化模式，以使日本的电力行业更加安全、有效，更富有创新精神，更加环境友好型。与此产业改革相关联的是，促进监管机构实现真正的独立与专业化，重新构建监管机制。这是模块化在公共政策层面上的另一种应用。

（中国社科院研究生院博士生　王旭　译）

金融论坛

Financial Forum

Comparative

21世纪需要怎样的金融体系?

安德鲁·克罗克特

一、引 言

很高兴回到国际清算银行（BIS），也非常荣幸能够在皮尔·雅各布森（Per Jacobsson）纪念讲座上发言。首先，请允许我怀念一下去年此刻站在这个讲台上的人——我们共同的朋友派多亚夏欧帕（Tommaso Padoa-Schioppa）先生。在这个礼堂，他的智慧启发和感动了我们所有人。他本质上是一位中央银行家，但在他多变且成就卓越的职业生涯中，他又扮演了许多其他角色。他最为自豪的也许就是他在欧洲货币联盟中的关键作用，一开始他是欧盟委员会的高级官员，后来他是德洛尔委员会（Delors Committee）的报告起草人，之后他是欧洲央行创始人之一，也是欧洲央行的理事会成员。他一直是一位雄辩的欧洲一体化的倡导者。

另外，他还是一名证券业监管者、财政部长、国际货币与金融委员会（IMFC）主席、巴塞尔委员会（BCBS）主席、支付结算体系委员会（CPSS）主席、国际会计准则理事会（IASB）主席等。正如我去年介绍他时提到的，如

* Andrew Crockett，原国际清算银行总裁，现为摩根大通银行特别顾问。本文是作者于2011年6月26日在巴塞尔Per Jacobsson纪念讲座上的演讲，演讲中涉及的观点仅代表个人观点。Paul Tucker、Morris Goldstein、Darrell Duffie、Ted Truman、Charles Goodhart、Bob Sleeper、Philip Turner和Adam Gilbert对演讲初稿提供了有益的评论，但他们并不对演讲内容负责。

果他同时扮演上述角色，他将获得金融稳定理事会（FSB）的8个席位。

派多亚夏欧帕先生在信念上是一位国际主义者，从气质上看是一位学者，从职业上看则是一名政策制定者。他去年的演讲在极大程度上展现了所有这些特质，为我们绘制了一幅广阔的画卷。他对本次金融危机进行了剖析，对后威斯特伐利亚国家主权模式在一体化世界经济中的局限性进行了深刻分析，并在此基础上得出结论，即在目前的全球体系中政府和市场共同制定货币和经济决策的方式。

和派多亚夏欧帕先生一样，在接下来的演讲中，我将不仅局限于当前关于监管改革的辩论，而探讨一些更广泛的问题。我讨论的主题是：在未来中长期中支撑金融体系的基本规则。这意味着，我们期望一个稳定有效的金融体系发挥什么基本作用，这样一个体系如何增加实体经济的价值；意味着，通过加强（而非减弱）金融体系对最优资源配置的贡献来解决该体系明显不稳定的倾向性；意味着探索市场纪律、监督管理和公共部门干预之间的恰当平衡。在这些讨论过程中，我将尝试在两个方向上拓展目前的争论：一是将整个金融体系包含进来，而不仅仅讨论银行业；二是不仅仅讨论我们希望金融体系避免什么（如周期性危机），也要讨论我们希望它达到什么（如为实体经济增加价值的最佳方式）。

始于四年前的这场金融危机提出了关于金融行业是如何组织、运营和监管的基本问题。考虑到本次危机的深度以及随后经济衰退带来的巨大的经济和社会成本，提出这些问题并不奇怪。公众对此充满了愤怒和不满：愤怒是因为本该促进经济体系其他部门有效运作的行业却存在如此惊人的缺陷，并导致了如此大的成本；不满是因为最应该对危机负直接责任的人却轻易地豁免了责任。因此，应对危机的许多举措集中于不惜代价地避免重蹈覆辙和满足公众“银行和银行家必须为失败付出代价”的愿望。

尽管愤怒和不满可能有利于促进采取行动，但无助于形成平衡应对危机的做法：既保护社会免受金融脆弱性损害，又维持金融业对高质量可持续增长的贡献。实现这一目标，我们不仅需要分析导致此次危机的金融体系的缺陷和可以采取的避免重蹈覆辙的措施，还需要正确理解我们期望一个运行良好的金融体系作出哪些贡献，以及这样一个体系需要满足哪些基本要求。因此，就让我从界定这样一个金融体系开始讲起吧。

二、金融体系的本质

金融体系不只是为支付结算和信贷活动提供便利的机构，它包含了所有引导实体经济资源达到最终用途的功能。从这个意义上讲，它是一个市场经济体的中枢神经系统。金融部门包含了许多相互独立又相互依存的要素，每个要素对金融部门的有效运作都至关重要。第一个要素是金融中介机构（如银行和保险公司），这些金融中介机构是承担义务和获取权利的主体；第二个要素是权利交换的金融市场，不仅包括股票和固定收益证券市场，还包括外汇交易的场内和场外市场；第三个要素是金融基础设施，这是金融中介机构和金融市场有效互动所必不可少的，最明显的就是证券交易所和支付结算系统，但也包括提供合同确定性的机制和有效金融中介活动所需信息的产生、证实机制，例如信用评级、会计、审计、金融分析以及监管框架等。

金融中介机构、金融市场和金融基础设施这三个要素是密不可分的，金融中介机构需要利用金融基础设施才能安全地进行交易，需要利用金融市场来对冲中介活动所产生的风险，而只有当机构能提供流动性、信息提供者能有效地发现价格时，金融市场才能有效运作。总体上来讲，正如我之后要讨论的，金融体系的各要素共同改善引导资源配置的信息。高质量的信息是引导资源流向最有效用途、促进跨期合同签订、从而提高增长潜力的基础，要使金融部门的改革对金融服务的使用者最有益，就必须保护和促进该体系创造这种信息的能力。

三、金融部门的贡献

本次金融危机之后，人们日益关注金融部门，特别是银行给经济体系其他部门带来负外部性的能力，这并不奇怪（Haldane，2010）。这种负外部性包括救助有倒闭危险的金融机构所导致的直接财政成本，也包括大规模金融萧条所致经济衰退产生的间接成本。如果将损失惨重的危机看作金融部门对经济体系其他部门的主要影响，那么任何限制金融机构承担风险的措施就或多或少是合理的。

实际上，一个运作良好的金融体系对集中储蓄、促进投资有效配置和熨平非金融因素导致的经济波动都至关重要。通过合理地承担风险，它可以推动生产率达到最优增长水平，也有利于提高生活水平。比较金融体系开放的国家和金融体系受抑制的国家经济效益的差异，就可以看出这种贡献的重要性（Caprio 和 Honohan，2001）。这个比较表明，金融对经济的贡献应该通过金融体系所致全要素生产率的提高来衡量。然而，要量化这种贡献、分清金融体系内部各部门的贡献十分困难。尽管如此，这并不妨碍我们识别金融部门有效影响经济的一些途径。

首先，金融体系为经济提供支付系统，这是最没有争议的一个途径。任何市场经济的运行都需要支付系统，而实践证明，通过银行体系提供支付是最有效的方式。有些人认为，这是银行体系最独特的功能，也是唯一需要公共政策干预保护的功能。这也是“狭义银行”学派的根本出发点，该学派的追随者认为，如果支付机制得到充分的保护，公众对金融体系的其他部分是如何组织的就不会有特别的兴趣。

然而，隔离支付系统并不能自动保证信贷供给机制的稳定性和有效性。而通常正是信贷供给的中断使金融体系的问题传递到实体经济，也往往是信贷分配的无效妨碍经济达到最优的增长，一个最明显的表现就是泡沫的形成及破裂。

除了作为信用中介和提供支付，金融体系至少还通过其他三个途径为经济增加价值。第一，通过将短期和不确定的债权转换成更符合储蓄者资产持有偏好的债务，金融体系既增加了非金融部门的流动性，又提高了经济体内的总体储蓄水平。期限转换是金融体系增加经济体系其他部门价值的一个重要途径，但正如我们从这次危机中看到的，与期限转换密切相关的杠杆也会成为脆弱性的主要来源。因此，在设计 21 世纪的金融体系时，我们既要保留期限转换对金融服务使用者的益处，同时也要设法使金融体系足够强健以应对意外的流动性短缺，例如因为突然丧失市场信心引起的流动性短缺。

第二，也可能是最重要的一点，金融体系是交换经济解决信息不对称问题最基本的方法。从最终贷款人到最终借款人的整个借贷过程中充满了信息不对称：交易之前，潜在借款者比潜在贷款人拥有更多有关该笔贷款投资风险和收益的信息，这可能导致逆向选择；交易之后，由于借款人和贷款人的利益不相同，可能导致道德风险。最终，这些因素共同导致了跨期交易的缩减、投资的减少和资源的次优分配。

金融体系的发展表现为解决信息不对称问题、提高交易效用的社会机制演进的过程。最终借款人和最终贷款人会因为信息不对称问题减少交易，而银行或其他中介机构可以介入从而解决这个问题。在这个过程中，金融机构自己的资本要承担风险，他们的动力来自借款和贷款间的利差，而能力则来自他们作为“代理监督人”（Diamond，1984）能够提供专业资源来评估信贷风险、限制借款人的行为。如果一个金融机构生产的附加信息的价值超过成本，并且能够从这些信息中提取私人价值，那么它就能生存并取得成功。

金融中介的介入并不是转换期限或生产信用信息的唯一方式，证券市场也可以起到相同的作用。但和银行一样，证券市场的有效性有赖于高质量的信息，并且只有当生产信息的主体获得的收益超过成本时，信息才可得。但证券市场上的信息提供会受到“搭便车”问题的困扰，关于这方面我在后面会进一步讨论。如我们所见，尽管会计师事务所、评级机构等专业的信息提供者可以证明价值和信用，但它们也会面临利益的冲突。此外，过度依赖外部的信息提供者会助长“羊群行为”。因此，交易主体的自营交易仍十分重要，他们各自的观点综合在一起可以揭示出一个公平的市场价格。拥有大量强健的做市机构是一个有效资本市场的重要因素。

第三，金融体系促进高质量经济增长的另一途径是，提供对冲投资不确定性的手段。众所周知，几乎所有的实体经济活动都需要有保险作为保障，如果没有保险，经济活动的不确定性会导致生产性投资的减少和经济增速的放缓。但是，在高价值的项目中，金融风险可以通过衍生工具来对冲。这些衍生工具既包括覆盖利率和汇率风险以及商品价格波动风险的标准化产品，也包括覆盖更为复杂或特殊风险的、量身定做的结构化产品。改革后的金融体系不应该妨碍这些降低金融风险的工具的正确使用，这一点很重要。

四、确保金融中介活动的审慎性

最近几十年来，随着金融市场变得越来越复杂、越来越“完善”（指技术层面上），人们逐渐认为，市场力量可以为金融中介活动有效、审慎地进行提供足够强劲的激励。在讨论为什么这种范式是错的之前，值得我们先讨论一下人们为什么会这样想。

如果金融机构的资产负债表出现风险，应该通过公司治理机制，使利益相关者的权益能够确保风险的承担是合理的、管理是审慎的。在金融周期的每个阶段上，股东作为所有者应当坚持贷款发放的高标准、良好的风险管理和风险控制，以及维持充足的资本缓冲以保护特许权价值。金融机构管理人员的审慎风险管理将是有益的，而且可以防止过高的杠杆率。另外，应该通过资金提供者自身的利益来约束杠杆率。金融机构的债权人，不管是存款人还是债券持有人，应当对风险过高和资本缓冲过少的金融机构予以惩罚。

在一个理想的证券市场上，金融价值信息的供应机制会为信息质量的保持提供激励。这背后隐含了一个假设，即声誉的长期价值超过任何利用信息不对称取得的短期利益。例如，提供第三方机构购买贷款的贷款发起人会通过取得并保持贷款发放高标准的声誉来提高他们的特许权价值。同样的，资产支持证券的设计者也能从产品结构质量和透明度的声誉中获得价值。提供有助于其他人进行金融判断的信息很重要，评级公司、会计师事务所、证券分析师等一直都对获取这方面的声誉很感兴趣。

显然，在本次金融危机中，金融体系并没有以上述方式运作。简要地说，市场机制的失灵是因为错误的激励、信息不对称和利益冲突。这个观点对建立危机后的金融体系结构性框架有帮助。尽管那些针对有问题的市场现象的措施可能产生意想不到的副作用，但改革必须处理市场失灵的根源，这样的改革才是有效的。

市场模型的一个主要缺陷是，它假设金融机构的利益相关者（股东、债权人、管理者等）有足够的激励保证持续的审慎行为。但金融机构的债务存在大量正式和非正式的担保就明显背离了这个假设，担保的引进是为了避免金融恐慌，却极大地削弱了对杠杆的外部约束力。如果资金提供者认为担保使他们不会有市场下行风险，那么金融机构的管理者通过承担额外的信用和流动性风险来扩张资产负债表就容易得多。

当然，金融机构仍受到维持特许权价值的内部激励的约束，但许多因素使得这种内部约束在实践中的作用比理论上小得多。例如，有限责任意味着收益分配的不利方面缩减了，而杠杆却极大地放大了收益。股权市场压力可能促使金融经理人不断寻找利用预期收益不对称性的机会。即使情况不是如此，众所周知，要使代理人的激励与委托人一致也相当困难，特别是在金融业这样一个评估风险承担策略的有效性要花很长时间、局内人和局外人信息严重不对称的领域。最后，风险认知被“灾难短视症”（disaster myopia）或忽视小概率事件的倾向所扭曲。

然而，不管内在原因多么繁杂，很显然，许多金融机构都抵不住诱惑而纷纷低估高杠杆和/或信贷活动急剧扩张存在的风险。而那些抵住诱惑、没有这样做的机构需要足够的坚持，因为它们会发现，在很长一段时间内，它们的市场份额一直在下降，而其他机构更为冒险的策略却备受股票市场和外界评论员的追捧。

提供高质量信息的激励显然也很弱，同样不能克服利益冲突。例如，在美国，维持高质量按揭贷款的发起人所获收益明显低于大量销售按揭贷款的发起人。结果，资产支持证券的购买者在他们所购证券的预期收入流上被误导了，但或许他们本身愿意被这样误导。早前在科技泡沫和安然事件中，审计师、分析师和评级机构的评判也被商业上的压力所左右了。谨慎的资产管理需要更深入的信用分析，但在经济较好时，金融信息的使用者变得倾向于走捷径，往往利用信用评级、近期历史经验这些容易取得的数据来代替。

五、增强金融体系的稳定性和维护其有效性

本次危机暴露出金融体系的许多脆弱性，接下来我来谈谈在保护、促进金融对社会福利贡献的同时，解决这些脆弱性的改革需要坚持的基本原则，它们不仅适用于现在的环境，当金融和经济环境随时间变化时，它们应当仍然适用。特别是，在当今的世界经济中，国界越来越不重要，这些原则应该与日益一体化的世界经济相一致，更应该与调和政府金融需求和市场经济的信用可得性所面临的挑战相符。

我将从以下六个方面进行这部分的讨论：（1）“大而不倒”问题；（2）金融机构的资本和流动性标准；（3）系统不稳定性和顺周期性；（4）提高资本市场的效率；（5）金融基础设施；（6）公共部门干预的角色。

1. 大而不倒

存在被认为“太大（或太重要）而不能倒闭”的机构会增加风险承担的激励，这种风险承担是社会所不希望的。当这些机构很活跃时，经济运行被严重扭曲，当它们出现问题时会加重纳税人的负担。相比之下，经营审慎、管理

良好的企业处于不利地位。在一个竞争的市场经济中，所有机构在经营很糟糕时都应该面临倒闭的威胁（King，2010），这一点要达成共识并不难。只有当“大而不倒”的反常现象被根除，才可能建立一套适合21世纪需要的金融体系。

然而，要使倒闭威胁可信，就应当不管规模多大或多复杂，所有机构都可能被出售、并购或退出市场，并且不会对更广泛的经济造成难以接受的风险。但现在的情况却不是如此，标准的破产程序并不十分适用于金融机构，它不能像商业企业那样进入破产程序，也不能通过惩罚债权人获得暂时的保护，因为为债权人服务正是它存在的理由。另外，大型金融机构在各国经济中都发挥着关键作用，因此政府往往不愿意接受大型金融机构倒闭带来的后果。

我认为，一个允许破产机构有序退出市场、保持市场纪律的合格体制有四个重要前提：（1）对利益相关者施加可预测的、与避免道德风险相一致的损失；（2）避免对“无辜旁观者”造成重大损害，特别是当这会导致市场对其他稳健的金融机构丧失信心时；（3）将纳税人最终承担的成本最小化；（4）在各国间合理地分配处置跨境经营的问题机构的剩余负担。

要满足这些前提条件，需要有一套专门的大型金融机构处置制度。并且，重要的不仅仅是有一套处置问题机构的制度，还应当使市场参与者相信，处置制度的启动不会对经济体系的其他部分造成难以接受的损害。至今已有许多处理系统性问题的建议，目的就是为了达到上述前提（《多德—弗兰克法案》第二章，2010；Jackson等人，2011）。另外，许多国家正要求金融机构制定“恢复与处置计划”（生前遗嘱），以便当压力出现时，可以有效地应对。这使我们有理由相信，经过努力可以解决“大而不倒”的问题，至少可以解决国内金融机构“大而不倒”的问题。

各国的法律体系和破产制度各不相同，各国监管者都负有保护本国金融体系的责任，因此跨境金融机构“大而不倒”问题的解决面临更大的挑战。金融稳定理事会负责研究如何处理跨境业务较多的金融机构出现的问题，这方面的工作正在开展。初步的研究（Tucker，2010）表明，只要有政治意愿，使一个国际活跃金融机构以符合上述前提条件的方式退出市场是可行的。这值得我们去争取。

2. 资本和流动性标准

很显然，在本次金融危机的积累过程中，许多金融机构的资本和流动性是不足的。尽管取缔“大而不倒”的机构会促使银行保持更高的资本和流动性缓冲，但指望单靠这一因素就足以提供应对系统性危机的充分保障是不现实的。要达到合理的系统性资本和流动性水平需要监管干预，这一点没有太多争议。

我不打算在此评论巴塞尔委员会去年制定的要求（BCBS，2010 年 12 月）是否正确，但无疑这些要求极大地提高了现在的标准。各个比率、资产的风险权重和资本质量的提高会使整个银行体系的稳健程度比危机之前大幅提升。实际上，《巴塞尔协议 III》对核心一级资本的最低要求相当于《巴塞尔协议 I》的 5 倍。即使如此，仍有人建议要进一步改革（如 Miles 等人，2011；Goldstein，2011；及其参考文献）。他们的理由主要有两方面：一是如果危机严重，这些新措施仍不足以使银行克服困难；二是权益资本不应被视为银行昂贵的融资来源，因此提高资本要求不一定会对经济体系其余部分产生实质负面影响（Admati 等人，2010）。

稍后我会讨论我们预期的金融部门能够承受的危机规模。至于成本，在金融理论界被广泛接受的 MM 定理（Modigliani 和 Miller，1958）指出，融资成本与负债结构无关。一般人们认为 MM 定理并不完全适用，一是因为信息不对称，二是因为没有考虑税收。但对于该定理与现实情况存在多大差距则存在着不同意见。国际金融协会认为，资本要求的提高将明显增加银行的融资成本（IIF，2010），证券分析师则广泛认为资本是成本相对较高的融资来源（UBS，2001；Oppenheimer，2011），但大部分的学术研究（Admati 等人，2010；Kashyap 等人，2010；BIS，2010）则发现，中介活动成本的提高大概是 10 ~ 40 个基点。如果这些测算是正确的，且这些成本是唯一增加的成本，那么为了额外的安全所付出的代价并不大。

但我们仍需要从整个金融体系来考虑问题，而不单单从银行的角度看。我们需要认识到，追求银行业的进一步稳定不应该以金融体系其他部分效率的降低或风险的增加为代价。即使中介成本只提高一点点，都可能极大地激励银行寻找没有此项成本的信贷渠道（回顾一下，促使金融创新的动力往往是远小于10~40个基点的潜在成本节约）。

随着中介活动不断转移到较少受到监管的渠道（所谓的“影子银行”体系），风险也不断被转移到监管者较不易控制的领域。另外，这些渠道由于利用了资本市场机制，可能遇到更多“搭便车”的问题。因此，中介活动向影子银行体系转移可能消耗银行进行信贷分配决策时收集的信息。最后，正如最近我们看到的，资本市场本身根本不对“挤兑”免疫，资本市场的“挤兑”会以自身的方式产生像商业银行挤兑一样严重的影响。

这些观点并不是反对对银行进行适当的资本监管，而是指出，应该确保控制银行业杠杆和风险承担的干预措施是协调的、经过慎重考虑的，而且不会间接助长金融体系其他部分的类似活动。

尽管权益资本在金融机构的审慎经营中非常关键，但在防范潜在风险时只关注持有的资本量是不对的。其他因素，特别是贷款组合的质量，似乎是金融体系出现问题更好的预测指标。将资本作为防范经营失败的主要保护措施可能使人们忽视较高贷款发放标准、贷款多样化和风险对冲所能提供的同等重要的保护。这些因素大多数属于《巴塞尔协议》的第二支柱，很难通过计算风险加权资产来衡量，但它们或许更为重要。它们指出，第一支柱下定量的资本标准需要有持续地、更好地捕捉风险的定性判断来补充，从而确保风险的衡量准确地反映资产整体的潜在风险。

流动性标准也是一样。危机前许多机构的流动性管理都很糟糕，因此，没有人怀疑最低流动性要求有助于支持审慎的资产负债表管理、保持一个公平竞争的环境。但是，银行的社会功能之一就是作为经济体系其他部门的最终流动性提供者，外部的监管约束应当与这个功能保持一致。这不仅仅要关注各种定量的比率，充分考虑特定资产特有的特征和脆弱性，也需要进行定性的判断。另外，也不应将资本和流动性分开考虑，之前的《巴塞尔协议》由于隐含了“充足的资本可以确保获得融资”的假设而存在一定的缺陷，但假设资本充足对流动性的可获得性毫无贡献也是错误的。

3. 系统不稳定性和顺周期性

系统不稳定性不同于单个机构的脆弱性，它侧重于金融体系内部关联而产生的脆弱性（BIS，1986）。由于金融部门内部交易的增多和金融活动的日益全球化，这种内部关联不断强化，例如，美国次级抵押贷款问题波及了欧洲及其他许多国家和地区的市场。现代金融体系应当在接受内部相互依赖程度日益提高的同时，为系统性压力传播所导致的脆弱性提供保护。

系统脆弱性既可能来自大量机构同时持有的共同头寸（如本次危机酝酿过程中的房地产头寸），也可能来自金融机构作为交易对手的相互关联。单个市场参与者往往不易察觉这些脆弱性的来源，而一个有能力监测风险敞口综合影响的监管者则可以发现这些脆弱性来源。要降低系统不稳定性的威胁，应当开发更能有效识别和影响金融体系总体风险敞口积累的方法。

至少从郁金香和南海泡沫时期开始，共同头寸（或“拥挤交易”）就成了金融体系脆弱性的来源之一。在价格上涨时期，这些共同头寸的风险被担保品价值的提高、市场流动性充裕和“这次不同”的观点所掩盖（Reinhart 和 Rogoff，2009）。单个市场参与者了解自己的敞口，但并不充分了解其他人所持有的头寸。监管者应该评估共同敞口的规模和机构相互关联的程度，并向公众公布这些信息（披露汇总信息而保证单家机构信息的保密性），这是防范过度承担风险的有效措施。更好的信息是帮助金融体系有效、安全地发挥自身功能的关键。另外，当“拥挤交易”达到有可能具有破坏性的数量时，限制措施，比如额外的资本要求，将有助于减少更多的投机活动。

最早研究顺周期性的是国际清算银行的研究人员（Borio 等人，2001），顺周期性描述了金融部门繁荣时期提供更多信贷、衰退时期限制信贷从而放大经济周期的倾向。金融体系内部的相互关联加重了这种顺周期性，它既源于主观的心理因素，又源于客观的经济因素。羊群效应会导致“贪婪和恐慌”的循环。更客观地说，在经济扩张时期，净值和担保品价值上涨，为金融机构通过额外信用创造大幅增加的新财富提供了空间和激励；而经济衰退时期则刚好相反，这往往带来灾难性的后果。人们越来越意识到金融政策应当降低顺周期性，至少应当避免助长顺周期性。方法之一是在信贷推动型泡沫形成的过程中使信贷扩张变得困难，这是可以做到的。例如，提高购买资产的保证金要求，或者要求扩张信贷的机构针对其增加的信贷持有额外的资本（“逆周期资本”）。但是，要使这些措施有效并且不被扭曲，它们必须足够宽泛，从而不至于使中介活动简单地通过转向其他渠道或海外来规避。

4. 提高资本市场的效率

正如前面提到的，金融中介机构只是金融体系有效运行的要素之一，也只是信贷中介活动的渠道之一。在信贷供应过程中，资本市场很有可能继续扮演重要且日益关键的角色。这完全是正确的，资本形式的长期投资需要有长期的资金来源，通过长期的储蓄来提供这种资金比通过银行的短期存款来提供要更为合适。

资本市场要达到最高效率，需要有信息能使一级市场和二级市场的投资者对证券的估值有信心，正是这些估值最终引导了实际资源的配置。但证券市场上的信息提供会遇到“搭便车”的问题。例如，关于证券估值的研究一旦为一个市场参与者所得，很快所有人都能得到这份信息。这意味着这份研究所创造信息的社会价值将大大超出私人价值。因此，信息的提供只能达到一个次优的水平，价格发现也缺乏效率。要解决“搭便车”问题，新的金融安排应当保护市场参与者创造金融价值信息并获得相应收益的激励。

这反过来又提出了一些关键的前提条件，最重要的就是要使有能力、有动力的各色市场参与者有机会基于其所了解的头寸持有情况去创造证券价值信息。公众的看法经常和那些被贴上“投机”标签的活动相反。但正如经济学家所知，通过在认为价格不会持续走低时买入、在认为价格不会持续走高时卖出来支持市场判断的能力，是有利于市场的效率和稳定的。卖空更是饱受诟病，但它实际上是有效发现价格的一个重要因素。现代金融体系自然应当防止市场力量的滥用，但也应当给市场参与者基于其所了解的头寸持有情况作出判断留下一席之地。

资本市场也需要金融机构，它们一方面可以帮助证实市场上证券的价值，另一方面可以基于自己的调查研究进行交易。这些活动对提高信息质量、改善价格发现过程非常关键，也有助于保持价格稳定、改善储蓄和投资的环境。但有一点很重要，就是这些交易，更广泛地说是金融活动，不应该被利益冲突所玷污。利益冲突值得关注，一方面是出于道德的原因，因为它们会破坏最基本的“公平”和信任（金融活动的基础）；另一方面是因为它们会扭曲金融信息提供的方式（Crockett 等人，2003）。发现抵消潜在利益冲突的方法在长期来说对金融部门和整个经济都是有利的。

在任何交易中，只要交易的一方有多重目标，就会产生利益冲突。利益冲突并不只存在于金融业中，但在金融业中，它值得特别关注，因为确定金融交易产品的价值往往非常困难。金融决策者对客户和交易对手负有注意义务、有责任按雇主的最佳利益行事，但在实际交易中，很多人往往按自己的利益行事。

多年来，有许多缓解金融业利益冲突的技术涌现，这些技术的一个共同点就是都试图提高信息的数量和质量。最早是出现了独立审计，之后是评级机构的发展，这些都是为了提供更加独立的判断而不是利益冲突方的判断。监管机构也制定了许多关于透明度和信息共享的规定，以保护金融消费者免受利益冲突的损害。

明智的金融机构都意识到了，提高透明度、保护消费者的措施最终将有利于增加消费者对金融中介活动的信心，从而促进对金融服务的使用。21 世纪的金融体系需要寻找正确的方式创造高质量的信息，并且在这种方式中，监管只是作为补充，而不是简单地代替私人部门的利益。在这方面，透明度将比规定如何提供某种金融服务、如何进行收费的种种规则更有效。

5. 金融基础设施

一开始我就提到金融基础设施是金融体系的三大要素之一。和实体经济中的基础设施一样，金融基础设施连接着金融体系中的其他各部分，并为它们的运行提供便利。因此可以看出，有效的金融基础设施是金融体系良好运行的必要条件。

一个最明显的金融基础设施就是交易的支付和结算机制。目前人们一致认为，中央交易对手和实时全额结算不仅可以大大降低金融体系内的风险敞口，而且可以解决市场参与者不能充分了解自身最终风险敞口的问题。但我们仍需意识到，中央清算和结算有可能集中风险，因此对中央交易对手的监管显得至关重要。另外，相比完全净额结算的双边风险敞口，中央交易对手的增多有可能增加结算风险（Duffie 和 Zhu，2010）。

但是，金融基础设施远不仅仅是为金融交易的结算提供便利，它的作用广泛得多。使合同能够在法律确定性和高质量信息的基础上有序进行的网络安排同样很重要。与之相关的是对合同的信心（特别是对最初合同条款无法履行的后果的信心），交易所依赖的信息的可靠性，以及整个金融体系的监管质量。

要改善金融体系，必须解决这些问题。首先，正如我所提到过的，我们现在急需要做的，是建立一套处理问题金融机构的法律框架。其次，信息的可靠性受到利益冲突的破坏，这在评级机构中最为明显，但绝不仅限于此。最后，金融监管也面临着许多问题，一是使金融业国内和国际立法相一致的问题，二是处理突发事件的自由裁量权和金融业有效运行所需的明确规定相结合的问题。这些问题的解决非常重要，在很大程度上决定了未来的金融体系能够有效地服务于整个经济的程度。

6. 公共部门干预的角色

最后，在现代金融体系所需要的基本原则中，我来谈谈公共部门在应对潜在金融体系困难中应该扮演的角色。过去救助行为的动机是担心出现系统性崩溃，不管在当时看来这些救助行为有多合理，反复干预使人们更加担心出现道德风险问题，并且认为，反复干预行为所致的扭曲的积累，不仅不公平，而且成本很高。

那么，避免道德风险是不是就意味着在任何情况下政府部门都不应该对金融部门提供救助、金融机构应该自己应对所有的突发状况？这反映了大多数人对金融危机的主张。正如我在前面讨论过的，解决“大而不倒”问题有非常充分的理由。但是，出于以下几个原因，我们仍需考虑一下“不干预”政策是不是最优的：第一，在危机时提供流动性保护从白芝浩时期开始就是中央银行理论和实践的一部分（Bagehot，1873）；第二，流动性支持有助于防止出现偿付问题和更广泛的资产价值破坏，而这种流动性支持只有中央银行有能力提供；第三，在面临多重均衡时，一定形式的公共干预也许是解决集体行动问题的唯一途径（Diamond 和 Dybvig，1983）；第四，大型机构的处置将非常复杂，政府部门的临时介入对保护企业的价值有一定益处。因此，政府干预变成了一个“度”的问题，我们期望金融体系在面临外界冲击时有多大的自我修复能力？而政府干预又能减轻哪些外界冲击？

这不是一个技术专家可以给出明确答案的问题。到目前位置，是不是有一些极端的、远远超出金融机构可以控制和预测范围的事件，而强制金融机构为这类极端事件制订应急计划并不合理？在奈特看来，这个问题的实质是风险和不确定性的区别：风险可以利用概率定律来计量，而根据定义，不确定性就是“无法计量”的（Knight，1921）。另一个问题是，宏观经济管理要进步到什么程度，我们才能假定像大萧条这样的大的经济紊乱不会再发生？如果有充分的证据表明体系本身是稳健的，但此时发生了一次大规模的金融恐慌且通过其他方式无法阻止，中央银行应该出手相助吗？

六、金融业的结构

最后，我谈谈政府是否应该直接干预金融业的组织方式，如果应该干预，金融业适合采用什么样的结构。在市场经济中，通常一个行业的结构是竞争的结果，在判定哪种结构最有利于行业效率和行业创新方面，政府很少能比得过市场。但也有例外，最明显的就是当一个行业的集中度威胁到竞争时。例如，政府往往会明确辖区内零售银行的最低数量要求，这一方面是为了充分竞争，另一方面是为了当某家机构倒闭时有另外的机构可以代替（Independent Commission on Banking，2011）。

最近人们提出了许多干预金融业结构的建议，这是出于另一个目标，即降低金融不稳定性风险。也有人建议某些金融活动缺少社会价值（基于什么原因还不清楚），因此它们的提供应当受到限制（Turner，2009）。出于这些担心，一部分人建议直接干预金融业的结构。接下来，我会讨论金融业结构已经受到关注的三个方面：金融机构的业务范围、规模和地理分布。

1. 业务范围

限制金融机构业务范围背后的原因似乎很简单。为了保护某些“基础”功能的正常履行，提供这些服务的金融机构不应该从事更多的风险活动。这些功能的正常履行应该由较高的资本水平、限制它们的投资活动，必要时甚至由政府担保来保护。而所有其他不受显性或隐性担保保护的机构，完全受市场纪律约束。在这个总体框架下，“基础功能”和“非基础功能”的界限可能不一样，有些人可能只保护“狭义银行”并规定它们只能投资于特别安全的资产，如短期政府债券（Kay，2009），有些人可能区分商业银行业务和投资银行业务（《格拉斯—斯蒂格尔法》的分法），而有些人则可能区分代客业务和自营业务（“沃尔克规则”）。

单从“狭义银行业务”来看，只有安全性高的机构的客户存款才受到保护，因此这些机构必须投资于特别安全的资产，比如现金和短期政府债券。这种做法背后的原理很容易理解，但出于某些原因，在现实生活中能否做到还存在许多疑问。首先，在经济正常运行时，存款人可能更想投资于没有政府担保的机构，因为这些机构可以投资于更高收益的资产组合，从而能给投资者更高的投资回报。但当大量选民发现他们的存款有风险时，政府还能坚持反对公众对事后担保的要求吗？即使能，那些债务符合狭义商业银行购买条件的机构将获得融资优势，这对社会来说是最优的吗？这些债务一定总是无风险的吗（想想欧洲周边地区的公共部门债务）？最后，信贷供给的中断往往会传播金融体系的问题，而通过这种方式来保护支付系统的做法能够保护信贷供给吗？

为了保护信贷供给，有人建议对商业银行和投资银行的业务进行划分，从而保护商业银行的支付功能和信贷供给功能。这是考虑到投资银行的业务更具风险，所以为了保护传统商业银行业务的正常运行，必须拆分全能银行，将商业银行业务与投资银行业务隔离开来。

然而，历史经验并没有清楚的证据证明全能银行更容易倒闭，或投资银行业务天生就比零售客户贷款风险更大（有趣的是，尽管目前的争论将相对风险作为重新采用《格拉斯—斯蒂格尔法》的理由，但 1930 年制定该法的初始动机并不是为了降低风险，而是为了避免利益冲突）。人们用“赌场银行”（casino banking）之类的贬义词来描述投资银行的“更高风险”（和社会价值更低）。但传统上来说，金融机构最有问题的风险是信用风险，这也是商业银行业务的核心。我们需要更多的研究来判断提供大量的服务组合是否会增加风险，如果会，哪种组合最容易产生脆弱性。

纯粹的自营交易与客户关注的服务相去最远，因此它应该受到限制也最易被接受。然而，即使这一点，实际操作中也存在诸多困难，因为要将自营交易从代客业务或是对冲风险业务中区分出来并不容易。

2. 规模

接下来是规模的问题。正如我之前提到过的，人们已经广泛达成共识，当行业过度集中且有可能影响到竞争时，需要限制机构的规模。从金融稳定的角度来看，随着金融机构规模的增大，其所致系统性风险的增加更大，超过了规模增长的比例（Tarashev 等人，2009）。而事实是否如此则取决于有关“不同机构的风险敞口之间的相关性”的假设，我们需要更多的研究来探索这些假设的有效性和重要性。

支持限制金融机构规模和业务范围的理由是，在银行业基本不存在规模经济和范围经济，因此对金融机构的规模和结构进行行政性限制不会产生太大的成本。尽管相关的文献不是很多（Wheelock 和 Wilson，2009；Holzhauser，2005），但学术研究一般都认为，银行业不存在规模经济和范围经济（Goldstein，2011）。然而，在现实中，规模经济的缺乏很难与行业的成本结构对应起来。随着处理信息和管理风险技术应用的日益增加，这些费用占总成本的比重越来越大，这表明规模很可能获得正收益。如果这些规模经济在总体水平上未显现出来，难道有其他的因素（管理的过度扩张?）在起作用吗?

同样的，关于范围经济，现有的学术研究得出的结论和从业者的想法不一致。有些观点认为，将不同的金融功能集中于一个机构有许多好处：首先，从提供服务的机构来看，这有利于减小总收入的波动性、降低资本成本，同时可为客户提供更多样的金融产品；其次，从客户角度看，客户获得服务更为方便，因为从一个机构就可以获得大部分的金融服务；最后，从整个社会来看，一个提供服务的机构从事的业务范围越广，它越有能力收集广泛的有关客户资信和投资机会的信息，这些都有利于高质量的资源配置。

要判断这些观点的正确性，需要更多、更深入地研究范围经济的显著性和重要性，如果范围经济不存在，那么是被哪些因素抵消了。在任何情况下，只要不存在人为对更大、更复杂机构的激励（如隐性的政府支持），市场力量应该能够充分限制机构的规模和复杂程度，运行良好的小银行和大银行都会兴旺发达，而管理混乱的机构不管是什么规模，最终都会萎缩或消失。我们需要认真考虑公共政策应该在多大程度上代替市场力量推动“创造性破坏”的进程。

3. 地理分布

最后，在行业结构方面，对跨境经营应该制定哪些要求？有时候人们认为，处置在多个国家都有业务的金融机构实在非常困难，以至于解决办法只能是在各个国家内分别设立法人实体。如果这样，就意味着金融机构的活动只能受限于一国之内，那么跨国公司将不得不在每个国家都有不同的金融合作伙伴。这是它们不愿看到的，而且这样做也会导致信息的损失。这些成本可能抵消较容易处置问题金融机构的好处。

如果允许单个金融集团在不同国家设立附属机构，就可以减轻上述问题，全球性的客户就可以与同一家机构在不同国家的附属机构进行交易，任何不便利或者信息的损失也都可以得到最小化。但相互分离的附属机构并不能完全隔离风险传染。金融集团要想让一个附属机构的倒闭不造成严重（及代价高昂）的声誉损失是非常困难的。

第三种方法是加强跨境监管合作，这包括建立监管联盟（supervisory colleges）等机制、开发信息共享的技术和协调在压力情况下运用的方法。加强跨境监管合作是为了适应全球化的现实，而不是由于国际合作的局限性就要限制金融业的结构。采用这个原则使我们重新面临“后威斯特伐利亚”困境，世界是相互依存的，但许多全球经济管理的制度建立都将国家主权作为最基本的组织原则。

这些并不意味着银行业的结构不应受到监管者的关注，而是说仅仅调整结构就能降低风险的观点过于简单，需要我们谨慎对待。

七、结论

请允许我总结时再回到派多亚夏欧帕先生身上，在他精彩的演讲中，有这样一段话：“作为负责任的个体，我们没有借口不从真正的全球视角看问题，这是知识和道德的责任，我们也没有借口不去为了设计出最好的应对措施不断试验……”我们在设计一套全新的、更强健的金融体系时，同样应该时刻这样提醒自己，它应该是全球的、强健的，并且能够有效地服务于实体市场经济。安全只是一个起点，但还远远不够。

（中国银监会政策研究局　吴祖鸿　林凯旋　译）

因篇幅所限，参考文献略，特向作者和读者致歉，有需要者可向《比较》编辑室索取：bijiao@ citicpub. com。

法和经济学

Law and Economics

Comparative

药品安全与法律责任制度的完善

对《药品管理法》修改的政策建议

周汉华

导　言

近年来，药害事件、药价虚高、假药等现象不时出现，药品安全形势面临严峻挑战。如何建立有效的治理机制，更是众说纷纭，政策之间的矛盾现象屡见不鲜。一种较为流行的思路认为，药害事件频发，根源在于法律责任追究不够重、执法不严，因此，要通过法律的修改，加大惩罚力度，严格执法，遏制违法行为。类似的思路在其他一些事故多发领域也非常常见。

本文试图说明，现阶段我国的药品安全问题，既有宏观方面的原因，需要推进系统改革；同时，也有法律责任制度本身以及执行方面的原因，需要通过《药品管理法》的修改加以完善，实现制度创新。因此，改革与法治两者不能相互替代，更不能一条腿长、一条腿短，简单寄希望于严刑峻法。在此基础上，本文较为系统地提出了药品管理法律责任制度完善的具体政策建议，希望对其他政府监管领域也能有某种借鉴意义。

---

* 作者为中国社科院法学研究所研究员。本文系根据中国社会科学院法学研究所《药品管理法律责任实践、问题及其创新研究课题总报告》提炼形成。南开大学法学院宋华琳副教授、最高人民法院行政庭阎巍博士、中国社科院法学所李霞助理研究员和王小梅博士参与了课题报告的调研、资料收集和讨论。特别感谢国家药品监管局政策法规司、山东省食品药品监督管理局、上海市食品药品监督管理局、浙江省台州市食品药品监督管理局、淄博市食品药品监督管理局、中国化学制药工业协会、中国医药商业协会等政府机关、协会和药品生产、经营企业对课题组的大力支持。

一、我国药品安全问题的宏观原因分析

从理论与实践两个方面分析，我国药品安全所面临的种种问题，根源于下述四个方面的原因：

1. 市场机制扭曲

药品涉及用药人的生命与健康权益，因此，它是一种特殊商品，必须有一套专门的管理制度。另一方面，药品归根结底还是一种商品，必须符合市场规律，由市场这只看不见的手发挥基础性的调节作用。药品安全管理其实就是处理好药品的这种双重特性之间的关系，使政府之手与市场之手同时发挥作用。

我国药品安全形势不容乐观，各种安全事故频发，首要原因其实在于药品市场机制本身被扭曲，使市场无法发挥其基础性作用。

首先，就药品生产、经营与使用的关系来看，我国的药品生产与经营环节已经是高度市场化的格局，竞争机制在其中发挥着根本性作用。但是，由于医药不分和现行的医疗机构管理体制，药品使用环节一直垄断在医疗机构手中，终端用药者无法做主，公平竞争规律难以发挥作用。这样，高度市场化的生产、经营环节与医药不分、管办不分的使用环节之间必然出现“错位”现象，并使垄断环节成为整个制度的瓶颈，扭曲整个药品流通的市场秩序。从大量发生的现实案例来看，药品领域的各种违法行为大多与药品使用有千丝万缕的联系，而其根源往往就在于我国医疗机构管理体制与运行机制的改革滞后。因此，如果不能迅速推进医疗机构管理体制与运行机制的改革，市场之手很难发挥作用，公平竞争无法实现，各种违法违规的现象也就无从杜绝。

其次，从药品生产环节来看，我国药品生产企业多达四千多家，在 GMP（《药品生产质量管理规范》）全面推开之前曾经多达六千多家，其数量在世界各国都是最多的。这种过渡竞争的市场结构与药品生产所需要的高投入、高风险、高收益要求是格格不入的，结果必然出现大量的低水平重复和恶性竞争，难以形成有序竞争的格局。更为严重的是，这种市场结构的形成与行政审批过多有着内在的必然联系，行政权力扭曲了市场竞争机制，导致市场机制无法发挥基础性的作用。GMP 的推行，并未能够实现优胜劣汰与鼓励企业做大、做

强的目标，个别监管机构工作人员甚至借 GMP 谋取私利，中饱私囊，进行权钱交易。对于市场主体而言，每一项审批都意味着企业经营成本的增加，每一项审批都会抬高资源有效配置的门槛，每一项审批都会为行政权力干预市场主体的自由意志提供新的机会。这样，审批越多，市场机制越被削弱，企业无法做大做强，难以形成良性竞争的格局。这一规律，不仅在药品生产领域可以得到验证，也在其他受到过度管制的行业得到反复的证明。

由于市场机制在生产与使用环节均被扭曲，药品安全显然失去了“看不见的手”所能提供的保护。

2. 政府监管残缺

在市场失灵的情况下，假设政府之手是全能的（其实不可能），可以很大程度上弥补市场机制的缺陷，为药品安全提供有力的保护。然而，深入分析可以发现，我国的药品监管体系本身其实是残缺的，无法解决监管失灵的问题。

1998 年的国务院机构改革，成立了新的国家药品监督管理局，成为国务院主管药品监督的行政执法部门，具备了独立监管机构的雏形。2008 年，《关于国务院机构改革方案的决定》将国家食品药品监督管理局改由卫生部管理，随后又废除了省以下药品垂直管理体制。药品监管十年发展，几多波折，反映了建立独立监管制度在中国所面临的各种挑战。

1998 年以来的药品监管改革在部分程度上有效地提高了监管部门的行政独立性和产业独立性。例如，在改善行政独立性方面，1998 年的改革通过机构合并的方式历史性地将药品的行政监管权集中到新设立的国家药品监督管理局这样一个副部级机构，并将其从原有的卫生部管理的机构提升为国务院的直属部门，这就大大提高了药品监督管理部门在横向权力配置上的独立性，有利于国家药品监管权力在横向层面的统一；从纵向关系上看，自 1998 年到 2002 年期间推行的药品监管机构省以下垂直管理改革，将省级以下药品监管机构的财政权、人事权等统一上收至省级药品监管部门，强化了省级部门对于地市级以及县级药品监管部门的指导能力，有效地缓解了因平行管理体制而导致的地方保护主义难题。此外，药品审批权力上收中央、药品地方标准统一转变为国家标准等系列集权改革，也比较成功地将分散在地方的药品审批监管权收归到中央，统一和提高了药品标准，大大强化了中央政府药品质量监管的权力和地位，使得监管部门在纵向上的行政独立性也得到了极大的改善和提高。

在改善产业独立性方面，中国的药品监管改革也取得了一些突破性进展。从1998年到2003年的五年时间里，全国各地新成立的药品监管部门在体制上基本完成了政企脱钩、行业管理与质量监管相分离的改革，针对中间出现的政企脱钩难以进行的情况，政府在体制上已经成为一个代表消费者健康利益的第三方监管者，医药企业与医疗机构则成为监管体系下的监管相对人①。

上述各项改革，使我国的药品监管制度实现了从无到有的历史性跨越，其意义怎样评价都不会过分。然而，另一方面，不论是药品监管机构的法律地位、监管目标、监管边界、监管手段、行为方式、人员素质、思想观念、考核方式，还是公众参与程度、执法成效、选拔方式、任用方式、问责方式等，距离现代监管制度都还很远，还难以完全满足独立性、专业性、公开性与公正性的要求，因此可以说是残缺、不完整的监管制度。

例如，地方政府对于经济发展指标、财政收入以及就业等方面的追求，有意无意中形成了对药品生产、经营企业的“父爱情结”，并对药品监管部门的独立执法产生掣肘效应，使公正执法、独立监管受到很多影响。

再如，《药品管理法》第一条规定的立法目的（监管目标）包括“加强药品监督管理，保证药品质量，保障人体用药安全，维护人民身体健康和用药的合法权益”。仔细分析可以发现，这些目标其实可以基本归结为一条，就是保障药品安全。相反，在发达国家，药品监管的目标通常更为广泛，包括（1）保障药品高投入的研发能够得以回收，以形成药品研发、生产、经营的有序循环机制，从根本上保障公众的用药要求；（2）保障药品安全、可靠；（3）控制用药人的用药支出数额并提升其质量。可见，发达国家的药品法以及药品监管的范围比我国要更广。尽管《药品管理法》也规定了类似于药品价格这样的问题，药价虚高也一直是社会各界诟病最多的问题之一，但监管实践中这些问题与药品监管部门的关系不大。至于保障药品高投入的回收，不但《药品管理法》没有做任何规定，也难以受到药品监管部门的充分关注。过于有限的监管目标，必然造成实践中的价值冲突以及无法可依的局面，结果必然导致

---

① 刘鹏，《从基础建设走向优质监管——中国药品监管十年改革的历史逻辑与方向》，《中国处方药》，2008年第3期，第34页。

认识混乱、各行其是，使有限的监管目标也无从实现。同时，由于缺乏对药品监管机构的有效监督和制约，导致药品领域恶性腐败大案时有发生，进一步损害了其公信力、权威性和独立性。

2008 年的机构改革，尤其是废除省级以下药品垂直管理制度，已经对监管独立性产生负面影响，一些地方药品监管部门也被赋予了招商引资的责任，行政处罚与执法数量出现下滑，地方保护主义重新抬头，某种意义上说是对过去十年药品监管改革探索的否定，为药品监管制度的下一步发展增加了更大的不确定性，也再次充分证明了政府监管制度的残缺和监管理念在我国所面临的深层挑战。

3. 法律本身疏漏

作为药品领域的根本法，《药品管理法》的疏漏不仅体现在法律责任部分，其实也体现在其他许多方面。比如，就法律名称而言，《药品管理法》体现了比较浓厚的管理色彩而不是风险控制色彩；就法律结构而言，《药品管理法》的核心是对以药品生产企业、药品经营企业为主的各种主体进行监管，是以管主体而不是以管客体为着眼点；另外，对于药品价格、药品广告、医药贿赂这些本应由市场或者是其他部门进行管理的事项的规定，也不同程度反映出计划体制下政府主导一切的行业管理色彩。

法律本身疏漏最突出的体现是《药品管理法》对于什么是药品、什么是新药、什么是辅料、什么是使用、什么是假药、什么是劣药这些最为基础的概念都缺少清晰、明确的定义，对于假药和“按假药论处”的关系处理也未能保持一致，由此导致实践中认识存在很大的差异，无法有效打击各种违法行为。

以最基本的“药品”定义为例，按照现行《药品管理法》的定义，一种物质必须符合（1）用于预防、治疗、诊断人的疾病，有目的地调节人的生理机能和（2）规定有适应症或者功能主治、用法和用量两个构成要件才能被判定为药品。过窄的药品定义，正中一些不法厂商的下怀。他们大打政策擦边球，一大批披着“健用字”、“食字”的仿药食品保健品纷纷问世，大肆宣传疗效，误导、欺骗消费者。但它们又不完全符合“药品”定义的构成要件，规避了《药品管理法》的监督管理，这是药品市场混乱，特别是药品广告混乱的深层次原因之一，而我们对此缺乏有效的打击手段，这与“药品”的定义范围过窄不无关系。

《药品管理法》第四十八条和第四十九条分别规定了“假药”和“劣药”的违法情形，由于没有相应的法律解释，在实际执行中，药品监管执法人员有时会对违法行为的认定产生分歧。究其原因，主要是假药、劣药的相应条款既有以“是否符合药品标准作为判定依据”，也有以“药品包装标识内容是否符合作为判定依据”，双重判定标准很容易导致执法者对违法行为性质认定上的分歧。

当前基层执法人员在定性假药时对“非药品冒充药品”认识非常混乱，有时为了打击那些非药品冒充药品的违法行为，不得不将非药品按假药查处。其实，这些问题的产生就是因为假药概念的内涵不明确。按立法本意，假药是一个相对具体的概念，判断一个产品是不是假药，首先要知道它是什么药或它冒充的是什么药。如果没有明确的对象就无所谓真假，更谈不上检验报告。假药并不是一个与药品相对应的概念，药品概念是抽象的，它不具体指哪一个品种，与它相对应的概念是非药品。

《药品管理法》从出台伊始就有一个一直被人诟病的硬伤，那就是药品“使用”问题。药品“使用”的内涵和外延到底是什么，一直有争议和不同的看法。《药品管理法》应该侧重对医疗机构的药品质量进行管理，而不是一般的用药，后者应由卫生管理部门负责。然而，《药品管理法》虽然在总则里确定了药品监管部门对药品研制、生产、经营和使用进行全程监管的基本原则，但在医疗机构药剂管理这一章里，只是对医疗机构的制剂配制和药品购进、仓储、养护等作出比较抽象的规定，这两者一个属于生产，一个本质上是经营。并且，由于《药品管理法》缺少有效的手段，致使药品监管部门对于医疗机构药品质量的管理规定在实践中无法实现，形成管理真空。

再如，《药品管理法》第五十一条规定，“药品生产企业、药品经营企业和医疗机构直接接触药品的工作人员，必须每年进行健康检查。患有传染病或者其他可能污染药品的疾病的，不得从事直接接触药品的工作”。这一条规定与用药安全密切相关，但是这一条在基层执行却存在诸多问题，主要表现为“三个不清楚”。一是人员概念不清楚，法律没有对“直接接触药品的工作人员”作出明确的界定，管理上出现空白；二是主管部门不清楚，由药品监督管理部门来牵头实施，名不正，言不顺，对于医疗机构中的直接接触药品工作人员的体检则是有心无力；三是体检标准不清楚，体检单位五花八门，体检项目也不统一，尤其是乡镇卫生院进行的体检工作，往往存在缺项，而且这些体检单位因为体检工作收费低廉且不承担责任，往往也是应付了事。这样，由于法律条款过于原则，缺乏可操作性，其结果就是执行效果大打折扣，不仅损害了法律的权威性和严肃性，而且减弱了民众对法律的信仰和尊重，弊端是显而易见的。

4. 外部环境缺乏

当代中国正处在社会转型、体制转轨和制度变革的过渡时期。过渡时期是一个旧的体制已经失效而新的体制尚未完全确立的阶段，也是一个高风险的阶段。不论是从理论分析还是从实证观察，都可以将过渡时期区分为常态和非常态两种发展形态。常态条件下，新体制可以发挥更大的作用，获得更大的作用空间，并朝着最终目标逐步演化；非常态条件下，由于新体制本身的能力尚未充分发育，加之外在条件的急剧变化，很容易导致向旧体制的复归并破坏人们对新体制好不容易培育起来的信任。这样，整个过渡阶段，新体制总是处于一种不确定状态，在常态与非常态之间摇摆，难以获得独立生长的机会。作为体制改革的尝试，药品监管制度如此，司法制度如此，整个法治建设的进程也如此！

可以看到，药品监管十年，常态时期监管制度是发挥作用的，是得到领导和人民群众的充分信任的。但是，借用“木桶理论”解释，制度的特性取决于非常态时期的能力，或者说危机处理才能真正考验制度的有效性。由于监管制度仍处在初生阶段，一旦非常态情况出现，由于各种外在条件变化过大，监管制度往往难以及时回应。如果制度有足够的弹性和包容能力，监管制度是有可能逐步适应非常态的挑战并使之转变为常态的。然而，在各种社会矛盾与冲突日益尖锐的大背景下，政治领导人的施政偏好倾向于“零风险”，风险回避也经常成为媒体、大众的首选。因此，一旦非常态情况出现，往往伴随出现过渡反应或过高要求，更加凸显监管机制的不足。这样，非常态情况一旦出现，监管失灵必然被放大，“被认为”指望不上，“好看用不上”。为快速解决危机，往往是采用回归传统的集中所有权力加以治理的方式，运动式的集中整治最为典型。这种方式短期内很有效，看起来也最能解决问题，但是，其缺陷在于只宜于处理短期突发事件，难以持久发挥作用，并且目标必须单一，目标一旦多元就会分散、耗尽有限的政治资源。然而，在大家都过分追求短期效应的大环境下，传统方式的短期有效性又会被无限放大，产生长期有效的想象，最后导致“非常态手段常态化，多元目标集中化”，不断加大整个制度的负荷，减少其弹性和应变能力，其实是埋下了更长远的隐患。同时，这种治理方式也挤压了常态治理方式的生存空间，使常态机制逐步边缘化，新体制、新制度始终无从找到生长点。药品监管十年，经历风风雨雨，既有常态监管机制的不断培育与发展，也不少见“集中整治”、“专项治理”的频繁使用，最终似乎经历了一个轮回以后，从终点又回到1998年药品监管改革启动时的起点，新旧体制的内在张力可以共同描绘出一条非常清晰的制度演变轨迹。

因此，如果不能解决过渡时期治道方式的变革，真正从根本上实现新旧体制的平稳过渡，药品监管制度就很难真正建立，也很难有实效。至少从目前的大背景来看，建立现代药品监管制度的外部环境还是非常缺乏的，形势不容乐观。

二、《药品管理法》法律责任规定的问题

《药品管理法》法律责任规定的问题大致可以归纳为如下八个方面：

1. 重事前行政审批和事后责任追究，轻过程监管

重事前行政审批是《药品管理法》的最大特点之一。不论是药品生产企业的《药品生产许可证》、《药品生产质量管理规范》、药品批准文号，还是药品经营企业的《药品经营许可证》、《药品经营质量管理规范》，其实质都是行政审批，并且几个审批之间存在比较明显的交叉现象。这种多重审批并存且交叉的现象，应该说是非常独特的，处理不好会造成许多弊端，如监管部门内部缺乏协调、重复检查、加重企业负担、影响创新等等。

另一方面，对违法行为的责任追究一直是我国法律规定的基本组成部分，《药品管理法》自然也不例外。在《药品管理法》共106个条文中，法律责任章为29条，超过条文总数的27%，超过任何其他章的规定数量。

由于过于依赖事前审批和事后责任追究，可以明显地看到，《药品管理

法》对于过程监管的规定要薄弱得多，法律依据非常有限。作为各国药品过程监管中最为重要的环节，药品信息披露机制在《药品管理法》中只有第六十六条有非常简单的规定，执法实践中信息披露更是遇到各种各样的阻力。另外，虽然国家食品药品监督管理局推出了“例行检查”、“飞行检查”、“驻厂监督员”等制度，但具体落实情况及效果尚存在许多问题。与这种法律结构相对应，实践中监管部门更愿意行使事前的审批权和事后的处罚权（实质是罚款权），不善于也缺乏能力进行过程监管。其结果是，虽然审批权无处不在，虽然行政处罚的范围非常广泛，但问题总是层出不穷，监管部门只能穷于应付，疲于奔命，人民群众用药安全的目标无法实现。过程监管没有达到预期效果，导致了类似“欣弗事件”和“刺五加注射液事件”的发生。另外，药品不良反应监测经常只在有死亡等严重不良反应发生后才予以通报，很难做到快发现、快报告、快调查、快处理、快公布。

2. 重行政处罚，轻其他责任形式

根据威慑力大小排列，法律责任的基本形式分别是刑事法律责任、行政法律责任和民事法律责任。由于药品领域存在巨大的系统性风险，事关用药人的生命、健康，所以必须充分发挥不同责任形式的作用，以有效威慑违法行为，防止不法主体铤而走险，牟取暴利。在国外，对于药品领域的许多违法行为，除了加强政府监管以外，普遍都是以犯罪来加以制裁，或者设计诸如集团诉讼、惩罚性赔偿这样的民事责任追究机制，否则单靠行政法一种手段肯定无法有效遏制违法行为。

《药品管理法》在法律责任的设计上比较明显地体现了重行政处罚（除第九十三条以外，其他几乎所有条文均有关于行政处罚的规定），轻民事责任追究（民事责任只有第九十三条规定，并且该条规定缺乏具体内容）的特点。加之我国民事侵权法在惩罚性赔偿、精神损害赔偿等方面的局限性和民事诉讼机制的高成本、低收益，使药品民事法律责任追究机制设计无法调动广大人民群众参与监督的积极性。至于国外药品法律中以犯罪加以制裁的行为（如无证生产药品、提供虚假证明骗取许可证等行为），我国《药品管理法》或者行政法律责任、刑事法律责任并列（如第七十三条、第七十四条、第七十五条等），结果造成“以罚代刑”，行政责任吸收刑事责任；或者干脆只规定行政法律责任，缺乏刑事责任规定（如第八十三条），使大量应追究刑责的行为逃避于刑事责任体系之外。实践中，行政法律责任与刑事法律责任并列，还会人为造成药品监管部门与公安机关之间的管辖权争议和对法律问题的不同认识，使纸面上的刑事责任追究的规定也很难实现。

3. 重药品生产、经营环节管理，轻药品使用环节管理

药品从研发、生产、经营、流通，到最终的使用，构成一个完整的循环。由于我国医药不分，药品使用环节的80%以上都集中在医疗机构。加之传统的医药管理体制的影响，使《药品管理法》集中于规范药品生产企业和药品经营企业的行为，对于医疗机构的药品使用则缺乏实质性规定（主要的规定只是对医疗机构的药剂管理）。这样，药品管理的一个重要环节长期处于药品管理部门的监管范围之外，而卫生部门由于管办不分也难以真正监管医疗机构的用药行为，由此形成了明显的管理真空。这一特点，既体现在《药品管理法》的一般规定中，也体现在法律责任章中。其实，类似“齐二药”这样的案例，并不仅仅是药品生产企业的责任，医疗机构在用药方面也有不可推卸的责任。如果能够加强对药品使用环节的管理，其实是可以减少或者避免类似案件的发生的。目前，药品领域的众多违法、不规范行为均与医疗机构有关，而《药品管理法》对于医疗机构的调控又非常有限，由此不难解释问题的根源所在。

4. 以行政权力为中心，而不是以风险管理为中心

与后来通过的《食品安全法》相比，《药品管理法》体现了明显的以行政权力为中心，而不是以风险管理为中心的特点，诸如风险预警、监测和评估，不良反应报告、安全标准，安全事故处置等重要内容既没有在实体内容中得到充分体现，也没有在法律责任部分得到体现。整个《药品管理法》（以及法律责任部分）的结构和内容，可以说都是围绕行政权力为中心而设计的，基本都是行政许可方面的规定以及相对应的企业的义务。这样，程序虽然繁杂，许可无处不在，责任追究看起来也很严密，但对于防范风险和应对风险的实际作用比较有限，权力行使的目的脱离了控制风险的目标，往往是为权力而行使权

力（为罚款而罚款），甚至会导致权力越大（罚款越多）风险越多的二律背反现象。

5. 责任设定粗放，严谨性不足

国际社会普遍承认，药品监管是一个需要高度专业性、科学性的领域，需要在不同利益之间实现动态的平衡。因此，国外药品管理法律规定往往非常细致、科学，以尽量区分不同情形，科学规范监管权力的行使，充分调动药品生产、经营企业的积极性，有效保护用药人的合法权益。对比之下可以发现，《药品管理法》整体而言是非常简单的，只有区区 106 条规定。同时，尽管法律责任章是《药品管理法》中条文最多的章节，仍然存在规定过于粗放、严谨性不足的问题。例如，对于生产、销售假药、劣药的行为，其他国家药品管理法律普遍非常重视故意与非故意的主观情节区分，以严厉打击故意制假（劣）、售假（劣）行为。相反，《药品管理法》对于这类行为则没有作任何主观情节区分，明显不符合法律责任追究的法理基础，会导致“好人”、“坏人”“一刀切”的后果，不利于发挥法律的规范、指引、评价作用，也无法有效配置监管资源，确定监管重点。同样，对于违法主体、危害性、风险程度和监管方式都大不相同的假劣药“生产”与“销售”两种特性不同的行为，《药品管理法》并不作区分，而是等量齐观，以同样的责任加以追究，无异于把“西瓜”和“芝麻”放在同一个篮子里，其效果可想而知。再如，药品生产企业、经营企业未按照规定实施《药品生产质量管理规范》、《药品经营质量管理规范》的原因多种多样，既有可能是故意的常态行为，也有可能是过失的偶尔为之；既有可能对生产结果产生重大影响，也有可能影响不大；既有可能是对生产流程、工艺的渐进改进，也有可能是偷工减料的冒险投机。对于这些本该严格区分，最好进行类型化处理的不同情况，《药品管理法》只用了一个条文（第七十九条）进行统一处理，弹性极大，把难题（或者机会）都留给了执法者。法律责任中类似的粗放规定，如“情节严重”之类的表述等等，还有许多。在当前的执法环境和监管人员素质等因素的制约条件下，法律责任规定过粗，不但没有产生执法人员创造性适用法律的局面，反而导致裁量权的滥用以及守法主体的守法成本上升，使法律的可预期性目标无法实现。

6. 法律责任条款与其他实体条款存在脱节现象

完整的法律规范由假定、处理与制裁三个要素组成，行为模式和法律后果是其中不可缺少的两个重要组成部分。通过分析《药品管理法》可以发现，在一些环节存在比较明显的法律规范脱节现象，即有时候有法律后果的规定但缺乏行为模式的要求，有时候有行为模式的要求但又没有法律后果的规定。前者比较典型的当属第七十七条的规定，该条规定的对象为提供运输、保管、仓储等条件的主体，但实体规定部分并没有具体规定这些主体的法律义务。后者更为常见，如第十一条关于原料、辅料，第二十二条关于药学技术人员，第五十一条关于直接接触药品的工作人员的规定等，均有药品生产、经营企业或者医疗机构行为义务的规定，但法律责任部分缺乏违反这些义务的责任条款。同样，虽然《药品管理法》授予了药品管理部门大量的实体性权力（实质应该是职责或义务），但对于这些部门怠于行使权力的不作为或者滥用职权的行为，却缺乏责任追究的规定，使行政权力的性质发生了变异。

法律责任条款与其他实体条款脱节，结果必然是有义务可以不履行，或者法律规定的责任难以落实，使法律责任制度设计失去其应有的功效。

7. 简单照搬《行政处罚法》的规定，缺少药品管理的特点

《行政处罚法》是我国一部重要的行政法律规范，对于规范行政权力的行使起着十分重要的作用，药品管理也必须遵守，这一点毫无疑问。但是，《行政处罚法》只是规范行政处罚权力的基本法，或者说是规范行政处罚行为的最低要求，至于在各个不同管理部门的具体制度设计，必须充分反映该领域的特点，不能简单照搬照抄，更不能指望单靠《行政处罚法》包打天下。由于各个管理领域的差别很大，如果只是简单照搬《行政处罚法》的规定，其执行效果必然大打折扣。

对于《行政处罚法》与其他法律的这种一般法与特别法的关系，《行政处罚法》多处均有明确规定。例如，《行政处罚法》第八条前六项分别列举了行政处罚的常见种类，第七项明确规定“法律、行政法规规定的其他行政处罚”。可见，根据《行政处罚法》第八条的规定，包括《药品管理法》在内的

其他法律、行政法规是可以也应该因地制宜规定其他类型的行政处罚的。

对于《行政处罚法》与其他法律的这种一般法与特别法的关系，我国的立法实践也已经有非常宝贵的探索。例如，《行政处罚法》第三十三条规定，"对公民处以五十元以下、对法人或者其他组织处以一千元以下罚款或者警告的行政处罚的，可以当场作出行政处罚决定"。2003 年通过的《道路交通安全法》第一百零七条明确规定，"对道路交通违法行为人予以警告、二百元以下罚款，交通警察可以当场作出行政处罚决定，并出具行政处罚决定书"。显然，《道路交通安全法》的规定更有利于制裁道路交通违法现象，也并不违反《行政处罚法》的规定。

不过，非常可惜的是，自从《行政处罚法》、《行政许可法》等一般行政法律出台以后，其他部门法律更常见的是照抄照搬这些一般法律的规定，缺少针对本部门实际设计的独特制度，结果造成一般法律规定因为缺少针对性而实效普遍较差甚至无法适用的结果。分析《药品管理法》对于法律责任的规定可以发现，（1）在行政处罚的种类上，基本等于照搬、重复了《行政处罚法》明确列举的前五种处罚类型，缺少新的处罚种类，如违法信息强制披露、责令暂停销售、收回批准文号、不予认证等；（2）在处罚的适用上，根本没有针对本领域的实际情况作出任何创新或者突破的规定，完全适用《行政处罚法》的规定。虽然《实施条例》和相关部门规章在个别问题上有所创新，如《实施条例》第七十九条第（五）项规定了"生产、销售、使用假药、劣药，经处理后重犯的"，由药品监督管理部门在《药品管理法》和条例规定的处罚幅度内从重处罚，但这些规定不论是在明晰性（"处理后重犯"含义并不明确，不论是"处理"还是"重犯"都需要界定），适用范围（生产、销售、使用不能涵盖所有的违法行为），还是最终罚则（从重处罚仍未超出原规定的罚则，不具有处罚的递进性效果，对累犯无法形成威慑）方面，距离实践的需要还是有很大的距离，难以满足实践管理的需要。

《药品管理法》简单照搬《行政处罚法》的规定，导致（1）在处罚的种类方面，法律明确规定的许多处罚种类（如责令停产停业、吊销许可证或者撤销药品批准证明文件等）看起来都很好，但由于这些违法主体均是药品生产、经营企业，对于地方经济发展起着重要作用，所以这些处罚手段根本不可能适用，地方政府会多方发挥影响，最后形成"投鼠忌器"的局面，无法有效制裁违法行为。相反，对那些实践证明能够派上用场的处罚手段（如责令暂停销售、信息强制披露等），由于《药品管理法》没有明确规定，各地把握不一，其法律地位与合法性也存在很大的疑问。（2）在处罚的适用方面，由于必须适用《行政处罚法》的一般规定，缺少针对本领域违法行为规律与特点设计的制度，最终造成药品执法与守法成本高、违法成本低的不合理现象，行政处罚适用面临大量实际困难（如查获假药、劣药不没收，改以责令违法者自行当场销毁等）。

8. 对新问题存在监管真空

我国正处于高速经济增长、急剧社会变革与深层体制转轨的特殊时期，因此，法律规定与现实出现错位，甚至落后于现实发展是很常见、也是非常正常的现象。有学者经过研究得出了我国每部法律修改的频率大致是七八年一次的结论，本届全国人大常委会也首次明确将法律的修改摆到了和法律的制定同样重要的地位。《药品管理法》自 1984 年制定、2001 年修订以来，现实生活又发生了很大变化，出现了一些原来没有预料到的新情况、新问题。诸如“走票”、异地设库、网购、邮寄药品、连锁经营、出口、辅料管理等，现行法律都缺乏规定。这些新情况、新问题的出现，其实再次证明了《药品管理法》有必要尽快进行修改。

三、对《药品管理法》修改的政策建议

根据前述分析，《药品管理法》修改只能与市场化改革、监管制度重建、治道方式变革等整体改革同步推进才有意义。单纯寄希望于法律修改解决药品安全问题，既不现实，也无法有效。在此前提下，《药品管理法》修改应该在如下几个方面体现其特点或者创新：

1. 构建系统、有效的法律责任追究体系

鉴于现行《药品管理法》重行政处罚、轻其他责任形式所导致的各种实践问题，法律修改应首先根据不同问题的性质和严重程度，合理设置和配置不同责任形式，构建系统、有效的法律责任追究体系。具体包括：

（1）加大刑事责任的处罚力度和有效性

目前药品领域问题严重的根源之一在于对各种违法行为的打击力度不够，

法律责任缺少威慑力。对于所有种类的药品违法行为，《药品管理法》均采用刑事责任与行政责任共同规定的方式，最后往往只能以行政处罚了结，出现“以罚代刑”的结果，刑事责任无从实现。

要解决实际问题，首先必须提升刑事处罚的力度，对于严重的药品违法行为，直接以刑事犯罪制裁，避免以罚代刑现象的继续。类似的做法，其实在我国其他许多法律中并不鲜见，如《铁路法》第六十一条、第六十二条、第六十三条、第六十六条，《烟草专卖法》第三十九条，《民用航空法》第一百九十二条等等。

为此，建议在修改后的《药品管理法》中，对于第七十三条规定的无证生产药品行为，生产假药的行为以及伪造、变造许可证或者药品批准证明文件的行为，直接以犯罪制裁，减少罪与非罪的模糊空间；对于行政责任与刑事责任并存的领域，做好药品监督行政执法与刑罚的衔接，规定“药品监督管理部门依法履行职责，发现违法行为涉嫌犯罪的，应及时依法将案件移送公安机关处理”，并规定相应的责任追究机制，避免执法部门怠于履行法律责任。2011 年通过的《刑法修正案（八）》虽然将刑法第一百四十一条规定的生产、销售假药行为必须“足以严重危害人体健康的”的条件取消，直接将生产、销售假药行为纳入刑事制裁，但它仍然有两个缺陷：一是未能区分生产与销售行为，对于某些无主观恶性的过失销售假药行为有可能导致刑法适用的扩大化，并模糊行政执法与刑事执法的界限；二是对于诸如无证生产药品、变造许可证或者药品批准证明文件等行为，仍然未能直接纳入刑事制裁，无法解决威慑不足问题。

当然，整个法律责任的设计又绝不是“严刑”两字可以归纳，更不能倒向简单的重刑主义思维定势。刑事责任只是最严厉的事后威慑手段，《药品管理法》必须构筑一整套相互关联的法律责任制度，方能实现全过程的动态调控和管理。

（2）更有效地发挥民事责任机制的作用，调动社会监督力量

各国药品立法中，较多是对刑事法律责任和行政法律责任加以规定，而较少对民事法律责任加以规定。对于这种状况，应该辩证看待，一方面确实表明药品法作为政府监管法律，一般不宜对于民事问题作出过细的安排，否则有越俎代庖之嫌；但是，另一方面，这种状况并不能说明民事责任在药品监管过程中不重要，而只是表明民事责任机制更普遍是交由民事法律规范加以规定。因

此，一国药品法是否详细规定民事责任关系，要取决于该国法律体系的架构以及公法与私法的关系。如果民事法律规范比较发达，作为公法的药品法没有必要过多涉足民事问题，这在普通法系国家尤为明显；如果民事法律规范相对滞后，则公法规范显然有必要对民事问题作出较为详细的规定。各国药品法在这个问题上的差别，其实正好可以推论这一论断。

我国现行《药品管理法》第九十三条规定，“药品的生产企业、经营企业、医疗机构违反本法规定，给药品使用者造成损害的，依法承担赔偿责任”。该条规定相对比较简单，加之我国民事责任法律体系的缺陷，实践中很难适用，因此，修改后的《药品管理法》可考虑在保留第九十三条规定的基础上，作出更具操作性的规定。

《药品管理法》修改可以参考《食品安全法》在民事责任机制上的创新做法，引入生产（销售）假药、劣药的惩罚性赔偿制度，以调动公众和用药人自身维权的积极性，形成有效的社会监督机制。同时，借鉴《证券法》、《食品安全法》等众多国内立法的经验和国际社会的普遍做法，确立民事赔偿责任优先的原则，保证民事责任机制能够有效运转。

（3）优化行政责任设计，提高行政执法的有效性

药品行业是各国政府监管最为严密、严格的行业，有效的行政法律责任设计是履行政府监管职能的基础和保证，也是提高行政执法有效性的前提。鉴于现行《药品管理法》在行政法律责任设计方面所存在的种种问题，法律修改应优化行政责任设计，以提高行政执法的有效性。主要包括：

A. 确立累犯加重处罚制度

许多发达国家的药品法典中，都规定了对累犯加重处罚的原则。我国药品执法实践中，一个比较突出的问题是一些违法者经常打擦边球，通过不断轻微违法来牟取不法利益。对于这种行为，即使被执法部门发现，也只能在法定处罚幅度内给予有限的处罚，使违法者的违法成本很低，执法机关的执法成本很高。我国《药品管理法实施条例》第七十九条第（五）项虽规定了“生产、销售、使用假药、劣药，经处理后重犯的”要从重处罚，但该条规定仍然是在原处罚幅度内从重，并不具有累犯加重的效果。并且，该条规定在适用条件和范围上也不是非常清楚。因此，有必要借鉴发达国家的药品管理法律经验和我国刑事法律责任的做法，确立累犯加重处罚制度，以杜绝违法者的侥幸心理。建议《药品管理法》修改将“多次处罚仍不改正”作为情节严重的具体

情形明确加以规定，体现处罚的逐步递进原则和实际的累加效果，增加行政处罚本身的威慑力。

B. 确立对法人和自然人的“双罚”制度

法人不同于自然人，行政机关对法人适用行政处罚时，应与自然人有所不同。法人或其他组织的法定代表人、经授权的工作人员，以法人的名义并为了法人利益而实施的与职务、业务有关的违法行为，都属于法人违法行为。对法人违法的，原则上应该适用“双罚”方法，既处罚法人整体，又处罚法人中负有责任的自然人即主管人员和直接责任人员。

国外药品立法中，基本上确认了这种“双罚”制度。例如，《英国药品法》第124条题为“法人团体的违法”，规定如果法人团体确有违反本法的行为，而且此违法行为的发生，是由于法人团体的主管、经理、秘书或其他类似高级职位人员的同意、默许或过失，那么这些职位的人员和法人团体都将被判定为违法，并承担相应的责任。《新加坡药品法》第67条、《澳大利亚药品法》第55条作出了与英国类似的规定。《韩国药事法》第78条规定，作为法人团体的代表、代理人或雇员，当违反了前述第74至77条的规定时，应按照相应的责任，对法人团体及个人分别予以相应的处罚。

我国现行《药品管理法》中关于法律责任的规定，主要针对的是法人和其他组织，而较少针对自然人。由此导致的一个后果是对主要的违法组织者或者实施者无法予以有效的追究，在利益机制的驱使下，他们可以冠冕堂皇地继续从事违法活动。为此，建议在《药品管理法》修改时增加这方面的规定，加大违法者的违法成本，并专门增加一条，“药品研究开发机构、药品生产企业、药品经营企业、医疗机构、药物非临床安全性评价机构、药物临床试验机构违反本法规定的，除依照本章规定予以处罚外，可以同时对其直接负责的主管人员和其他直接责任人员给予警告，并处五千元以上二万元以下的罚款”。

C. 建立有效的行业禁入制度

某种意义上讲，行业禁入是“双罚”制度的一个主要组成部分。在关系人身健康的药品等行业，行业禁入制度既是维护公共利益的需要，也是对违法者的一种否定性评价，是因其已然的违法行为，禁止其在终生或者一定期限内从事特定活动的制裁性措施。

目前《药品管理法》的相关规定体现为：第七十六条第1款规定，“从事生产、销售假药及生产、销售劣药情节严重的企业或者其他单位，其直接负责的主管人员和其他直接责任人员十年内不得从事药品生产、经营活动”；第八十三条规定，“违反本法规定，提供虚假的证明、文件资料样品或者采取其他欺骗手段取得《药品生产许可证》、《药品经营许可证》、《医疗机构制剂许可证》或者药品批准证明文件的，吊销《药品生产许可证》、《药品经营许可证》、《医疗机构制剂许可证》或者撤销药品批准证明文件，五年内不受理其申请，并处一万元以上三万元以下的罚款”；第九十二条第1款规定，“违反本法有关药品广告的管理规定的，依照《中华人民共和国广告法》的规定处罚，并由发给广告批准文号的药品监督管理部门撤销广告批准文号，一年内不受理该品种的广告审批申请”。这3个条款设定了“一定期限内禁止从业”、“一定期限内不受理行政许可申请”，具有积极意义，但该制度所适用的违法行为范围较窄，没有考虑对个人和企业的不同规定，而且也欠缺相应的制度安排，因此并未能在实际中发挥较大效果。

目前在我国《证券法》、《保险法》、《银行业监督管理法》等法律中也已规定了类似的市场禁入措施。为此，建议在《药品管理法》修改中，拓宽行业禁入适用违法行为的范围，为禁入年限设定合理的不同阶次，并建立对禁入者的公告制度以及相应的违反进入制度的处罚制度。

D. 优化罚款处罚设定方式

在各国药品立法中，罚金或罚款都是极为重要的处罚方式。各国药品立法中多规定了单处或并处罚金或罚款，各国罚金或罚款幅度差异很大，但设定方式多为设定处罚金额的上下限。

《药品管理法》第七十三条、七十五条、七十六条、七十七条、八十四条规定了倍率式罚款，其处罚幅度分为“货值金额二倍以上五倍以下”、“货值金额一倍以上三倍以下”、“违法收入百分之五十以上三倍以下”。《药品管理法》第七十九条、第八十二条、第八十三条、第八十七条设定了“五千元以上二万元以下”、“二万元以上十万元以下”、“一万元以上三万元以下”、“三万元以上五万元以下的罚款”等“数值间距式”的罚款金额，明确了罚款数额的上限和下限。总的说来，倍率式罚款和数值式罚款两种设定方式相结合是符合我国国情的，倍率式罚款可以减少数值式罚款设计中的恣意成分，使得过罚相当的行政处罚基本原则能更为细化和动态化，但其弊端在于无法有效打击连续小额违法行为。数值式罚款可以弥补倍率式的缺陷，对于打击小额违法行为非常有效，但不能充分体现过罚相当的行政处罚原则。因此，在修改《药品管理法》中，应该针对违法主体和违法行为的不同，分别采用两种不同的罚款设定方式，以更有效地实现法律责任设计的目的。

E. 完善没收制度

没收是特定行政机关采取的剥夺与违法行为有关的财物或违禁物品的所有权的行为。对违法药品的没收，主要意在维护药品安全，捍卫公众健康；对从事违法行为的工具的没收，主要意在消除违法者再次违法的能力和可能性；对违法所得的没收，也是经济上的惩戒。

《药品管理法》第七十三条、第七十四条、第七十五条、第七十六条第2款、第七十七条、第八十条、第八十二条、第八十四条规定了没收制度，没收的对象包括：违法所得；违法生产、销售的药品或制剂；生产者专门用于生产假药、劣药的原辅材料、包装材料、生产设备。但是，《药品管理法》对没收之后的相关制度未有明确规定。应规定“违法生产、销售的药品、制剂、原辅材料、包装材料、生产设备，根据本章规定予以没收后应销毁。没收违法所得或者没收非法财物拍卖的款项，应全部上缴国库”。

2. 加强行政问责力度，实现从权力中心到责任中心的转变

药品领域问题的存在和蔓延，既有被监管者的原因，也有监管者自身的原因。就监管者方面来说，最大的问题在于权力和责任脱节，权力与利益挂钩，政府、市场边界模糊。由此导致权力中心、权力本位，争权夺利、相互扯皮，政企不分、政府行为商业化，不积极履行法定责任、滥用职权，甚至权钱勾结、以权谋私等各种问题。现行《药品管理法》虽然有对行政执法机关行政责任的规定，但过于笼统和原则，实践中缺乏可操作性。为此，法律修改应加大行政问责力度，从事后行政责任追究入手，倒逼管理部门履行法定职责，实现从权力中心到责任中心的转变。

加大行政问责的力度，是党中央、国务院近年来力推的一项战略性举措。《关于实行党政领导干部问责的暂行规定》、《关于实行党风廉政建设责任制的规定》、《国务院关于加强食品等产品安全监督管理的特别规定》、《国务院办公厅关于进一步加强药品安全监管工作的通知》、《关于特大安全事故行政责任追究的规定》等都对行政问责提出了明确要求。《食品安全法》更是较为系统地规定了行政问责的基本原则和要求。建议在《药品管理法》修改中吸收、

借鉴上述规范性文件的经验，明确不同管理部门的职权边界和管辖范围，充实行政问责制度的具体内容，增加规定地方政府负总责制度，从法律责任和政治责任两个层面进行约束，实现药品监管从权力中心到责任中心的转变。

3. 加强对过程监管的要求，实现药品管理方式的转变

虽然法律责任是各国药品法中普遍非常重视的内容，也是《药品管理法》顺利实施的最终保障，但是，就监管制度的内在要求而言，法律责任其实是监管制度的最后一个环节或者最后一道防线。大量的问题如果都只能依靠追究法律责任才能解决，其实已经表明监管制度的某种系统性风险或者系统性失败已经迫在眉睫，后方已经完全暴露，成为了前线。因此，就功能而言，法律责任制度更多应该发挥潜在威慑功能而不是实际惩罚功能，更多应该发挥支撑保障作用而不是一线监管作用，更多应该是手段而不是目的。备而不用，才是法律责任制度的最高追求目标！我国药品监管模式有必要从事后责任追究向事前风险预防、从管理型向服务型、从直接权力行政向信息披露行政转变。没有药品监管模式的深刻转型，再好的法律责任制度设计充其量也只能是无源之水，无本之木。

在现代信息社会背景下，信息披露制度作为一种确保当事人履行义务的新兴手段，发挥着日益重要的作用。这些制度旨在通过对相应事实的公布，引起社会的普遍关注，通过施加心理压力，从而迫使相对人遵守相应的法律规范。其实，深入分析发达国家的药品监管制度（以及其他领域的监管制度）可以发现，贯穿监管全过程的信息披露制度（而不是事后的违法责任追究制度）才是整个药品监管制度的核心和基础。某种程度上讲，监管就是信息披露！

目前《药品管理法》关于药品信息披露制度的规定，只限于第六十六条所规定的“国务院和省、自治区、直辖市人民政府的药品监督管理部门应当定期公告药品质量抽查检验的结果”。此外，《药品管理法实施条例》第五十五条第2款规定：“对违法发布药品广告，情节严重的，省、自治区、直辖市人民政府药品监督管理部门可以予以公告”。根据2007年颁布的《政府信息公开条例》第十条的规定，“县级以上各级人民政府及其部门应当依照本条例第九条的规定，在各自职责范围内确定主动公开的政府信息的具体内容，并重点公开下列政府信息：……（十一）环境保护、公共卫生、安全生产、食品

药品、产品质量的监督检查情况”。《国务院关于加强食品等产品安全监督管理的特别规定》第三条第3款规定：“生产经营者不再符合法定条件、要求，继续从事生产经营活动的，由原发证部门吊销许可证照，并在当地主要媒体上公告被吊销许可证照的生产经营者名单”。另外，《行政许可法》、《行政处罚法》对于行政许可、行政处罚的依据、过程、监督检查等也都有公开的要求。可见，相关的规定散见于不同的法律法规之中，发布机构不一致。更重要的是，信息披露在整个药品监管制度中并没有处于核心地位，基本处于可有可无的状态。

鉴于相关法律、行政法规已经分别对药品信息披露制度作了规定，《药品管理法》没有必要简单重复这些规定，但是，《药品管理法》修改有必要突出强调信息披露制度在整个药品监管体系中的重要性，以推动药品监管由事后处罚型模式向事前、事中、事后全程信息披露型模式的转变。

除了信息披露之外，实践中已经证明行之有效的各种过程监管手段（如约谈、责令道歉、责令销毁、申诫、暂停销售、行政指导、重点监管等），也有必要在法律修改中加以规定。

4. 加强法律规定的可操作性

虽然《药品管理法》2001年已经修改过一次，但由于立法技术和社会快速发展等方面的原因，其责任设定比较粗放，许多规定可操作性不强。因此，法律修改应加强法律规定的可操作性，主要包括：

（1）解决义务性条款与法律责任条款脱节的问题

对于现行《药品管理法》所存在的前后脱节现象，对于有义务性规范而缺乏法律责任的，应在法律责任中直接衔接上相应的责任；对于有法律责任规定而缺乏实体义务性规定的，建议其他部分在修改时补充相应的义务性规定。同时，也要加强《药品管理法》与《实施条例》、《流通办法》等的衔接。这方面的调整涉及医疗机构销售自制药剂与擅自使用它单位药剂的法律责任的协调；需要增加第十一条关于药用原料、辅料必须符合药用要求的法律责任；需要增加第二十二条、第二十六条、第二十七条、第二十八条关于医疗机构药剂人员、药品验收、调配和保管义务的法律责任；需要增加第五十一条关于药品生产企业、经营企业和医疗机构直接接触药品工作人员的健康及体检义务的法律责任等。

（2）细化原有规定

主要是对现有法律已经规范，但是没有细化或是在具体执行中存在问题有待改进的条款，在原有规定的基础上进行细化。例如，需要对生产假劣药与销售假劣药进行区分，分别规定不同的法律责任；需要对故意和非故意进行区分，严厉打击故意违法行为；需要区分违反 GSP（《药品经营质量管理规范》）、GMP 的不同情况，分别设定法律责任；需要细化现有条文中存在的各种裁量条款或可能产生歧义的用语，包括对“情节严重”的明确和对“限期”的明确；需要明确在查处违法广告、查处假劣药过程中相关部门的职责，对于无证广告和无证制造假药的行为分别由工商和公安部门全权负责查处，由药品监管部门在药品专业技术、案件线索等方面予以协助；需要细化罚则的幅度，减少裁量空间；需要细化罚款的计算方法，分别针对不同主体设计倍率式与数值式罚款幅度确定方法等。

另外，对现行《药品管理法》规定不足的问题或领域，如药品研究环节管理，药品运输与储存，医疗机构的使用环节，原、辅料与药包材管理，执法过程中的票证提供义务，不良反应报告，过程监管手段等，需要加强相关规定，以解决现实问题。

（3）删除不具有可执行性的规定

《药品管理法》中有些规定根本没有可执行性，应属于其他法律调整的内容。法律修改中对于这些不具有可执行性的规定，应予以删除，以体现实事求是的立法指导原则。主要涉及《药品管理法》第八十八条（药品监管部门内部职责分工）、第八十九条（价格管理）、第九十条（给予、接受回扣或其他利益）、第九十一条（收受财物或其他利益）。应删除这几个条文的考虑是：第一，价格管理、行贿受贿问题均属于一般法律执行问题，不属于药品监管的特定问题，因此，更适宜由一般法加以调整。同时，就执法实践看，这些规定不但对于打击这些非法行为没有起到什么实质性的作用，反而经常会使普通公众对药品监管部门的职能边界产生误解和指责。予以删除，不但不会影响一般法律对这些违法行为的打击力度，还可以进一步明确药品监管的范围和边界，使普通公众对药品监管部门的职能有更为准确的了解。第二，药品监管部门内部的职责分工比较适宜在未来修订的《实施条例》中加以规定，直接放在《药品管理法》中加以规定，有可能使其他执法部门放弃履行各自的职责，使药品监管部门陷入孤军奋战的局面。

（4）增加对妨碍执法行为的制裁

各国药品立法中，普遍赋予了药品监督管理部门监督检查权，行政相对人有配合药品监督管理部门进行监督检查，并提供相应药品、文件和信息的义务，行政相对人不得妨碍药品监督管理部门执法，不得提供虚假信息。现行《药品管理法》并未对妨碍药品监督执法的行为予以规范。在现实的药品监督行政执法过程中，特别是在查处假劣药品及取缔非法药品集贸市场的过程中，抗拒乃至以暴力和威胁的方法阻碍、对抗药品监督执法的事件时有发生。为此，建议在修改后的《药品管理法》中增加如下条款："公民、法人或者其他组织阻碍药品监督管理部门的监督检查，拒绝提交或未能及时提交相应药品、文件或其他信息，或提交信息不准确的，责令改正，并处一万元以上三万元以下的罚款"；"公民、法人或者其他组织阻碍、威胁药品监督管理部门的工作人员依法执行职务的，予以警告；拒不改正或者有其他严重情节的，处五千元以上二万元以下的罚款；构成违反治安管理处罚行为的，依照《中华人民共和国治安管理处罚法》的规定处罚；构成犯罪的，依法追究刑事责任"。

医疗改革专题

ON Health Care Reform

Comparative

医疗卫生领域的市场失灵和政府干预

中美医疗体制改革的经济学分析

李　波　郑志丹

2010 年，美国奥巴马政府医疗改革法案在国会艰难通过。2011 年 1 月 21 日，美国众议院通过议案，试图取消国会于 2010 年 3 月通过的医改法案。由于民主党人仍然控制美国国会参议院，奥巴马总统更拥有法案否决权，所以，共和党通过立法途径全盘推翻医改的可能性很小，但也反映出美国医改矛盾交织、举步维艰。同时，为着力解决群众反映较多的"看病难、看病贵"问题，中国也于 2009 年 4 月颁布了医改方案。根据该方案，中国争取到 2011 年中国城镇职工基本医疗保险、城镇居民基本医疗保险和新型农村合作医疗参保率均达到 90% 以上。各国医改推进缘何如此困难？主要原因在于医疗卫生领域是一个复杂的领域，存在着明显的市场失灵，需要政府进行干预，而对于政府干预的度应如何把握，各方存在较大争议，且各国政府干预的方式、力度和效果也千差万别。

我们拟从理论分析和实证研究的角度，对市场失灵和政府干预进行理论分析，在此基础上，比较中美两国医疗服务市场、医疗保险市场及医药市场的差异，探讨政府在不同市场行使职责的最优干预方式，试图从中找到医疗改革的最优路径。

---

*　两位作者供职于中国人民银行，文中观点不代表所在机构观点，文责由作者自负。本文是"中美两国医疗体制改革"系列文章的第一篇。——编者注

一、医疗服务市场的市场失灵和最优干预方式

（一）医疗服务市场的市场失灵

所谓市场失灵，是指源于市场机制本身的某些缺陷和外部条件的某种限制，使得单纯的市场机制无法把资源配置到最优状态。医疗卫生领域的市场失灵是指基于医疗卫生服务的固有特征使医疗资源无法达到优化配置。医疗卫生领域主要分为三个市场：医疗服务市场、医疗保险市场和医药市场。市场失灵在三个不同市场的表现有所不同，在医疗服务市场的突出表现是外部性、信息不对称和不完全竞争。

1. 外部性

在一种商品的消费（或生产）过程中，当第三方虽然没有参与消费（或生产）却受到影响，而且不需要付费或者不能获得补偿，这样就产生了外部性。如果这种影响是不利的，就称之为负外部性；如果是有益的，就称之为正外部性。

基本医疗服务带有明显的外部性。例如，一些传染性疾病，如果不能得到及时治疗，就容易将疾病传染给他人，就产生了负外部性；如果传染病得到及时治疗，会减少疾病的传染，有利于他人的健康，这就产生了正外部性。

2. 信息不对称

与其他行业相比，医疗卫生行业存在着较为严重的信息不对称。就医生和患者而言，患者一方缺乏医疗服务行业的专业知识，对自己患什么病、应该接受怎样的治疗、需求多少以及治疗效果等信息了解不充分，而医生具备专业知识，负责诊断患者，又恰恰是医疗服务的提供者。

信息不对称会导致出现逆向选择和道德风险。在医疗服务市场，道德风险相对于逆向选择问题显得更为突出。医疗服务机构的道德风险主要表现为医疗服务机构的“过度供给”和“诱导需求”行为，在经济利益的驱动下，部分医疗服务机构或医生可能要求患者做各种没有必要的检查、开好药、开贵药等，或者鼓励不需要住院的患者住院，小病大治。例如，调查显示，美国国内各地区在老年社会医疗保险（Medicare）的花费差距很大，如迈阿密和达拉斯等城市的支出增长速度远远高于旧金山和匹兹堡等城市，这种差异暗示了医生

通过更多的检查和将病人收治住院来推升医疗费用。

3. 不完全竞争

医疗卫生服务市场存在自然垄断的特性。医疗服务较低的需求弹性、患者出行的成本都构成了医疗行业产生垄断特别是地域性垄断的原因。一方面，医疗服务对于患者来说具有必需品的性质，因而相对缺乏弹性，这就使得提供者实施价格垄断成为可能。另一方面，尽管市场上存在数量较多的医疗服务提供者，但是由于患者和医生能够出行的距离有限，医疗机构具有较强的地域垄断性，表现为在一定的区域内只有少数几家医疗机构占有比较高的市场份额，垄断着当地的医疗服务市场（Luft 和 Maerki，1985）。在中国，除上述情况外，长期以来公立医院处于绝对地位而且享受政府的补贴，民营资本进入医疗领域存在一定限制，造成大量城市通常由几家权威的公立医疗机构组成医疗网络，覆盖当地的医疗市场，垄断当地的医疗卫生资源。2009 年第四次国家卫生服务调查显示，2009 年我国私营医疗机构床位数仅占床位总数的 5.19%。

（二）医疗服务市场的最优干预方式

正是由于信息不对称、诱导需求、逆向选择、道德风险、外部性、不完全竞争等在医疗卫生领域广泛存在，致使医疗卫生领域存在大量市场失灵，所以需要政府这只“看得见的手”对医疗卫生领域的市场失灵加以纠正，从而降低市场失灵带来的效率损失。在不同的市场上，政府可以采取不同的干预方式，以在最大限度发挥市场作用的同时，实现效率和公平的最佳结合，我们把这种干预方式称为“最优干预方式”。政府在医疗服务市场上的可能干预方式包括作为医疗服务的提供者、监管者和规划者。

1. 充当提供者，直接提供医疗服务和公共卫生产品

政府可以建立公立医院直接向弱势群体提供基本医疗服务，但公立医院的效率和服务水平常常难以保证，建立公立医院与政府提供医疗保险救助相比，常常不是最优干预方式。但是，医疗卫生服务中的公共卫生产品的提供，如医学的教育与科研、传染病防治、环境卫生、健康普及教育等，都在消费上具有非竞争性，属于公共产品的范畴。作为公共产品，公共卫生难以由私人企业来充分生产和销售，应主要由政府承担起提供的角色。

2. 充当监管者，抑制医疗服务中的不完全竞争和信息不对称

医疗服务市场具有很多特殊性，不同于普通的商品和服务，所以政府的监管至关重要。政府监管主要包括：一是准入和退出规制，表现在医务人员的资格考试和认证制度、医疗机构设立的资格和标准制度等。二是医疗服务质量规制，主要包括对医疗机构等级、医务人员医疗服务技术水平和责任能力的评价和认定制度等。三是价格和费用规制，主要包括对诊疗项目的价格规制。四是安全规制，主要是控制医疗事故的发生，预防异常疾病对社会安全造成的不良影响。五是信息披露规制，主要包括医疗知识普及与传播、医疗成本和价格的公布、医院和医务人员资信的评价显示等方面的制度。

上述监管职能不一定都由政府来承担，有些（甚至大部分）可以由行业自律组织来行使。例如在美国，医务人员的资格考试和认证、医疗机构设立的资格和标准、医疗机构的评级和资信评价、医务人员的技术水平和责任能力认定、价格和费用规则、信息披露规则等主要都由行业自律组织来制定、实施和监督。如果制定和实施得当，上述规则将有利于克服医疗服务中的信息不对称，提高医疗服务市场的效率；但是，如果制定和实施不当，上述规则有可能妨碍竞争，加剧医疗服务市场的地域垄断性。与行业自律相比，政府直接管制不一定是最优干预方式。

3. 充当规划者，建立健全初级医疗卫生服务体系

政府可以推动建立健全初级医疗卫生服务体系，也就是所谓“守门人机制”。由社区全科医生扮演守门人的角色，非急诊病人必须首先在全科医生那里就诊；如果必须寻求专科医生的服务，须经过全科医生的转诊。如果社区卫生服务机构能够积极开展社区卫生状况调查，了解社区居民的健康状况，明确社区主要健康问题和服务需求，做出社区诊断，提供基本卫生服务，把群众基本卫生问题解决在社区，向社区管理部门提出改进社区公共卫生的建议并作技术指导，改善社区公共卫生状况，这样就可以更有效、更经济地提高群众健康水平，降低社会整体的医疗支出水平。但此类规划不一定要由政府来制订，全科医生制度也不一定要由政府来建立。对中国来说，政府需要做的可能是放松管制，引导社会资本更多地进入医疗领域，提供充分的医疗机构竞争环境，发挥行业自律的作用，鼓励医学院校培养全科医生，允许和鼓励全科医生到社区设立民营诊所，搞活医疗服务市场。

从上述讨论中可以看出，政府在医疗服务市场的最优干预方式不一定是建立和运营公立医院，也不一定是直接管理医疗服务市场的准入、价格或信息披露。对中国来说，政府主要应考虑放松管制，搞活市场，鼓励竞争，维持一个公平竞争的环境，发挥行业自律的作用。

二、医疗保险市场的市场失灵和最优干预方式

（一）医疗保险市场的市场失灵

市场失灵在医疗保险市场的突出表现是外部性以及信息不对称带来的逆向选择和道德风险。

1. 外部性

满足个体保险需求的服务或产品具有较强的外部性。医疗保险体系建立后，大部分公民免费或者通过付出相对较小的代价（保费）就能享受医疗救助或社会保险的保障，或通过支付与风险对价的保费就能享受商业保险等更高层次的保障。这一制度将承担医疗费用的风险在包括健康人和患者在内的全体被保险人之间分摊，同时也在人的一生之中分摊。

2. 信息不对称

信息不对称带来的逆向选择在医疗保险市场表现比较突出。保险公司在保险关系确定之前不知道投保人的风险程度，保险公司初步定的保费是按照整体市场调研平均水平确定的。而由于有病投保、无病退保的逆向选择，会导致参保人员发生疾病的概率大大提升，于是保险公司被迫提高保费，这又进一步促使一些风险低的客户退保，从而出现医疗保险市场上“病人”驱逐“健康人”的逆向选择效应。例如，美国医疗保险市场上昂贵的保费致使很多贫困人口根本买不起保险，很多人也只是购买了价廉、保障程度低的基本保险，许多保险还有高额的自付部分，对经济不宽裕的人来说，医疗是一个沉重的负担。

道德风险在医疗保险市场主要表现为，保险公司不能观察到投保人在投保后的行为，投保人在投保后疏于采取防范措施，存在“过度消费”和“免费医疗”的心理倾向，尽可能地多治疗，或要求更高档的治疗，甚至“医患合谋”，患者对医疗服务机构提出不合理的要求，而医疗服务机构也不加以拒绝，甚至提供便利。

道德风险的另外一种表现形式是，由于美国昂贵的医疗事故民事赔偿法律制度，医生为了降低赔偿的风险，让患者接受多种昂贵但不一定完全必要的医疗测试和检查（即“防御性检查”），相关费用大部分由保险公司承担，进一

步推升了保费水平。

（二）医疗保险市场的最优干预方式

基于医疗保险市场的市场失灵，政府在医疗保险市场的可能干预方式包括充当制度设计者、保险服务的提供者和监管者。

1. 充当制度设计者，建立基本保险制度

政府通过制度的诱导作用，建立起适应经济发展需要的基本医疗保险制度，理顺社会保险和商业保险的关系，界定政府和市场在医疗保障体系中的作用空间，对于完善医疗保障功能、提高保障能力，促进医疗保险市场的发展，具有十分重要的意义。政府还可以通过制定《医疗保险法》，明确投保人和被保险人的权利和义务，规范保险提供者的行为。政府还可以改革或完善医疗事故民事赔偿法律制度，建立合理的税收制度，防止税收制度扭曲医疗保险和服务市场。在美国，雇主用税前收入为雇员购买商业医疗保险，雇员也不用为医疗保险包含的福利缴税，导致雇主用一部分医保福利代替薪金，使得雇主购买的医保通常过于慷慨，雇员在看病时承担的自付部分太低，鼓励了医疗服务的过度消费。

2. 充当保险服务的提供者，直接经营管理基本医疗保险项目

政府可以直接经营管理一些医疗保险项目，以向全体居民或特定居民（例如弱势群体）提供基本医疗保障。主要包括：一是行政管理，包括制定医疗保险的具体政策和长远发展规划、设置医疗保险组织机构、督促检查医疗保险政策的落实情况、配备与配选医疗保险工作人员等；二是服务管理，包括对定点医疗机构、定点零售药店、基本医疗保险用药目录的管理等；三是基金的管理，包括基金的筹集、分配和使用，基金的增值保值管理等内容。

政府直接提供医疗保险服务需要注意几点。首先，政府医疗保险应集中于基本医疗保障，且重点应该是弱势群体，因为弱势群体是受逆向选择问题影响最严重的群体。其次，政府提供医疗保险常常优于政府直接设立和运营公立医院，因为管理和运营保险计划的成本常常低于管理和运营公立医院的成本，而且保险计划可以通过适当收费实现更有效率的风险分担。第三，政府提供医疗保险的另外一个重要部分是养老医疗保险。从美国等发达国家的经验来看，随着人口老龄化加剧和医疗成本的提高，现收现付制的老年医保越来越难以为继，各国都需要认真考虑以个人老年医保储蓄账户为代表的个人积累制，否则很多国家都将面临财政不堪重负的局面。1966 年，美国的两个政府医保项目

Medicare 和 Medicaid（即老年医保和低收入人群医保）仅占政府总支出的1%，2008 年则升至 20%。同时，专家指出，医疗花销的一半都是人们临终前最后一年的医护费用。对于老年医保，可以考虑通过强制储蓄、税收优惠等方式，建立个人老年医保储蓄账户，强制、鼓励个人通过该账户积累老年医保资金，防止老年医保成为公共财政的巨大负担。对于低收入人群的医保，可以考虑政府直接向保险公司提供补贴，这样比政府直接提供保险更为经济。

3. 充当监管者，化解保险业风险

政府对医疗保险市场的监管主要包括：一是市场行为监管，在市场准入、经营范围、条款费率、交易行为、从业人员资质、投资行为等方面制定规则；二是偿付能力监管，对保险公司承担所有到期债务和未来责任的财务支付能力进行评估；三是公司治理监管，规范保险公司的公司治理。

从上述讨论中可以看出，除充当医疗保险市场的规划者和监管者以外，政府在医疗保险市场上的最优干预方式不一定是直接提供现收现付式的医疗保险服务（尤其是老年医保这一部分），也不一定是通过税收制度鼓励雇主为雇员购买医疗保险。政府的干预应该集中在为弱势群体提供基本医疗保险（此种方式通常优于直接建立和运营公立医院），或直接向保险公司提供补贴（有些时候此种办法更优），并通过老年医保个人储蓄账户强制并鼓励个人积累老年医保资金，同时建立合理的税收制度防止扭曲医疗保险市场，鼓励医疗保险市场的竞争。

三、药品市场的市场失灵和最优干预方式

（一）药品市场的市场失灵

药品市场的市场失灵主要体现在信息不对称和不完全竞争上。

1. 信息不对称

患者和医生以及生产、流通企业之间，在药品的质量、用途和使用方法等问题上存在着严重的信息不对称。对于处方药的消费，消费者不具备对疾病诊疗用药的专门知识，必须到具有法定医疗服务资格的医院，通过有处方权的医生进行诊断、开具处方，由医生决定使用药品的品种和数量。

2. 不完全竞争

美国药品市场的不完全竞争主要体现在药品长时间处于垄断地位。美国新

药的平均开发时间为8.5年，平均研发成本约为5亿美元，但药品在上市之后可享受最多长达20年的专利保护，在较长时期内享受垄断地位和超额利润。中国药品市场的不完全竞争主要体现在各医药销售企业利用医患之间特殊的委托代理关系间接委托医生担任其药品销售代理人，采取各种经济手段鼓励医生扩大自己的决策权，强化其追求个人利益的最大化。

（二）药品市场的最优干预方式

基于药品市场存在的市场失灵，政府在药品市场的可能干预方式包括充当药品的采购者、提供者和市场监管者。

1. 充当采购者和提供者，建立政府基本药物购销体系

政府可对基本药物实行统一购销和配送，或委托非营利机构集中采购，通过基本药物购销体系发挥政府对基本药物生产、流通、价格等环节的调控作用，纠正各种市场失灵，确保公众的基本药物需求。同时，可以在特定领域针对特定人群，直接对部分产品实施福利补贴，促进人人享有基本卫生保健目标的实现。

值得注意的是，政府统购统销基本药物不一定是对药品市场的最优干预方式。统购统销容易产生计划经济的低效和浪费，也不利于鼓励创新。一种更好的方式可能是使用政府补贴和政府限价相结合，通过补贴医药公司来鼓励创新，同时通过限价来防止不完全竞争带来的药品价格过高的问题。

2. 充当监管者，使消费者获得更多的药品信息

政府需在药品研制、生产、流通等环节强化监管，一是为研制的药品制定严格的检测、审批、实验和投放市场的标准，并引导消费者合理用药；二是对药品的生产过程制定科学的控制标准并实行严格的监管，确保基本药物的质量、供给及产业安全；三是对药品的流动渠道和价格进行必要的调控，确保基本药物的可获得性，使广大公众有药可用并用得起药。

目前，美国的药品市场存在垄断和价格昂贵问题，但该体系保护了创新的积极性，在此方面，政府的最优干预方式应该是通过政府补贴和政府限价的方式，一方面鼓励创新，一方面降低药品的成本，从而使更多人能够享受创新的好处。相比较而言，中国的药品市场存在医药不分、以药养医的问题，此体系扭曲了医生的激励，助长了医疗行业的腐败，在此方面，政府应该改革现行制度，实行医药分离。

总体来说，市场和政府并不是二元对立关系，在正常的市场经济体系中，政府可以以多种身份，如制度设计者、医疗保险提供者、药品购买者或补贴者、市场监管者的角色，参与到市场中。政府在医疗领域的不同市场应采取不同的最优干预方式，力图实现效率和公平的最佳结合。此外，医疗服务市场、医疗保险市场和医药市场的改革不是孤立和彼此割裂的，而是有着千丝万缕的联系，政府只有综合考虑三个市场的现状，采用系统性的改革方式，形成三个市场连动的局面，才能有效推进医疗卫生领域的改革。

参考文献

陈方正，《城镇医疗制度改革模式研究》，同济大学博士论文，2007。

段家喜，《市场、政府与全民医疗保障》，北京：中国财政经济出版社，2009。

葛延风和贡森，《中国医改：问题·根源·出路》，北京：中国发展出版社，2007。

顾昕，《走向全民医保》，北京：中国劳动社会保障出版社，2008。

顾昕，“走向有管理的市场化：中国医疗体制改革的战略性选择”，《中国改革》，2005年第6期。

顾昕，“中美医改为什么都费劲”，《华夏时报》，2009年。

李玲，《健康强国》，北京：北京大学出版社，2010。

李玲，“医疗卫生事业发展中的政府责任”，《南方日报》，2006。

林皓，《我国医疗体制改革的经济学分析》，浙江大学博士论文，2007。

佟珺，《政府规制与医疗卫生服务供给的有效性》，复旦大学博士论文，2009。

张力军，《三医（医疗/医保/医药）联动改革总体设计研究》，同济大学博士论文，2008。

周其仁，《病有所医当问谁》，北京：北京大学出版社，2008。

张肖敏，“美国的卫生管理与医疗保险制度”，《卫生经济研究》，2000年第7期。

张奇林和杨红燕，《中国医疗保障制度改革研究》，武汉：武汉大学出版社，2007。

Committee for a Responsible Federal Budget, “Comparing Health Care Plans: A Guide to Health Care Reform Proposals in the 111th Congress”, 2009.

Mckinsey & Company, “Identifying private - sector opportunities in Chinese health care”, *Mckinsey Quarterly*, 2010.

Mckinsey & Company, “How to design a successful disease - management program”, *Mckinsey Quarterly*, 2010.

Luft, H. S, Maerki, S. C, “Competitive potential of hospitals and their neighbors”, Contemporary Policy Issues, 1985.

财政养医的弊端

激励机制的视角

朱恒鹏

时下很流行的一种政策主张是，公立医疗机构的基建、设备和人员经费由财政负责，医院的收入和开支各自独立，全部纳入政府预算管理，医生按月领取财政统一支付的工资，这就是所谓的“收支两条线”制度。

本文要讨论的问题是：财政养医将会出现什么结果？何种补偿机制更适合医疗机构及医生。

一、财政养医制度是弱激励制度

在讨论财政支付医生薪酬这一制度安排的优劣之前，我们首先需要阐明强激励机制和弱激励机制的含义，然后说明尽管人们倾向于选择强激励机制①，但是由于信息不对称，同时也由于激励机制之间缺乏协调性即激励不相容，表面上的强激励机制常常会蜕变成弱激励机制。

所谓强激励机制指的是这样一种薪酬制度，一个人获得的劳动报酬和其工作努力程度（即劳动付出的量和质）高度正相关，即劳动付出越高，个人所得报酬越大，劳动付出越低，则其所得报酬越少。简言之，强激励制度即所谓的“多劳多得、少劳少得、不劳不得”的收入分配制度；弱激励制度即劳动报酬和劳动付出相关性不大的制度。它基本上是这样一种薪酬制度，只要行为

---

* 作者为中国社会科学院经济研究所微观经济学研究室主任，研究员。

① 比如以“安徽模式”为代表的基层医疗机构改革方案中就特别强调加大绩效工资比重、加大绩效考核力度，以充分调动医务人员的工作积极性。

人达到既定的工作要求，就能够拿到一个基本固定的薪酬。在这个工作要求之上，多劳并不多得，少劳亦不少得。

直觉上，大家会认为强激励制度优于弱激励制度。然而，激励对头、不会引致被激励人行为扭曲的强激励制度远不如一些人想象的那样容易实施。实际上，一些本来希望具有强激励效应的制度安排常常最终蜕变为几乎没有激励效果的弱激励制度。原因在于，要想使个人报酬符合“多劳多得、少劳少得、不劳不得”的原则，首要条件是能够大致准确测度劳动付出的质和量，或者在劳动绩效和劳动付出高度正相关的情况下，能够大致准确测度劳动绩效，并且对测度方法和测度结果，相关各方要能够观察、核实和形成共识。做到这一点并不容易，甚至根本做不到。许多工作测度（监督）起来非常困难，许多劳动的质和量外人很难测度。劳动成果若为有形的物质产品或者货币收入，产量和质量可能较容易测度。但是往往至少在短期内，劳动成果和劳动付出并没有严格的正相关关系，农业产出就是一个典型例子。同时，许多劳动成果是无形的，产量和质量很难测度，医疗服务就是如此。测度劳动付出或劳动成果的质和量，即所谓的“监督考核”或者“绩效考核”，一方面面临着上述测度困难问题，另一方面，即使能够监督考核，还面临着监督考核者是否认真测度的问题。监督考核者是否认真取决于制度安排，取决于监督考核的成本归谁承担，收益又归谁享受。监督考核这类工作，费心费力得罪人，如果没有足够的激励，即考核者如果不能从认真考核中得到足以弥补监督付出的收益，考核者是不会认真考核监督的。公有体制下的情况往往如此：在这种体制下，认真监督考核的成本一般是由监督者个人付出，这些成本主要包括个人时间和精力的付出、得罪被监督者以及放弃以权谋私收益，而收益则由广大的服务对象比如患者享受，因此，这种体制下的监管，最终结果通常是监督者和被监督者达成默契，监督者假监督，被监督者假执行。监督仅仅是走过场，所谓的绩效考核制度形同虚设，从而干多干少一个样。因此表面上的强激励机制事实上变成了弱激励机制。按劳分配制度之所以最后走向平均主义大锅饭制度，根本原因就在这里。

因此，对于医疗机构及医生，如果是由政府部门决定其工资分配，并由政府部门来进行所谓的绩效考核，所谓“多劳多得、少劳少得、不劳不得”就根本做不到。也就是说，如果实施收支两条线制度，由财政来支付医务人员工资，最终形成的必然是一个弱激励薪酬制度或者说论资排辈的平均主义大锅饭制度。

对于这个结论，我们可以具体到医疗行业阐述得更为具体一些：

首先，医生的劳动是经验和智识付出，很难度量和核查，不管是工作时间还是服务对象数量，都不是对医生劳动付出的准确度量；至于医生的劳动成果，也很难度量和核查。按照经济学激励理论的术语，在绩效考核方面，政府行政部门面临着严重的信息不对称问题。

其次，也是更根本的问题，政府官员对医生的考核工作是典型的花别人（政府或者老百姓）的钱为别人办事的行为，毛泽东有句话说得好："世界上怕就怕'认真'二字"，而花别人钱为别人办事这种行为是最不认真的。一方面，政府官员缺乏积极性把考核工作认真做好，因为认真考核医生，耗费的是自己的精力和时间，真较真儿还得罪人，而受益者却是患者，干吗要那么认真？另一方面，只有明确规定了岗位和人员编制以及相应的工资标准，才能明确需要由财政支付的工资额度。然而，一旦由行政部门来定岗定编并且明确由财政支付有编制人员薪酬，且不说由此确定的岗位和编制往往并不符合实际工作需要，并且无法根据实际需要变化及时调整，相应地就要由行政部门的政府官员来选聘员工，政府官员利用这一选聘权把亲朋好友安排在公立机构工作，并且占有国有事业单位正式编制，这种情况已经普遍到国人见怪不怪的地步了。于是，在那些由政府部门定岗定编、财政支付工资的行政事业单位，一方面，在编职工的学历平均不够高，使得许多国有行政事业单位的职工忙着考文凭；另一方面，每年有大量专业对口的全日制大学毕业生找不到工作。在这种情况下，公立事业单位的领导即使有心对员工进行严格的绩效考核，也因为投鼠忌器、掣肘多多，最后不得不流于形式。所谓的绩效考核是当不得真的。更不用说某些公立机构的领导本身就是依靠关系才坐到这个位置的，这样的领导往往缺乏能力和意愿实施严格的绩效考核。按照激励理论的术语，在绩效考核方面，政府行政部门存在着明显的激励不相容问题。

因此，如果真的实行收支两条线制度，由财政统一支付工资，最终的薪酬制度必然是论资排辈的平均主义大锅饭制度：同样的学历、资历和岗位，拿同样的薪酬。个人薪酬与个人的实际劳动付出、与最终的劳动成果，并无多大的相关关系，这正是财政支付工资必然是弱激励薪酬制度的含义。

经验证据支持我们这里的结论。传统国有事业单位体制下的大锅饭制度是人们非常熟悉的例子。另一个例证是，近几年我国对公立中小学教师实施了财政全额负担的所谓绩效工资制度。目前一个公认的事实是，这次所谓的中小学教师绩效工资改革是失败的，因为建立的中小学教师工资制度根本不是绩效工资制度，而是按照学历、年资和岗位支付工资的论资排辈的平均主义大锅饭制度①。

二、医疗机构及医生不能采取弱激励方案

首先，弱激励方案基本上就是一种固定工资方案。采用这种报酬方案一般要对员工提出一些基本的工作量和质的要求，只要达到了这些要求就能拿到这份固定工资。显然这些有关工作的量和质的要求一定要简单明了：事先双方很容易达成共识，事中这些要求容易核查，事后第三方容易核实，并且签约双方和第三方容易达成共识。中小学教师的工作很大程度上满足这个要求。与此相反，对于医生，哪怕是基本工作量要求也不容易确定，更不容易核实：所服务社区的患者数量远不像学龄儿童数量那样容易确定，患者的流动性也比学生的流动性大得多，一个医生需要诊疗的人次高度不确定，他能够诊疗的人次、每个患者所需的诊疗时间和费用高度个体化，几乎完全取决于医生的工作意愿、工作能力和工作态度，除了接诊医生本人，其他人包括医生同行很难了解和核查、至少在短期内是如此。由此，我们知道如果给医生支付固定报酬，很难对其提出简单易行、可度量、可核查，少歧义、医生没有多少操纵空间的基本工作要求：接诊人次、诊疗时间、诊疗费用、治愈率、患者满意率这些可度量、可核查的指标，医生都有很大的操纵空间。

我们可以给出一个实际例证。在2010年开始的基层医疗机构绩效工资制度中，各地卫生行政部门普遍给卫生院和社区中心医务人员设置了两个绩效考核指标，一个是门诊量，意在反映医务人员的工作量同时也说明其满足城乡居民门诊需求的程度，显然这个指标是正向指标，越高越好；另一个是均次门诊费用，意在反映医务人员控制医疗费用的程度同时也说明城乡居民的医疗负

① 不过，和医生不同，中小学教师适用弱激励机制。因此，作为意在建立强激励机制的所谓中小学绩效工资制度尽管没有成功，但是歪打正着，最终形成的这种按照学历、年资和岗位支付工资的论资排辈的平均主义大锅饭薪酬制度是适合中小学教师的职业特征的。其中的逻辑很简单，鉴于基础教育目标的多重性，以及不同教育目标之间考核难度的悬殊差异，基础教育不适用绩效考核制度，否则会导致扭曲的激励效应，片面追求高分数和升学率就是这种扭曲的具体体现。另外，从长期教育效果看，中小学教师不需要很高的工作积极性，宽松教育是更优选择。因此，和医疗不同，“财政养教”是适宜的。

担，显然这是个负向指标，越低越好。表面看来，这是很不错的两个指标，前一个指标能够反映基层医疗机构解决城乡居民“看病难”问题的程度，后一个则反映解决城乡居民“看病贵”问题的程度。但事实上，医务人员很容易操纵这两个指标，调研中我们发现，财政全额发放工资以后，各地基层医疗机构医务人员的做法如出一辙：诱导轻病病人甚至无病者多看门诊，比如建议老年人两天来量一次血压，以此做大门诊量，并降低均次费用，满足上述两个考核指标的要求；与此同时，他们又将重病者推诿到县级医院看病，从而降低实际工作量。医生的这种做法，实际上加剧了城乡居民的“看病难”（需要跑到更远的县级医院排更长的队看病）和“看病贵”（县级医院门诊费用高）问题，但是他们完全达到了政府确定的考核指标要求。

也就是说，一旦支付固定工资，除了诉诸医生的个人意愿和工作兴趣，我们缺乏有效措施保证他满足理想的工作要求，也无有效办法制止他以最懒散的方式工作。

其次，尽管医生的工作目标是所服务人群的健康，但健康是一个很难度量的指标，而且服务人群的健康与医生的诊疗行为之间的关系也高度不确定。此外，医生的诊疗行为存在严重的信息不对称，即医生诊疗行为适当与否，如果不适当，是因为能力问题，因为病情复杂导致的判断失误，还是因为医生玩忽职守导致的诊疗失误，外人包括其他医生很难判断，这使得不管是通过直接的劳动付出指标比如诊疗人次，还是通过产出指标比如治愈率进行绩效考核都行不通。但是同时，诊疗效果与医生的业务水平、工作态度和努力程度高度正相关，医生的业务水平越高、工作态度越认真、努力程度越大，则诊疗效果越好，对于疾病预防工作也是如此。因此，必须有一种恰当且具有足够强度的激励机制才能激励医生努力提高业务水平、认真工作、努力工作。

再次，医生和教师一个很大的差异是，教师操控教育成本的能力很有限。医生则完全不同，其操控诊疗成本的能力极强，一个感冒，他可以建议病人回家多喝水、多休息，基本没有成本，也可以给患者开五六百甚至八九百元的高价药品。因此，不需要采取强激励方案诱导教师控制成本，但必须采取强激励方案诱导医生控制成本。但是，引导医生努力控制成本的强激励方案不能简单地建立成本考核基础上，否则会导致医生为了完成成本控制目标而降低医疗质量。

此外，激励理论研究文献早就指出过，激励机制也是一个筛选机制，能力高者倾向于选择强激励方案，而能力弱者倾向于选择弱激励方案。此次基层医疗机构改革实践支持这一结论，自2010年基层医疗机构开始实施收支两条线制度以来，各地普遍出现了受到患者认可的高水平医生流失现象。

最后，医生从事诊疗活动的风险高于教师的教学活动。按照激励理论，外在的即行为人不可控的风险过大，导致强激励的风险补偿成本超过激励效应带来的收益时，应该采用弱激励方案。不过，医生诊疗服务所面对的风险与此有所不同，尽管诊疗活动也存在医生不可控的风险，但是诊疗的成功率却与医生的学习努力程度和工作认真程度高度正相关，也就是说医生的学习努力程度和工作认真程度越高，则诊疗失败的风险越低。考虑到学习和工作都存在明显的边际产出递减现象，要鼓励医生努力学习、认真工作必须有强激励。我们可以提供一个反面例子证实这一点，西部一家县人民医院从2009年开始实施收支两条线制度和药品零差价制度，自此该院医务人员外出进修培训的积极性明显下降。对口支援该院的一家北京三甲医院院长告诉笔者，尽管免费，该县医院医生还是普遍拒绝来京进修。该县医院院长亦亲口向笔者证实了这一点。

总结以上几点得出的基本结论是：由于医生的诊疗活动绩效受医生的业务水平、工作态度和努力程度影响很大，且医生操控医疗费用的能力很强，而医生的业务水平、工作态度和努力程度很难观察和测度，因此，需要对医生采取强激励机制。

问题是，医生诊疗活动的绩效也很难量化和考核，因此很难采取显性的绩效考核机制来实现这种强激励。依靠外在的力量（比如行政部门）进行绩效考核实施强激励根本行不通。

三、可行的医疗机构及医生激励机制

根据激励理论，在生产经营活动中拥有私人信息从而难以有效监督的人成为剩余索取者和剩余控制者可以提供最优的激励。具体到本文的分析内容，我们可以把患者、医生和医保付费方或相关政府部门（如果由财政来支付医疗机构运营费用）这三方看做是居民健康的三个生产者。在这三个行为人中，医生的行为和工作绩效最难以度量和考核，因此让医生拥有这一生产活动的剩余索取权和剩余控制权可以提供最优的激励。在诊疗活动中，医生拥有剩余控制权事实如此，那么剩余索取权又是指什么呢？这里所谓的剩余指的是诊疗活动的收入减去诊疗成本，通俗地讲就是“收支结余”。做大这一剩余的途径如下：一是尽可能降低诊疗成本，二是尽可能提高诊疗质量从而提高诊疗收费，三是确定一个最优的诊疗收费机制使得吸引到的患者数量和结构达到最优水平，或者三者兼而有之。按照上面的分析，短期内诊疗质量即诊疗绩效难以度量和考核，从而很难据此收费。而且，短期内医疗保险筹资额既定，患者的自费支付意愿也既定，我们可以假定医生（或医疗机构）能够得到的医疗服务收入总量既定。在这种情况下，按照这里所讲的最优激励机制是医生拥有剩余索取权的机制，那么具体的做法可以是以下方法之一：

第一，把一个社区筹集到的总医保资金全部支付给医疗机构（医生），同时固定患者自付比例，从而固定住了医疗机构的总收入，然后把诊疗活动从而诊疗成本的控制权交给医疗机构，此时医疗机构总收入减去诊疗成本即为医疗机构（医生）的净收益，也就是上述“剩余索取权”中所讲的“剩余”。显然，这种医保付费模式即为总额预付制。

第二，把医保经费分解到个人，然后采取按人头付费的形式支付给医疗机构（医生），诊疗活动和诊疗成本的决策权交给医生。同样，两者之差即为上述剩余的概念。这就是按人头付费机制。

概括起来讲就是，总额预付制或者与其具有很大一致性的按人头预付费制度，恰恰契合上述激励理论的基本原理。

按照产权理论的基本结论，医生拥有医疗机构的剩余控制权和剩余索取权，事实上意味着医生拥有医疗机构的所有权。这一结论和现实基本吻合，世界上成功的基层医疗机构组织模式是单个医生私人开办的私人诊所或者几个医生合伙开办的合伙制诊所。即使实施全民公费医疗的英国，很大一部分医疗机构也是民营的，其中承担着医疗服务市场“守门人”角色的全科医生就是独立开业或者以合伙制形式执业的。尽管是私营医疗机构，英国的全科家庭医生不仅收入高，而且地位很重要。他们不仅为英国民众提供初级医疗保健服务，而且尤为重要的是他们决定着英国医疗资源的分配。事实上，英国国民健康服务体系（NHS）70% ~80%的医疗预算由全科家庭医生来负责配置。环顾世界各国，鲜有医疗机构以公立为主体取得成功的案例。事实上，大凡公立医院占主导地位的国家，若采取医生作为政府雇员由财政发放工资的做法，则普遍存在医生人浮于事、服务低劣、患者住院需要排长队数月甚至以年计的问题。英国的全民健康服务体制最受英国民众和全世界诟病的正是这一点。自 1979 年以后，英国政府即开始着手对此进行改革，英国医改的基本方向就是市场化，其核心内容即为建立医疗服务购买者与医疗服务提供者分开的新体制。这一改革至今还在进行。

当然，在上述付费机制下，医生及医疗机构有很强的激励降低医疗成本，甚至有可能以降低医疗质量为代价降低成本。如果我们赋予社区居民自由选择医生（医疗机构）的权利，当然医保费用要跟着患者走，那么医生为了获得更多收入，也就有了很强的提高诊疗服务质量从而吸引患者的动机。

这里有两点值得强调：首先，居民的自由选择权实际上就是医疗机构或者医生直接的充分竞争，有充分竞争患者才有充分的选择权。自然，经济学早就充分论证过，竞争是最强的激励机制之一。具体到这里讲，就是只有那些提供的医疗服务水平和收费水平让患者更满意的医疗机构及医生才能争取到更多的患者；其次，医生传达其诊疗服务质量信息的有效工具从而也是患者进行选择的主要依据是其声誉，即需要较长时间积累的名声，这就是声誉机制。

说到底，包括患者在内的消费者并不是通过成为产品和服务质量专家来实现选择权的，而是根据企业、医院、医生的声誉来做出各自的选择。

声誉机制是一种很有效的长期激励机制。与所谓的绩效考核制度相比，声誉机制是一种成本更低的机制。特别是在许多情况下，法律及政府的行政管理是无能为力的，只有声誉机制能够起作用。而且，声誉机制减少了对显性激励机制的需求，从而可以节约交易成本。

在声誉机制下，对医疗机构及医生损害患者利益行为的惩罚不是来自合同规定或法律制裁，而是来自未来交易机会从而收益机会的减少。在这样一种机制下，医疗机构和医生的收入水平很大程度上取决于其以往的诊疗活动绩效。从长期看，医疗机构和医生必须对自己的行为承当责任，因此，即使没有显性激励合同，医生们也有积极性努力工作，因为这样做可以改进自己在医疗服务市场上的声誉，从而提高未来的收益。

声誉机制要发挥作用，需要三个条件：第一，医疗机构及医生有长期利益可追求，因此才不会为了短期利益而不讲信誉。第二，充分及时的信息披露机制。信息披露是机构和个人行为受到监督的基础。如果一家医疗机构或一个医生医术欠佳或者不讲医德的信息不能被别人了解，它怎么有积极性讲信誉呢？第三，人们要有足够的积极性惩罚不讲信誉者，办法是不再与他进行交易往来。就是说，医疗机构及医生不敢胡作非为，主要并不是因为害怕受到法律的惩罚，而是因为害怕失去未来的交易机会。如果人们没有积极性或者没有办法惩罚失信者，信用是无法建立起来的。

显然，具体到医生及医疗机构的诊疗活动，上述第一条件一般来说是成立的，基于成为一名合格医生的高成本，医生变换职业的成本很高，因此，一旦成为医生，自然的选择是长期执业，医生存在长期利益需要追求。

第二个条件却并不必然成立。在管办不分导致公立医院垄断医疗服务市场的情况下，公立医院真干得不好，甚至犯了什么错，主管部门往往不仅不会公开处罚，还会千方百计为其遮盖，否则丢的不仅是公立医院的声誉和饭碗，更是政府主管部门的脸面和乌纱帽。没有管办分开，对被监管行业及其机构的信息披露就无法做到“准确、完整、及时”，这一点不仅对铁路、体育等行业成立，对医疗行业也同样成立。

第三个条件也不必然成立：如果决定患者在何处就医的是政府官员而不是患者自身，比如患者就诊实行行政定点制，那么惩罚权就掌握在主管部门手中，他是否有积极性及时惩罚违规违纪、不讲医德的医院和医生呢？这首先要看是否“管办分开”，如果管办不分，公立医院垄断医疗市场，其服务质量再差，管理再混乱，也基本是铁定且终身成为医保定点医院，由于是自己的“亲生儿子”，政府这位“慈父”对其所谓的严格管理不过是大家早已再熟悉不过的“板子高高举起，却轻轻放下”罢了。其次，即使做到了“管办分开”，如果缺乏对监管者的监管，或者说对监管者缺乏问责制度，监管权就很可能不是用于强制信息披露和惩罚违规者，而是用于寻租。最后，对于那些损害患者利益的医生或医疗机构，如果有选择，患者可以通过拒绝到此就医来惩罚它，但是，很可能是管办不分体制的必然结果，一旦公立医院主导医疗服务市场也即垄断了医疗市场，患者其实也就丧失了选择权，服务态度服务质量再差你也只能去公立医院。由于事实上没有选择权，患者对违规败德的医疗机构的惩罚能力也就大大削弱。所以，必须有足够多的医疗机构和医生供患者自由选择，必须存在实实在在的竞争，也就是患者要有自由择医权①，这一惩罚机制才能有效成立。

值得指出的是，建立和完善医疗机构及医生的声誉机制也是解决中国目前严重的医患矛盾的有效途径之一。如果医生和医疗机构有足够的激励为了长期利

---

① 需要指出的是，这里所讲的自由择医权主要指的是对作为医疗体系守门人的（全科）门诊医生的自由选择权。由于信息和知识不对称以及由此带来的专业分工的需要，对于专科医生和医院的选择权，患者很大程度上要让渡给自己的全科家庭医生。

益约束自己以损害患者利益谋取私利的行为，也就是说医疗机构和医生有足够的激励建立良好的长期声誉，从而获得了患者的普遍信任，那么目前如此恶劣的医患矛盾就能够得到有效缓解。事实上，仅就医疗事故比重而言，目前的村医并不优于城市医院，但是他们与其接诊患者之间的医患矛盾并不突出，其中一个关键原因就是由长期关系所形成的声誉机制在起作用。显然，上述建立声誉机制的三个条件，村医几乎全部自然满足：由于学医需要投入很大的精力和财力，村医自然以长期执业为目的，有长期利益可追求；同时由于事关个人健康和生命，村民自然有足够的积极性拒绝到医术或医德不佳的村医那里就诊；再则，由于长期同居一村，口口相传，村医医术和医德的信息根本不可能对村民隐瞒。因此，村医一般不会以损害村民利益为代价谋取个人私利，由此医患之间形成了良好的信任关系，从而把医患矛盾控制在一个可接受的范围内。

四、结论

本文利用经济学中的激励理论阐明，如果对医疗机构实行收支两条线制度，由财政支付医务人员工资，即便由政府部门进行所谓的绩效考核，最终形成的医务人员薪酬制度也必然是论资排辈的平均主义大锅饭制度：同样的学历、资历和岗位，拿同样的薪酬。个人薪酬与个人的实际劳动付出、与最终的劳动成果，并无多大的相关关系，因此由财政支付医务人员工资的薪酬制度必然是弱激励制度。但是基于医疗行业的自身特征，即医生的诊疗活动绩效受医生的业务水平、工作态度和努力程度影响很大，且医生操控医疗费用的能力很强，而医生的业务水平、工作态度和努力程度很难观察和测度，因此，对于医生不能采用弱激励制度，而必须采取强激励机制。同样，由于医生诊疗活动的绩效很难量化和考核，从而很难采取显性的绩效考核机制来实现这种强激励。可行的强激励制度安排是让医生拥有其医疗活动的剩余索取权和剩余控制权，这样就可以向医生提供最优的激励。这一点可以通过医保付费机制安排得以实现。如果医生拥有了其医疗活动的剩余控制权和剩余索取权，则需要另外两个机制配套以规范医生行为，一个是由患者自由择医权带来的医疗机构及医生之间的竞争机制，另一个是附着于医疗机构和医生身上的声誉机制。鉴于建立和完善良好的医疗机构及医生声誉机制需要一些基础性条件，医疗体制需要满足这些条件。

《比较》征订单

由吴敬琏主编、中信出版社出版的《比较》丛书，是为读者提供的一个有关比较制度分析的学术性平台。《比较》站在理论前沿，根据中国经济改革中遇到的重大问题，有选择地介绍别国的经验和教训、转轨经济的理论和实践，以及比较研究领域的发展，同时，有针对性地介绍国内外学术理论界对中国经济改革的方案设计、政策建议和评论。

《比较》开设的栏目有："比较制度分析"、"转轨经济"、"海外特稿"、"法和经济学"、"改革论坛"、"前沿"、"学界"、"比较之窗"等。

《比较》秉承"以比较传递理念、思想和智识"的宗旨，自2002年7月出版第1辑以来受到了广大学者、研究人员、政府工作人员、高校师生等众多读者的关注和赞誉。应广大读者要求，《比较》现可以全年订阅，2012年全年将出版第58至第63辑，每辑28元，共计120元，免邮费（仅限大陆地区）。同时也可以订阅第1至第51辑《比较》，请在订阅回执中注明。

汇款请寄：北京市朝阳区西大望路1号温特莱中心A座16层财新传媒有限公司
（邮编：100026）

开户名：财新传媒有限公司

账　号：8183 2344 7908 0910 01　　开户行：中国银行北京光华东路支行

客服电话：400－696－0110/010－58103380　　传真：（010）85905190

E－mail：bijiao@ citicpub. com//service@ caixinmedia. com

网址：www. bijiao. org（暂停）　网上订阅地址：http：//service. caing. com/subscription/

比较博客：http：//hi. baidu. com/zhongxinbijiao/home

订阅回执

单位及姓名：________________

收刊地址：________________

邮编：________________ E－mail：________________

联系电话：________________传真：________________

订阅第______辑至______辑，和______辑，每辑28元，汇款金额：__________元

订阅份数：______份　　汇款方式：□邮汇　□银行转账

简短留言：________________

请务必将回执单传真、E－mail或邮寄至本编辑室

图书在版编目（CIP）数据

比较．第58辑/吴敬琏主编．—北京：中信出版社，2012.1
ISBN 978-7-5086-3195-0

I.比…　II.吴…　III.比较经济学　IV.F064.2

中国版本图书馆CIP数据核字（2011）第275901号

比较·第五十八辑

主　　编：吴敬琏
策 划 者：《比较》编辑室
出 版 者：中信出版股份有限公司
经 销 者：中信出版股份有限公司+财新传媒有限公司
承 印 者：北京华联印刷有限公司
开　　本：787mm×1092mm1/16　　**印　　张**：14.25　　**字　　数**：200千字
版　　次：2012年1月第1版　　**印　　次**：2012年1月第1次印刷
书　　号：ISBN 978-7-5086-3195-0/F·2546
定　　价：28.00元